大学课外培养

杨国欣 等著

中国社会科学出版社

图书在版编目（CIP）数据

大学课外培养/杨国欣等著. —北京：中国社会科学出版社，2016.4
ISBN 978 – 7 – 5161 – 7421 – 0

I.①大… Ⅱ.①杨… Ⅲ.①大学生—人才培养—研究 Ⅳ.①G645.5

中国版本图书馆 CIP 数据核字（2015）第 309479 号

出 版 人	赵剑英
责任编辑	安 芳
责任校对	王 影
责任印制	李寡寡

出 版	中国社会科学出版社
社 址	北京鼓楼西大街甲 158 号
邮 编	100720
网 址	http://www.csspw.cn
发 行 部	010 – 84083685
门 市 部	010 – 84029450
经 销	新华书店及其他书店

印 刷	北京明恒达印务有限公司
装 订	廊坊市广阳区广增装订厂
版 次	2016 年 4 月第 1 版
印 次	2016 年 4 月第 1 次印刷

开 本	710×1000 1/16
印 张	14.25
插 页	2
字 数	245 千字
定 价	55.00 元

项目名称

大学生课外培养工作体系建设应用研究

项目基金

河南省高等学校教学改革省级重点研究项目 （2014SJGLX029）

河南省科技大学重大教育教学改革建设项目 （2014ZD-003）

参著人员

王 智　吴晓昊　王凤科　王 钰　张晓洁　罗 晴

序

人才培养是高校最基本的任务，人才培养目标是高校最基本的价值导向。能否培养出优秀人才，是判断一所大学水平高低的基本标准，也是最高标准。大学开展科学研究、社会服务和文化传承创新工作，均应以人才培养为出发点和总归宿。

我国人才培养的目标，在《中华人民共和国教育法》《中华人民共和国高等教育法》《国家中长期教育改革和发展规划纲要（2010—2020年)》《关于全面提高高等教育质量的若干意见》等法律法规和文献中都有明确的表述，在党的十八大报告中提出："把立德树人作为教育的根本任务，全面实施素质教育，培养德智体美全面发展的社会主义建设者和接班人。"不同时期党和国家对教育方针有过略有不同的描述，但把人才培养目标定位于"全面发展的社会主义建设者和接班人"始终没变。

实现这一目标的关键是要落实"坚持以人为本、全面实施素质教育"的教育改革发展战略主题，其核心是解决好培养什么人、怎样培养人的重大问题，重点是面向全体学生、促进学生全面发展。人才培养面临的新形势，强烈呼唤教育手段的实践性和培养途径的多样化，课外培养正是在这样一种教育背景和时代要求下提出来的。

课外培养是现代大学人才培养的重要组成部分，是实现人才培养目标的重要环节，对大学生的发展具有深远影响。大学生的素质和能力一部分在课内培养，另一部分在课外培养，课外培养与课内培养构成了"双轨并行"的人才培养新模式。构建"双轨并行"的培养模式，是建立现代大学人才培养机制的新思维、新战略、新方向。

课外培养是贯彻党的教育方针、全面实施素质教育、促进大学生德智体美全面发展的根本要求。大学生要成为"全面发展的社会主义建设者和接班人"，就必须全面学习，不仅要向老师学习还要向同学学习；不仅要向课本学习还要向实践学习；不仅要在学校学习还要向社会学习；不仅要在课堂内学习还要在课堂外学习。

人才发展的全面性与大学教育的多样性密切相关。西方学者高度关注学生发展的整体性哲学：大学的人才培养成果是相互依赖的，学习是一个整体性的过程，而不是相互分割的，在多种环境中运行的多重力量共同塑造着学生的学习。因此，课内培养与课外培养构成了高校人才培养不可分割的"双轨"，教师通过教学系统开展课内培养，学工干部通过学生工作系统开展课外培养，发挥课内与课外培养的共同作用，才能实现全面发展的人才培养目标。

河南科技大学历来高度重视大学生综合素质培养，长期以来在课外培养方面做了大量的工作，制定了一系列制度，开展了一系列行之有效的培养活动，如多年来一直进行的大学生"挑战杯"竞赛活动、"创青春"创业大赛、大学生各类学科竞赛活动、大学生研究训练计划、大学生社会实践活动、大学生志愿服务活动、大学生针对性思想政治教育活动、大学生心理健康教育活动、大学生日常管理与行为培养活动、大学生困难帮扶与诚信励志教育活动、校园文化建设活动、学风建设与学业指导活动等。

《大学课外培养》系杨国欣教授主持的河南省高等学校教学改革省级重点研究项目"大学生课外培养工作体系建设应用研究"的重要成果之一。杨国欣教授带领的研究团队和工作团队，在推进大学生课外培养工作体系建设应用研究的过程中，深入探讨了课外培养的一系列理论问题，提出了课内培养与课外培养"双轨并行"的大学人才培养模式，构建了课外培养的目标体系和工作体系，广泛开展了课外培养的宣传发动和组织工作，在我校学生工作系统实施了富有成效的课外培养改革实践。

近年来在深入思考与探索的基础上，我们对课外培养工作有了更加深入的认识，建立了许多新的制度，拓展了课外培养的新空间。如2014年以来，在学生工作部、研究生工作部、教务处、学生工作处、招生就业处、人事处、校团委等多个部门的共同努力下，学校陆续出台了《河南科技大学大学生课外培养工作指导纲要》《河南科技大学学生工作考核暂行办法》《河南科技大学学生课外素质教育学分管理暂行办法（修订）》《河南科技大学学生课外素质教育学分认定工作实施细则》《河南科技大学大学生创新实践平台建设实施办法》《关于建立大学生提案制度的实施意见》《关于开展校级领导和处级干部联系学生班级工作的实施意见》《河南科技大学兼职辅导员管理办法》《河南科技大学兼职心理咨询教师管理办法（试行）》《河南科技大学进一步推进学生学风建设的十项措施》《河南科技大学学业导师管理暂行办法》《河南科技大学学生早操工作实施办法》《河南科技大学青年志愿者服务工作品牌建设实施方案》《河南科技大学大学生社会实践管理办法》《河南科技大学学生社团管理办法》等课外培养方面的制度，为更加深入、更加广泛地开展课外培养工作奠定了良好的基础。

《大学课外培养》一书的出版，不仅对河南科技大学深入开展大学生课外培养工作具有重要的指导意义，而且对其他高等学校开展课外培养工作同样具有重要的参考价值。希望有更多的高校教师和干部，转变思想观念，在重视课内培养的基础上，强化课外培养理念，深入研究课外培养理论问题，积极推动课外培养实践，科学利用课外培养的广阔舞台和无限空间，充分发挥课外培养的独特功效和作用，为培养全面发展的社会主义建设者和接班人，在课外培养工作创特色、出成效、上水平方面不断取得新的突破。

河南科技大学党委书记、博士生导师：孙金锋

2016 年 1 月 15 日

目　　录

第一章　大学生课外培养工作概述 ……………………………………（1）

　第一节　课外培养工作的内涵 …………………………………………（1）

　　一　人才培养的概念 ………………………………………………（1）

　　二　课外培养工作的概念 …………………………………………（3）

　　三　课外培养工作的特点 …………………………………………（3）

　第二节　课外培养工作的功能和意义 ………………………………（5）

　　一　课外培养工作的功能 …………………………………………（5）

　　二　课外培养工作的意义 …………………………………………（8）

　第三节　课外培养工作的依据 ………………………………………（11）

　　一　课外培养工作的政策依据 ……………………………………（11）

　　二　课外培养工作的理论依据 ……………………………………（13）

　　三　课外培养工作的实践依据 ……………………………………（17）

第二章　大学生课外培养工作现状 …………………………………（19）

　第一节　国外大学开展课外培养工作情况 …………………………（19）

　　一　美国大学开展课外培养工作情况 ……………………………（19）

　　二　英国大学开展课外培养工作情况 ……………………………（20）

　　三　法国大学开展课外培养工作情况 ……………………………（21）

　　四　德国大学开展课外培养工作情况 ……………………………（22）

　　五　日本大学开展课外培养工作情况 ……………………………（23）

　第二节　国内大学开展课外培养工作情况 …………………………（24）

　　一　能力培养阶段 …………………………………………………（24）

　　二　交叉创新阶段 …………………………………………………（26）

　　三　多维深化阶段 …………………………………………… （30）

第三节　课外培养工作面临的问题 ……………………………… （33）

　　一　认识层面的问题 ………………………………………… （33）

　　二　制度层面的问题 ………………………………………… （37）

　　三　技术层面的问题 ………………………………………… （39）

第三章　大学生课外培养目标体系 ……………………………… （41）

第一节　大学生素质与能力概论 ………………………………… （41）

　　一　大学生素质的含义 ……………………………………… （41）

　　二　大学生能力的含义 ……………………………………… （44）

　　三　大学生素质与能力的关系 ……………………………… （45）

第二节　大学生素质培养目标 …………………………………… （47）

　　一　思想政治素质 …………………………………………… （47）

　　二　科学文化素质 …………………………………………… （51）

　　三　专业素质 ………………………………………………… （53）

　　四　身心素质 ………………………………………………… （54）

第三节　大学生能力培养目标 …………………………………… （56）

　　一　道德判断能力 …………………………………………… （56）

　　二　社会适应能力 …………………………………………… （59）

　　三　合作竞争能力 …………………………………………… （60）

　　四　语言表达能力 …………………………………………… （61）

　　五　文字写作能力 …………………………………………… （62）

　　六　学习思考能力 …………………………………………… （63）

　　七　研究创新能力 …………………………………………… （64）

　　八　策划实施能力 …………………………………………… （65）

　　九　解决问题能力 …………………………………………… （66）

　　十　领导管理能力 …………………………………………… （67）

第四章　大学生思想政治素质课外培养 ………………………… （69）

第一节　思想政治素质课外培养概述 …………………………… （69）

　　一　国外思想政治素质培养的基本情况 …………………… （69）

　　二　我国思想政治素质课外培养的基本情况 ……………… （71）

第二节　思想政治素质课外培养的任务 ……………………………（73）
　　一　开展理想信念教育 …………………………………………（73）
　　二　开展爱国主义教育 …………………………………………（74）
　　三　开展道德规范教育 …………………………………………（75）
　　四　开展形势政策教育 …………………………………………（76）
　　五　加强学生党建工作 …………………………………………（77）
第三节　思想政治素质课外培养的途径 ……………………………（78）
　　一　引导学生走向社会感受改革成就 …………………………（78）
　　二　利用各种资源开展历史拓展教育 …………………………（78）
　　三　组织多样化主题活动开展教育 ……………………………（79）
　　四　建立形势报告会制度进行课外培养 ………………………（81）
　　五　加强学生党建推进学生自我教育 …………………………（81）
　　六　充分发挥新媒体的实时教育作用 …………………………（83）

第五章　大学生行为养成课外培养 …………………………………（84）
第一节　学风建设与学业指导工作 …………………………………（84）
　　一　学风建设与学业指导工作概述 ……………………………（84）
　　二　学风建设与学业指导的任务与目标 ………………………（86）
第二节　大学生日常管理与服务工作 ………………………………（91）
　　一　日常管理与服务工作概述 …………………………………（91）
　　二　日常管理与服务工作的任务与目标 ………………………（92）
第三节　困难帮扶与身心健康教育工作 ……………………………（98）
　　一　困难帮扶与身心健康教育概述 ……………………………（98）
　　二　困难帮扶与身心健康教育的任务与目标 …………………（100）

第六章　大学生核心能力课外培养 …………………………………（104）
第一节　专题教育类课外培养活动 …………………………………（104）
　　一　主题教育活动 ………………………………………………（104）
　　二　演讲辩论活动 ………………………………………………（107）
　　三　文化艺术活动 ………………………………………………（110）
第二节　社会参与类课外培养活动 …………………………………（112）
　　一　社会实践活动 ………………………………………………（112）

　　二　志愿服务活动 ·················· (116)

第三节　学生组织类课外培养活动 ·············· (119)

　　一　党团组织活动 ·················· (119)

　　二　社团活动 ···················· (122)

第四节　学习研究类课外培养活动 ·············· (125)

　　一　学科竞赛活动 ·················· (125)

　　二　课外科研活动 ·················· (127)

第七章　大学生课内与课外培养双轨并行 ········· (131)

第一节　树立课内与课外培养一盘棋思想 ·········· (131)

　　一　充裕的时间是课外培养的基础 ··········· (131)

　　二　提升能力是课外培养的目标 ············ (133)

　　三　课内与课外培养相结合 ·············· (134)

　　四　共同推动大学生个性化发展 ············ (135)

　　五　合力改进人才培养成效 ·············· (135)

第二节　建立课内与课外培养协调推进机制 ········· (136)

　　一　促进课内与课外培养形成合力 ··········· (136)

　　二　实现课内与课外培养相互衔接 ··········· (138)

　　三　构建课内与课外培养制度保障 ··········· (139)

　　四　推动课内与课外培养部门协作 ··········· (140)

　　五　引导课内与课外培养师生合作 ··········· (142)

第八章　大学生课外培养工作实践 ············· (144)

第一节　课外培养制度建设 ················· (144)

　　一　制定课外培养指导纲要 ·············· (144)

　　二　建立课外培养相关制度 ·············· (145)

第二节　课外培养活动创新 ················· (149)

　　一　拓展思想政治教育新形式 ············· (149)

　　二　创新日常行为管理新模式 ············· (151)

　　三　丰富学风建设工作新内容 ············· (152)

　　四　拓宽服务学生工作新渠道 ············· (154)

　　五　打造实践创新工作新品牌 ············· (156)

第三节　实施课外培养工作成效 …………………………（158）

　　一　思想教育活动成效显著 ……………………………（158）

　　二　日常管理活动规范有序 ……………………………（159）

　　三　帮扶解困工作日臻完善 ……………………………（160）

　　四　心理健康教育活动效果突出 ………………………（161）

　　五　学业发展指导活动亮点纷呈 ………………………（161）

　　六　科技创新活动成绩斐然 ……………………………（162）

　　七　校园文化建设特色鲜明 ……………………………（163）

　　八　社会实践活动丰富多彩 ……………………………（165）

　　九　创业教育实践效果明显 ……………………………（166）

第九章　大学生课外培养工作实施保障 …………………（168）

第一节　思想与组织保障 …………………………………（168）

　　一　课外培养工作的思想保障 …………………………（168）

　　二　课外培养工作的组织保障 …………………………（170）

第二节　激励与物质保障 …………………………………（172）

　　一　课外培养工作的激励机制 …………………………（172）

　　二　课外培养工作的物质保障 …………………………（174）

第三节　课外培养工作队伍保障 …………………………（175）

　　一　辅导员队伍的组织建设 ……………………………（176）

　　二　辅导员队伍的思想建设 ……………………………（177）

　　三　辅导员队伍的能力建设 ……………………………（178）

　　四　辅导员队伍的理论建设 ……………………………（179）

第十章　大学生课外培养工作考评 ………………………（181）

第一节　课外培养工作考评的意义与作用 ………………（181）

　　一　课外培养工作考评的意义 …………………………（182）

　　二　课外培养工作考评的作用 …………………………（183）

第二节　课外培养工作考评的原则与程序 ………………（184）

　　一　课外培养工作考评的基本原则 ……………………（184）

　　二　课外培养工作考评的程序 …………………………（186）

第三节　课外培养工作考评的标准 ………………………（187）

一　促进课外培养可持续发展 ………………………… (187)

二　引领学生全面发展 ………………………………… (188)

三　体现高校自身育人特色 …………………………… (189)

四　突出学生的主体作用 ……………………………… (190)

五　发挥教师的指导作用 ……………………………… (191)

六　彰显校园文化的熏陶作用 ………………………… (191)

第四节　课外培养工作考评的指标体系 ……………… (192)

一　指标体系的构建 …………………………………… (192)

二　考评的组织与实施 ………………………………… (195)

三　考评的方式和途径 ………………………………… (195)

四　考评结果的应用 …………………………………… (196)

第十一章　大学生课外培养工作展望 ………………… (198)

第一节　双轨并行是人才培养的新格局 ……………… (198)

一　人才培养模式变革的推动 ………………………… (199)

二　经济社会发展的客观要求 ………………………… (200)

三　高校改革实践的有益探索 ………………………… (202)

第二节　课外培养是培养人才的大舞台 ……………… (206)

一　课外培养空间广阔 ………………………………… (206)

二　促进课外培养工作创新发展 ……………………… (208)

三　全面发挥课外培养作用 …………………………… (211)

后记 ……………………………………………………… (215)

第一章

大学生课外培养工作概述

自 1088 年意大利的博洛尼亚大学设置法学学科而首开人类高等教育的先河开始，在长达七百多年的时间里，大学的功能都是单一的"人才培养"。1810 年诞生于德国的洪堡大学第一次将科学研究与教书育人并列，使大学具备了"科学研究"功能。20 世纪 30 年代，美国的威斯康星大学最早将服务社会作为大学的新功能，把判断教授的标准与其服务社会的能力结合起来，使大学从社会边缘进入到社会中心，"服务社会"成为大学的又一大功能。2011 年胡锦涛在庆祝清华大学建校 100 周年大会上的重要讲话中确立了大学的第四个功能"文化传承创新"①。但是人才培养始终是大学的主体功能，培养什么样的人才、怎样培养人才，始终是大学所要思考和面对的基本问题。提高大学教育质量，最根本的是提高人才培养水平。人才培养水平是衡量大学教育质量的第一标准。课外培养则是实现人才培养目标的重要环节，对大学生的发展产生深远影响，是现代大学人才培养的重要组成部分。

第一节 课外培养工作的内涵

一 人才培养的概念

人才培养是关于教育育人的本质特征、目标价值、职能任务和活动原则等的理性认识，也是教育主体对人才培养的理想追求及其所形成的教育观念。它旨在回答"人才应该是怎样的""人才为谁培养""人才应该如

---

① 徐显明：《文化传承创新：大学第四大功能的确立》，载《中国高等教育》2011 年第 10 期。

何培养"等问题。社会主义教育，必须培养全面发展的人，把它用在高等教育领域，则可以表述为，社会主义大学必须通过德育、智育、体育、美育，培养能力、素质结构优化，全面发展具有创新精神与创造能力的高级专门人才。在这个表述中，既包含了我国的教育方针，又包含了大学培养目标、培养规格的一般性要求。

从哲学层面上讲，人才培养旨在揭示人才培养的内在逻辑、终极价值与理想追求；从操作层面上讲，人才培养旨在勾画人们对理想人才培养模式的系统构想，明确人才培养的程序与环节，指导人才培养的实践活动。人才培养是一个涉及多方面的系统工程，具有国家、大学等层次。国家层面的人才培养是国家对教育活动的价值、功能，以及建成怎样的人才培养生态，怎样进行人才培养活动管理，包括预算投入、管理体制、领导机制等方面的认识。国家层面的培养理念是整个国家人才培养活动的"指挥棒"，对高等教育的发展乃至国家发展都具有极其重要的意义。① 大学层面的人才培养，具体表现在教师观、学生观、质量观、教学观、科研观、活动观与评价观等方面，既受国家层面教育理念的制约，也受大学主体的思想认识与客观条件的影响。

人才培养工作的主要问题，包括四个方面：第一是培养主体，大学人才培养的主体是由培养活动的设计者、组织者与实施者所构成的群体，学校是大学生培养活动的设计主体，院系是大学生培养活动的组织主体，教师是大学生培养活动的实施主体。第二是培养对象，大学生是培养主体施加教育、教学影响，进行人才培养活动的客体。在人才培养过程中，培养主体——教育者通过教育过程有目的、有计划地对学习主体施加影响，在"教"的方面居于主导地位。同时，培养对象——受教育者也在主动学习的过程中完成知识的内化和技能的外化，以及品格的升华，在"学"的方面负主要责任。由于内因是事物发展的根本原因，外因通过内因起作用，培养对象的主体性主要体现在学习内容的选择性、学习方式的多样性、学习时间的自主性与学习过程的探索性等方面。第三是培养途径，即"通过什么方式"或"借助什么载体"，如课内培养、课外培养等以实现人才培养目标，它所强调的是认识与实践活动的载体。第四是培养模式即

---

① 董泽芳：《高校人才培养模式的概念界定与要素解析》，载《大学教育科学》2012 年第 3 期。

设计怎样的培养过程，是"按照什么样子"去实现人才培养目标，是一种对于培养过程的设计与建构，强调的是认识与实践活动的过程形态，如教师在课程教学、学术活动与实践活动中究竟采取何种形式，按照怎样的程序和进行怎样的配置。

二 课外培养工作的概念

课外培养工作是指除课内培养（如课堂教学、教学实习、教学实验、毕业论文、毕业设计等）以外的全部培养工作的总称，主要包括课外培养的目标与要求、体系与内容、渠道与途径等相关内容。课外培养工作是高等教育的重要组成部分，是贯彻党的教育方针、全面实施素质教育、促进大学生德智体全面发展的根本要求，是高等学校人才培养必备的环节和途径。课外培养工作在人才培养中发挥着独特的、不可替代的作用。

课外培养工作的体系与内容主要包括五大模块，即思想政治教育工作、日常管理与行为培养工作、学业指导与学风建设工作、困难帮扶与诚信励志教育工作、实践创新能力培养工作。

课外培养工作的渠道与途径主要包括各类课外主题思想教育活动、平台教育活动、日常管理活动、帮扶解困活动、心理健康教育活动、学业发展指导活动、科技创新活动、校园文化活动、社会实践活动、志愿服务活动等。

三 课外培养工作的特点

1. 目的性

与传统的课内培养方法相比，课外培养工作主要有三个目的：第一是着重强调激发大学生学习的兴趣、志向和动机，调动大学生进行学习、探索与科学研究的积极性和主动性；第二是使大学生获得正确、全面而深刻的认识，缩短学习的时间，提升学习、了解与运用知识、技能的效率；第三是更加重视凝结智慧价值，开发智力潜能，在着重传授大学生知识的同时，教会大学生学习的方法与技巧，切实帮助他们形成学习迁移能力。

2. 灵活性

大学应当注意推崇促进个性发展的课外培养工作，如果想实现其培养目标，就应该运用科学、多样的方法进行因材施教、因时施教、因情施教。灵活性包括不同的培养内容，可采用不同的方法，同样的内容也可以是针对不同专业的大学生采用不同的培养方法，以及相同专业大学生采用多样的培养方法，甚至包括不同大学生、不同学科内容、不同知识形态之间培养方法的互相融合与借鉴。所以，"有教无类"应当是大学生课外培养工作的特点之一。

3. 时代性

现代大学在课外培养工作中，一方面要强调与时俱进，能够教会大学生快速获得、科学分析、合理存储、准确提取、恰当运用知识与信息的方法和创造知识、创建制度的途径；另一方面，又要与大学生认识独立性程度相接轨，引导大学生会听、会思、会记，教会他们依据需求把握主要矛盾、主要问题，从"教"通向"不教"，鼓励大学生善于查找与归纳问题，形成完备的解决方案，创造性地运用知识。

4. 创新性

长期以来，我国大学教育一直是精英教育。进入 21 世纪，随着我国经济体制改革的不断深化、产业结构的大幅度调整，大学教育需要朝着更为科学、理性的方向发展。于是，大学教育结构发生重大变革，出现不同类型、层次的人才培养机构。[①] 一些传统名校继续倚重研究型、尖端型人才的培养，一些高等职业技术学校专心致力于培养基础性技术人才，而目前已在全国高校中占到很大比重的本科院校，将人才培养目标定位于高端人才与基础人才之间这一巨大的结合地带（可称为"中间型人才"），在着力强调大学生应用实践技能训练的同时，更注重其创新能力的培养。课外培养工作，无疑体现了我国大学教育积极适应社会需求，进行调整的科学发展态度，有着很强的务实性和针对性，是对以往人才培养理念的一次超越。

5. 适应性

与传统经济不同，知识经济的出现是人类长期以来知识积累的结果，是知识作用的升华。除了全球一体化经济、信息化经济的特征之外，知识经济最为突出的特征是它的人才经济和创新经济。知识领域的各学科越来越互相渗透、互相交叉、分化与综合。在如此浩瀚的信息和知识海洋中，单个的人才谁也无法完成复杂的系统，故而需要不同类型的人才有机地结

---

① 李雪萍：《应用型创新人才及其素质构成分析》，载《职业时空》2008 年第 8 期。

合起来，在知识的产生、发展、传播和应用中发挥互补优势和群体效应。[①] 知识经济对人才的基本的要求是创新型人才、复合型人才、合作型人才，所以从对一些关键要素的分析上可以看出课外培养工作与知识经济需要的高度契合性。在课外培养内容上，应当按照课外培养目标的要求，确定适宜的内容；在课外培养过程上，注重实践环节，实施个性化培养；在课外培养评价上，重点突出"知识、能力、素质"三维的考评，检验效果，建立健全规范的评价体系。

第二节 课外培养工作的功能和意义

课外培养作为大学生创新能力培养和素质拓展的重要载体，在培养创新意识、激发潜能、人格塑造等方面的功能越来越突出。大学教育正由过去只重视课内培养，向着课内与课外培养"双轨并行"的方向发展。课外培养以其灵活、广泛、新颖的特质和课内培养无法替代的育人作用，成为实施素质教育的重要载体，越来越受到高校的重视。经过多年的不断探索和发展，高校课外培养已经不仅仅是课内培养的简单补充和延伸，逐步发展成高校人才培养的重要教育教学环节。

一 课外培养工作的功能

1. 培养昂然向上的精神风貌

大学要把大学生培养成为社会财富的创造者、社会责任的承担者、社会发展的支撑者。实现这一目标，首先就要引领大学生将自我人生价值与社会发展进步相契合，即精神境界的提升。大学是有理想的地方，是让学生感觉到精神境界升腾的地方。[②] 大学生精神风貌的培养，不仅要靠课内培养，更重要的是要靠课外培养。在信息来源渠道多样化，各种思潮对大学生影响日益加深的情况下，单纯的课内培养对大学生正确的世界观、人生观、价值观的树立所起的作用远远不够，必须通过加强课外培养来提高他们的思想政治素质。课外培养能够起到课内培养所无法起到的作用。例

---

① 王少军：《高新技术产业人才结构优化标准探析》，载《中国人力资源开发》2004 年第 3 期。

② 徐平：《大学人才培养的五大功能》，载《光明日报》2011 年 2 月 23 日。

如在课外培养中，大学生可以体会到劳动的辛苦与快乐，开阔眼界，受到实实在在的教育，尤其能认识到共产党在社会主义现代化建设中不可替代的领导地位，从而更有利于树立科学的世界观和为人民服务的人生观和价值观。

北京大学林毅夫教授曾经在大学生毕业典礼上讲道，只要民族没有复兴，我们的责任就没有完成，只要天下还有贫穷的人，就是我们自己在贫困中，只要天下还有苦难的人，就是我们自己在苦难中。大学就是要将崇高的社会理想和历史责任传递给学生，让学生能够以社会精英的境界观察和审视自己所属的这个世界和时代，形成和树立自己的社会理想和历史责任。所以，评价一所大学，除了可以量化的论文、专利、成果，更要看大学生的精神状态。

2. 培养宁静淡定的人生涵养

从教育规律看，当一个人在人生涵养尚未养成的时候就步入社会，极易让社会的快节奏所挤压，为社会的复杂性所迷乱，被社会的多样性所淹没。为了避免大学生过早地被繁杂琐事所烦扰和不良风气所影响，大学理应以一种"矜持和执着"，守护相对宁静的校园环境。有学者认为：保持宁静是大学的本质要求。宁静就是在社会的剧烈流变和喧嚣浮华中保持"置身闲暇"的状态，让大学拥有一个消除许多糟粕，略去许多复杂因素的宁静校园。这也是《大学》里所说的"知止而后有定，定而后能静，静而后能安，安而后能虑，虑而后能得"。课外培养能够提供理性道德的体验情境。在以道德为价值基础的社会里，只有具备良好道德的人，才会拥有美好的生活。教育之目的在于培养"身心且善且美的人"，用孔子的思想表达就是"求仁得仁"，用苏格拉底的思想表达就是"学善为善"。大学学习过程中的道德体验是人生成长中的重要时期，因此，为其营造理性道德的体验情境尤为重要。理性道德主要包括三个方面：一是对社会主流价值观的认同，包括民族认同和国家认同；二是对社会的认同，包括秩序、纪律、约束、公共精神；三是对人类社会一般伦理要求的认同，如诚实、善良、公正、礼仪等。可以说，理性道德构成了大学生实现理想的基础，理性道德是精神境界的基础，精神境界是理性道德的升华，厚德载物折射出其中的深刻蕴含。

3. 培养宽广多元的认识视野

文化构成了人类社会经验的广泛性，构成了社会现实和个体活动的基础。大学生对文化掌握得越丰富，对社会发展的感受力就越准确，对世界多样化的存在就越理解，走向社会的信心就越坚定。作为文化传承和文化创造的场所，大学应集合多样化的文化资源，让社会与文化在这里聚合荟萃、科学与人文在这里交相辉映、历史与现实在这里汇集交融。大学生在课外培养中涉猎百科、纵横文理，了解和把握人类社会的重要思想和成就，把握和理解人类社会的经验和智慧，犹如在时空隧道中穿梭和转换，并在比较和择取中慢慢内化为个体成长的重要组成部分，练就应对各种环境变化的能力。这种多元的文化体验，不仅可以开拓宽广的视野，而且可以达成"万物皆备于我"之目的。大学学习的过程是获得认识的过程，但这个过程从总体上讲，不是从"实践"开始的，而是从"认识"开始的，是从学习间接经验开始的。理论知识本身都是抽象的，大学生没有切身的感受，学习时就会感到抽象，难以理解，有时只能靠死记硬背，这样对知识的学习不仅十分枯燥乏味，且死记硬背的知识也很容易遗忘。由于大学生的学习过程不可能从实践开始，但巩固理论知识和学会知识的应用则离不开实践环节。因此，课外培养给学生提供更多的思维材料和感性认识，有利于学生巩固和深化对理论的理解。

4. 培养坚定不移的责任担当

一个大学生如果没有社会责任感，在社会上就不会有"天下兴亡，匹夫有责"的使命感，就不会有报效祖国、服务人民的壮志和行动，也就不会有"己欲立而立人，己欲达而达人"的情怀，这样的大学生就不可能是一个好公民；一个大学生如果没有社会责任感，将来在工作中就不会有主动负责的工作态度，而只是把工作仅仅作为谋生的手段，与人共事只是"自扫门前雪"，这样的大学生就不可能是一个好员工；一个大学生如果没有社会责任感，在家庭也不会承担家庭的责任，必然是家庭矛盾四起、六亲失和，这样的大学生也不会是一个好的家庭成员。培养大学生的社会责任感，高校承担着义不容辞的责任。而社会责任感的培养，仅靠课内知识的传授也是远远不够的，纯粹的说教可能会造成逆反心理，甚至事与愿违。加强课外培养，让大学生利用课余时间直接参与各种担当社会责任的活动，是增强大学生社会责任感的有效措施。

在课外培养中，大学生深入生活，深入实际，耳濡目染，切身感受到自己是未来社会的主人，中国的未来要靠自己这一代努力奋斗，在国家的现代化建设中，自己应该担当重任，他们将"国家兴亡，匹夫有责"改写为"国家兴亡，我有责任"，在实践中切实增强了主人翁责任感。课外培养就是要首先培养大学生做一名良好的社会公民，培养他们热爱祖国、遵纪守法，热情参与公益事业，形成爱护名誉、诚信、公正等品质。

5. 不断升华和巩固专业知识

现代社会是高度专业化的社会，大学生要立足未来发展，就要求拥有较高的专业能力。但课内培养并非技能培训，课内培养更关注对大学生理论思维的培养。理论是抽象的，其意义在于对一般事物进行普遍性的解释和对各种现象发生的预测。因此，理论往往是用非现实的方法解决现实问题，也就是说，理论虽然不能提供现成的解决方案，但却能给予大学生一定的启发。而课外培养是在现实的环境中验证知识、理解知识、掌握知识、丰富知识，这就使得大学生的专业知识在运用中得以巩固，在服务中得以提高，在实践中得以检验。在课外培养这个真实的环境中，大学生认识的发展会经由一个从感性认识到理性认识的过程，当他们对感性认识加以概括、总结，提升为理性认识，得到和前人一致的认识时，不仅加深了他们对理论知识的理解，而且对理论知识也掌握也更加牢固。同时，课外培养还能使理论回到实践的过程，把书本上静态、抽象的知识转化为鲜活、直观的知识，从而完成知识的提升、改造和升华，对专业实践也具有很强的指导意义。

二　课外培养工作的意义

1. 培养高层次人才的重要途径

人才质量的提高，不仅表现在传授给大学生多少有用的知识，更重要的是提高他们进一步获得知识和创造知识的能力。大学的课外培养工作在对教师关注科学前沿提出要求的同时，也为大学生参与科学实践提供了必要的条件，使教师有更多机会把最新的科技知识、研究手段传授给大学生，使参与研究过程的学生实现有效的知识更新，使教育模式由"单向连续"向"交叉循环"转变，形成新的高层次人才培养机制。大学区别于一般科研院所最大的特点是学科门类齐全且非常集中，因此大学的课外培养工作必然带动学科之间的交叉融合，不断产生新领域、新方向、新方法，构成新型的学术群体，大学生在不断更新的学术氛围中可以拓宽知识范围，提高学术境界，并通过接近或参加一定的研究工作增强对社会需求的适应能力。

要实现高层次人才的培养目标，必须课内培养与课外培养并重，增强大学生的合作意识、团队意识和创新精神。通过课外培养，大学生能够针对专业实际探索事物内在关系和变化规律，实践能以问题驱动的方式启发他们的思维，引导他们更好地理解、掌握、发现规律，尝试解决问题的途径，从而促进大学生主动学习、积极思考、动手操作，引发创新意识。长期实践证明，大学生综合实践能力和创新精神的获得，仅靠课内培养是无法达到的，还必须通过课外培养才能获得。课外培养能最大限度地开发学生的潜能，培养学生运用知识、创造知识、投身社会实践的综合能力和创新精神。

2. 培养优良品质的主要渠道

大学生除了按照课程规划规定的科目上课外，仍有许多课余时间由他们自由支配。他们精力充沛、活泼好动、富于幻想，对周围一切都感兴趣。但是大学生分析辨别能力还比较弱，如果被一些不健康的活动项目去充实他们的课余生活，他们就可能会受到不良思想的影响，甚至去从事有害的活动。大学为他们组织丰富多彩的课外培养活动，不仅可以使他们抵制社会上各种不良风气的侵袭和污染，而且能够把他们旺盛的精力、浓厚的兴趣爱好，引到健康发展的轨道上来，满足他们的精神需求。课外培养，可以通过时政学习、形势报告、演讲和课外阅读等形式，满足他们关心国内外大事、思索人生价值的精神需要，提高他们分辨是非、真伪、善恶、美丑的能力；大学生通过参观、访问，进行社会调查，接触实际，接触社会，能够激起他们理想的火花，培养他们热爱家乡、热爱祖国和社会主义事业的思想感情；大学生通过完成一个实验，制作一个作品，完成一项劳动，研讨一个课题，取得一个科学数据等各种实践活动，培养自身缜密的科学态度，培养他们为实现一个目标而努力的集体主义精神和克服困难的毅力。总之，在课外培养中，通过生动形象的教育和亲身的实践，会在大学生的心灵上留下深刻的印象，产生良好的教育效果。

3. 发挥专业特长的有效平台

大学应当通过课内培养和课外培养密切结合的方式，促使每个大学生都得到全面发展。但是，"全面发展"只是培养人才的基础和必要条件，而不是充分条件。人才培养必须把全面发展的统一性与充分发挥个性特长的多样性结合起来，即在每个大学生尽自己的可能在各方面都得到充分发展的基础上，充分发挥他们的兴趣爱好、才能特长，做到全面发展打基础，发挥特长育人才。大学生的需要是多种多样的，他们既有发展自己身体素质、科学文化素质的需要，又有发展自己认知、能力、兴趣、情感、意志、性格、气质等心理素质的需要。他们除了要求学习求知外，还要求友谊、社交，要求独立自由活动和从事创造活动，要求对美的享受和各种文化娱乐活动，等等。在课内培养的同时，通过课外培养努力满足他们的种种需要。诚然，不同的大学生在身心发展方面存在着差异，有的富于艺术素养，有的长于逻辑思维和数理运算，有的善于阅读欣赏，有的喜欢科技活动和实验等，这些倾向性，有的因没有表现机会而处于潜在状态或萌芽状态，只要经过适当的课外培养进行针对性的引导和练习，就可以形成自己的特长，表现出某一方面的特别才能。

4. 提升科学素养的内在要求

随着科学技术的迅猛发展，许多新科技、新发明、新创造、新成就，通过各种信息传递的手段，广泛地影响着、教育着每一个大学生。而且，随着信息化程度的进一步提高，其作用还会大大加强，各种现代化传播手段之发达，其信息量之多、之快、之广，已大大超过课内培养这种信息传递的方式。而课外培养不受课程、教材的束缚，它可以运用报纸、广播、电视、电影、网络、课外书籍等传播信息的工具，通过灵活多样的形式，帮助大学生吸收新的知识，获得课外的"即时信息"，它对于扩大大学生知识面，增加信息量，对于缩短课堂传授的"昔时信息"和科技迅猛发展之间的距离，了解世界新的动向和趋势，跟上时代脉搏，对于培养他们主动获取信息、处理信息的能力，都是十分重要的。课外培养往往是脑力劳动和体力劳动的结合，在动手过程中遇到难题，便需要大学生反复思索，寻求解决问题的方案，这样就充分锻炼了大学生的实践能力。课外培养固然需要有教师指导，但主要是靠大学生自己努力学习、实践，处理问题，解决矛盾。在活动中，阅读、观察、收集资料、记录、实验、设计、制作等都是由大学生独立进行的。这就能够使学生在实际锻炼中，增强独立工作的能力。课外培养还可以使大学生发挥创造性，培养他们勇于创造的精神。大学生求知欲强，遇事喜欢追根究底，在科学研究中，发明、制作等富有探索性、创造性的活动中，常常表现出突破"接受学习"的水平，自己认识新事物、新现象，大胆提出新问题和解决新问题，勇敢地创造新的产品、作品，做到有所发现，有所创造。

此外，大学生参加各种文化、娱乐、体育活动和公益劳动等课外培养活动，能够培养他们的艺术兴趣，陶冶高尚的情操，使他们愉快活泼，活跃身心，增进学生的健康。课外培养具有一定的思想性，较为宽泛的知识性，符合学生本身兴趣取向的趣味性，逐步实现了培养他们正确的道德观念、符合社会需求的行为规范、高尚的审美观念，并帮助他们树立为了社会主义事业要开拓进取的价值观念，使大学生能自觉地改正自己的一些缺点，使缺点变成优点，逐步成为品学兼优的优秀人才。当大学生因为自身的改变而受到表扬时，他们会有一种被认可的光荣感、自豪感，从而拥有信心与毅力，在以后的学习生活中会以更大的自信心去努力学习和不断地完善自己，使自己成长为一名合格的新时期的大学生，成长为一名对社会主义建设有较大奉献能力的有用人才。从长远意义上来看，适当的、积极向上的课外培养，不仅对大学生在校时间内会起到较为重要的作用，而且在大学生将来走上工作岗位，步入社会以后仍然会产生重要作用，甚至通过他们影响周围更多的人，从而影响整个社会风气和社会主义精神文明建设。

第三节　课外培养工作的依据

大学生的在学校期间有许多时间是在课外度过的。据统计，哈佛大学全日制的大学生一般每周只需要在课堂上听讲 12—18 个小时，而每周课余时间是 22 个小时。在我国大多数的普通高等院校，一个全日制的大学生一般每周在教室里听讲 24—26 小时，课余时间平均在 14 小时。[①] 通过比较可以发现，目前我国大学生的课内培养占用时间较多，学生课业负担较重，但也拥有一定的课余时间。相信随着大学对人才培养成效的反思和教育改革的推进，我国大学生接受课外培养的时间也会越来越多，课外培养对大学生全面发展的推动作用也会更加突出。

一　课外培养工作的政策依据

党的十八大报告明确把"创新人才培养水平明显提高"作为全面建

① 邹红梅、李儒俊、杜文曦：《中外大学生课外活动比较研究》，载《东华理工学院学报》（社会科学版）2004 年第 3 期。

成小康社会的重要目标，把"立德树人"作为教育的根本任务。对大学而言，一切工作都要围绕人才高质量培养，为大学生的健康成长服务，为国家建设发展服务，为新常态下的人才转型服务。党的十八届三中全会报告指出，"高等学校要增强学生社会责任感、创新精神、实践能力的培养"。知识来源于实践，能力来自于实践。大学人才培养要紧跟社会需求，在课外培养中要加强对学生创业的教育和培训，要创新教学模式，重视对大学生创新思维的培养；《中华人民共和国高等教育法》规定：高等学校应当以培养人才为中心，开展教学、科学研究和社会服务，保证教育教学质量达到国家规定的标准。《中共中央关于全面深化改革若干重大问题的决定》，中共中央、国务院《关于进一步加强和改进大学生思想政治教育的意见》《国家中长期教育改革和发展规划纲要（2010—2020年)》《教育部关于全面提高高等教育质量的若干意见》，教育部、共青团中央《关于加强和改进高等学校校园文化建设的意见》《关于进一步加强和改进大学生社会实践的意见》，教育部《关于加强高等学校辅导员、班主任队伍建设的意见》《普通高等学校辅导员建设规定》等文件的出台，明确了中国高等教育改革发展的前进方向，强调应全面提高高等教育质量，牢固确立人才培养在高校工作中的中心地位。

近年来，我国大学在如何培养人才上进行了不懈探索，借鉴发达国家的有益经验，逐渐摆脱了传统、单一的精英教育模式，实现了精英教育和大众教育并重，人才培养的内涵更加丰富。当前，随着知识经济、信息经济的快速发展以及各国综合国力竞争的日益激烈，大学培养各类人才的任务更加艰巨。因此，大学应当紧紧依据上述政策，通过课外培养工作着力培养信念执着、品德优良、知识丰富、本领过硬的高素质专门人才和拔尖创新人才。上述政策体现出国家对我国高等教育大众化之后工作重点的转移和提高教育教学质量的着力点，也体现出国家教对培养应用型人才、培养大学生的实践能力的高度关注。上述政策，对高校的要求也越来越具体，内容越来越具体，措施越来越具有可操作性。

综上所述，课内培养与课外培养是大学教育两个不可分割的组成部分，如车之两轮、鸟之两翼，共同发挥着对人才的培养作用。课外培养是大学教学体系和实施素质教育的重要组成部分，是理论联系实际，培养和锻炼学生实践能力、创新能力和综合素质的重要环节。对于以培养具有创新精神和实践能力的应用型人才的大学而言，课外培养具有更加重要的地位。

二 课外培养工作的理论依据

爱因斯坦和鲁迅先生都曾讲过，人的差别在于业余时间。哈佛大学有一个相似的谚语，人的差别在于业余时间，而一个人的命运决定于晚上 8 点到 10 点之间。理查德·莱特研究表明，"所有对学生产生深远影响的重要具体事件，有 4/5 发生在课堂外"。① 钱伟长有一个重要的教育思想，"学生的培养更重要的在课外"，为了实践钱伟长的教育思想，上海大学在 2007 年就成立了社区学院，开展课外培养工作。有学者估计，大学生在校期间 70% 的学习成果来源于课堂以外的经历。由此可见，课外培养对大学生的成长成才具有极其深远的影响。

1. 课外培养工作的哲学依据

随着社会的高速发展，知识的概念也随之发生了显著变化，启蒙时代的知识主要是为了"启迪思想、增长智慧"，工业时代则是"应用知识"。而到了知识时代，知识则进入了一个全新的实践领域即如何把现有知识最大限度地转化为生产力。与此相对应，一些西方的学者也对科学知识进行了分类。第一类是意识知识，这些主要是指社会科学学科和人文学科中以影响社会成员的（社会）意识为其基本社会功能的知识；第二类是生产性知识，这主要是指自然科学中可以被转化成直接占用自然现象的方式的知识；第三类是行为知识，这是一种最为新近的知识形式，被认为是一种直接的生产力。是社会行为的一个直接形式，它具有创造出更多的新知识的能力。由此，知识本身就摆脱了纯哲理思辨的范畴，具有实践的属性。

从哲学上认识与实践的关系分析中，可以看出：认识是在实践基础上主体对客体能动的反映。在认识和实践关系中，实践是认识的基础，对认识起着决定的作用。第一，实践是认识的来源。经验可以通过课外培养进入大学生的视野。第二，实践是认识的动力，认识是随着实践的发展而不断发展的。认识产生于实践的需要，而实践的需要又是不断变化发展着的，不断提出新的要求，提出新的问题。这种新要求、新问题又推动着大学生通过课外培养去进行新的探索和研究。第三，实践是认识的最终目

---

① 理查德·莱特：《穿过金色阳光的哈佛人》，中国轻工业出版社 2002 年版，第 8 页。

的。不管大学是否拒绝在教学科研中的过于实用性，科技与人才的实用性都已成为时代发展的潮流。如果科学不能给社会带来实效，它终将面临社会对其存在的必要性质疑。认识产生于实践的需要，还必须回到实践中去以满足其需要。而正确的认识对实践又起着积极的促进作用，它促使人们通过认识世界和改造世界获得原成果。面对迅速变化的世界，大学教育不是为大学生在头脑中安置一个工具，更重要的是培养大学生形成思考的习惯，让他们不断适应变化的环境。将科学基础、文化修养与高深的专业知识通过正确的培养方式结合起来，使他们在学校期间能形成一个完整的知识体系，使其思考提升到哲学的高度，从而具备批判思维的能力。所以，大学的课内培养主要是让大学生认识已有的知识以及对知识进行建构，而课外培养则是通过实践与实验探索新的认识。

2. 课外培养工作的管理学依据

工业社会的重要特点在于分工。从研究领域的分工到学科的分工，从行业的细化到劳动分工的细化，从专业的具体化到专才培养的强调一直是工业社会时代的一条主线。与之对应，形成于 19 世纪末 20 世纪初的传统管理理论，把组织看作一个封闭的系统，其理论原则特别强调分工原理与专业化原则，是一种封闭的系统观点。而 20 世纪 60 年代以后逐步发展起来的现代管理理论以西蒙等人为代表，认为"组织是为了实现共同的目标而协作的人群活动系统"，它的理论基础是系统方法和权变观，与之对应也有了开放系统的观点。后工业社会的特点随着学科的交叉发展和大科研的复杂性，又让人们重新看到了联合的力量。横断科学与系统科学的出现，学科的交叉与融合的步伐日益加快。随着科技、社会的发展和国际一体化的趋势，组织基本上是从过去的简单系统走向分工协作，再随着信息社会的到来，组织间竞争与合作日益加剧，组织环境和内部结构都日趋复杂多变，新的分工协作形式不断涌现，组织系统日趋复杂。面对复杂性与模糊性特征的现代社会，组织管理的一大特点就是把分散的组织转化为网络。随着网络时代的到来，组织必须被作为一种互相依赖的利害相关者的系统来加以管理。大学是社会大系统下的一个小系统，应当通过课外培养使大学生了解到大学这个小系统在这个日益复杂的环境下又需要不断地与外界进行物质、信息与能量等的交换，进而举一反三。

3. 课外培养工作的教育学依据

自人类社会产生以来，人才培养问题就成了社会的一个重大问题。原始社会的人才培养强调的是生产技能的获得。随后的阶级分化带来了脑体的分离，人才培养的目标在于培养具有哲学家的头脑、雄辩的口才和治理之术的统治者。教育成了统治阶级的特权，大学和教育体系被看作"统治的社会力量（即国家）或执政的政权的体现"，从而人才培养的实践与理论便被划分开来，社会化大生产与社会分工使得这种脑体分离的现象进一步扩大，"个体本身也被分割开来，成为局部劳动的自动工具"。从马克思关于人的全面发展的观点提出以后，一种新的人才培养观点开始为人们接纳。即人的体力和智力都要获得"充分的自由的发展和运用"，不但从生产力层面"通过社会生产"来保证人的"体力和智力获得充分的自由的发展和运用"，成为"各方面都有能力的人，即能通晓整个生产系统的人"。而且从生产关系层面，"也要获得为调整个人与社会之间的关系所必需的行为规范和准则，以适应现有的社会生活"。由此，学习与实践的结合，课内培养与课外培养的结合，成为人才培养的新要求。

人才培养不仅要考虑社会的需求，也要考虑个人的发展。社会对新常态下人才的素质也提出了新的要求：走向科学的人道主义、培养创造性、培养承担社会义务的态度、培养完人成为新时期的教育要求。课外培养首先受到教育思想的影响。工业革命前，理性主义教育充斥于古典的大学校园，教育力求避免政治和市场的影响而游于社会生活之外。工业革命后，以杜威为代表的实用主义者提出了把教育或者知识，看成一种达到个人生活和社会发展的实用主义教育思想，主张从教育的实用功利目的出发，使教育为现实的社会经济产业需要服务。这一思想的提出随即在大学校园开始出现并对大学产生了深刻的影响。更加重要的是，实用主义教育思想在日本、新加坡与美国等许多国家取得的巨大成就随之带来了全方位的教育改革。工业革命后，以传授知识为主并对社会生产力发展起重大推动作用的教育，使人们对教育的生产力本质即教育培养的人才和创造的科技知识，以及对社会生产力的巨大作用有了更深的认识。作为体现教育的生产力本质，促成知识向生产力转化的课外培养也得到重视并逐渐发展起来。另外，现代社会认同的教育是个人价值与社会价值统一的观点，使得教育不再被单纯看成一种培养人的活动，而是被看成一种对外部社会起推动与促进作用的活动。课外培养不仅使教师更好地服务于社会主义现代化建设，实现教师个人价值与社会价值的统一，而且使大学生在解决问题的实践中认识自己、适应社会以逐渐实现个人价值，进而增强了社会对教育的尊重与参与度，提高教育在社会发展中的协调与相关度。课外培养首先不是要去传授知识与技能，而是要去唤醒学生的力量，培养他们的自我性、主动性、抽象的归纳力与理解力。

4. 课外培养的心理学依据

学习理论是心理学领域中的一个重要理论。课外培养的心理学依据是体验性学习理论。体验性学习理论认为：学习者知识的获得，来源于对生活的实践体验，因此最有效率和高质量的学习方法，是学习者在社会实践环境中基于自身生存和发展需要而进行的主动积极的学习。而课外培养能够充分地激发大学生的好奇心与学习积极性，这既利于大学生有方向性地学习所需知识，也利于他们在独立自主获取知识中自我发展、自我完善。大学生的分析问题和解决问题的能力、进行规划和沟通的能力、与他人合作共事的能力、动手能力，等等，都要在课外培养中通过不断学习与训练才能获得。

5. 课外培养的艺术学依据

科学与人文艺术从来都有着不解之缘。中国最繁荣昌盛、最有创造力的朝代是诗化的唐朝，因为诗歌是想象力和创造力的载体。再如，西方19世纪末20世纪初有独创性的物理学家，他们大多跟音乐都有着不解之缘。因为一个懂音乐的物理学家，他看到的世界是一个雄浑的、立体的世界。爱因斯坦认为："音乐并不影响研究工作，它们两者都是从同一渴望之泉摄取营养，而他们给人类带来的慰藉也是互为补充的。在音乐中，我不寻找逻辑，我在整体上完全是直觉的，而不知道音乐理论。"[①] 爱因斯坦正是通过把对艺术与科学的洞察和灵感融为一体，铸就了他勾画自然宏伟蓝图的精神气质和深厚功力。李政道先生也在他的《科学与艺术》一书中表达，科学与艺术是不可分割的，就像一个硬币的两面，它们共同的基础是人类的创造力，它们追求的目标是真理的普遍性。课外培养能够在科学教育与人文教育的融合过程中发挥重要的作用。无论是科学教育还是人文教育都是在课外培养的实践过程中完成的。为了使大学生得到系统全面的教育，必须突出课外培养在素质教育中的重要作用。课外培养是高校进行科学教育与人文教育的重要载体，是实现科学教育与人文教育融合的

① 　海伦·杜卡斯：《爱因斯坦谈人生》，世界知识出版社 1984 年版，第 67 页。

重要途径。

6. 课外培养的经济学依据

供给和需求是经济学家始终关注的主题，也是经济社会发展中一对重要的数量关系。当一种要素或资源的供给和需求达到平衡状态时，表明其配置处于最佳的均衡状态，也是一种理想状态。当前，大学生供给和需求状况严重失衡，大学生就业难已成为社会的热点和难点问题。从表面上看是由于社会经济快速发展对人才资源的急需，加之人民群众对高等教育事业的热切期盼，人才培养的速度和规模难以适应当时社会的迫切需求。从毕业生数量来看，2014 年全国高校毕业生规模达到 727 万人。我国高等教育发展规模先后超过俄罗斯、印度、美国，成为世界第一。[①] 而造成大学毕业生"就业鸿沟"日益扩大的真正原因是高校培养的人才不能适应社会对人才的需求，即大学生就职能力严重不足。目前很多大学一直沿袭着传统的以教师在课堂上向学生灌输书本知识为主的教学模式，培养了一批又一批的"什么都懂一点，什么都拿不起来"，与社会需求差异甚远的毕业生，造成了很多大学毕业生就业率较低。对于大学而言，必须通过课外培养使人才的培养和供给适应社会经济发展对人才的需求，从而达到供求关系的动态平衡。

三　课外培养工作的实践依据

建立在知识的生产、处理、传播和运用上的知识经济，决定了知识已成为生产要素中最能起决定作用的因素。美国是人才培养最成功的国家之一，也是杰出人才不断涌现的国家之一。以诺贝尔奖获得者的统计数字为例，自 1901 年设立诺贝尔奖至今，共有 608 名科学家和工程师在三大科技领域中获得诺贝尔奖，其中 246 名是美国人，占获奖人数总数的 44%。美国人口占世界人口总数的比例不到 5%，而获得诺贝尔科学奖的人数却如此众多。有研究者认为，其中奥妙就在于美国大学的教师和学生，随时随地都可能在视觉、听觉、感觉和思维方面得到意想不到的冲击和兴趣，随时随地都可能激发其想象力和创造力。因此，新型人才培养模式的提出及知识经济时代的到来，为课外培养工作提供了新的契机。创新精神和实

---

① 王关义：《人才供求状况对高校人才培养的启示》，载《北京教育》（高教版）2014 年第 10 期。

践能力的培养，仅靠课内培养是难以实现的，还要依靠课外培养。课外培养对于实现大学人才培养目标与规格要求，培养创新精神和实践能力的人才独具优势。课外培养是加深理解课内培养知识模块的有效途径，能将大学生难以从理论上接收的知识给予直观式、体验式的理解和运用，可培养大学生的项目设计能力、分工合作能力、社会协调能力、工程实践能力；同时又培养了他们积极主动学习、探索问题的科学精神和严谨的科学态度，加强发现、研究和解决实际问题的能力，以及敢于创新、敢于质疑的精神。

第 二 章

大学生课外培养工作现状

第一节 国外大学开展课外培养工作情况

一 美国大学开展课外培养工作情况

自 20 世纪 90 年代以来，美国大学不断进行教育教学改革，通过构建一个"中心"、三个"结合"：以大学生为中心，实现课内与课外相结合、自然与人文相结合、教学与科研相结合，逐步形成了独具特色的课外工作培养模式。哈佛大学在课外培养中就采用了多种方法，例如小组讨论、群体辅导、案例分析、模拟情境、角色扮演、独立学习等。哈佛大学明确规定，所有本科生要像学习人文社会科学那样，接受一定深度和广度的自然科学教育，最低标准是能读懂《科学》和《自然》等专业科学期刊文章。为了克服大学教育过分专业化倾向，哈佛大学将核心课程分为外国文化、历史研究、文学和艺术、道德推理、定量推理、科学、社会分析 7 类 11 个领域。大学生必须在其中 8 个距离主攻方向最远的领域各选一门课程，哈佛大学用新设的"哈佛学院课程"取代"核心课程"。"哈佛学院课程"不再是单一学科的入门介绍，而是整合各门学科的知识，每门课程可能由几位不同学科的教授共同负责①。加州大学实施的学生课外科技活动计划（SURF）为期十周，到项目结束时，大学生需要提交一份技术报告，并在 SURF 研讨班活动日期间以口头或张贴海报的形式进行表述。SURF 计划提供大量的、丰富的活动，从而使大学生拓宽多个领域的知识面，使他们能够参与一项科学研究工作的各环节，并能通过文化和社交活

---

① 王盛水：《从美国高等教育的特点看创新型人才培养》，载《高校教育管理》2012 年第 2 期。

动来丰富他们的学习经历。因此，美国大学在课外培养中特别重视大学生的独立思考、分析归纳问题、解决问题的能力，既注重学术目标的实现，又注重应用目标的实现。

二　英国大学开展课外培养工作情况

英国于 20 世纪 90 年代更新教育观念，实行宽口径综合课程教学，强调课外培养工作的作用，提高核心竞争力，使高等教育更好地为本国经济与社会服务。英国大学在课外培养方面有非常优良的传统，素来重视多学科交叉培训，对于打开思路、培养现代科学人才具有非常积极的意义。比如牛津大学在八百多年的发展历程中，形成了独特的"学院制"和"导师制"，对大学生创新思维能力的培养发挥了重要的作用，而且牛津大学的学院不是按专业划分的，每个学院中都有来自多个不同学科专业的大学生。每个学院都是一个住宿、用餐、社交、学习的社区，随时随地可以进行跨学科交流。[①] 牛津大学的每个学院都有大量导师，给本科生提供个人化的精心指导。学生每周至少同导师见一次面，讨论先前布置的论文或问题的解决方案。学院里的导师还经常组织不同专业的学生就某个问题展开讨论，不同的思考方向使学生获得很多新鲜思路，扩展已有知识并启发创新。以牛津大学颇受欢迎的"哲学、政治与经济专业"为例，大学生在第一年需要哲学、政治、经济三个学科并重，掌握每个学科的基本理论和方法。从第二年开始，学生可以三科并重，也可以集中学习其中一两个学科。牛津大学还有 200 多个俱乐部和社团组织，为大学生的课外培养提供了广阔空间。剑桥大学的课外培养的特色体现在：师生广泛交流，密切彼此联系；师生积极沟通，促进教学相长；实施个体教学，益于因材施教；注重启发诱导，培养思维能力；教学育人并重，协调德智均衡发展。[②] 尤其是剑桥大学的卡文迪什实验室，成为造就科学大师的殿堂。自 1871 年成立以来，卡文迪什实验室共培养出 25 位诺贝尔奖获得者。1919—1937 年担任卡文迪什实验室主任的卢瑟福教授，则培养出 11 位诺贝尔奖获得者。卡文迪什实验室的人才培养理念是：尊重和相信助手和学生

---

① 张嵘：《牛津大学人才培养模式及其启示》，载《大家》2011 年第 17 期。
② 姚聪莉、任保平：《国外高校创新人才的培养及对中国的启示》，载《中国大学教学》2008 年第 9 期。

的志趣和内在潜力，让他们自己在条件和环境允许的范围内做出自己的选择，提出自己的想法和做法，然后加以诱导，创造条件使他们的积极性充分发挥，从而做出成绩来。在卡文迪什实验室的人才培养文化和传统中还包括：按原创性能力选择和培养人才；因材施教；授人以渔；自己教育自己；自主选题和导师指导；自己动手制作仪器和做实验；以科研带教学，将研究精神注入教学；等等。总体来看，英国大学在课外培养上将强化大学生的独立思考能力和开放性思维能力作为重点；强调教育的实践目的，注重训练大学生思维能力、批判思辨和多学科知识渗透。

三 法国大学开展课外培养工作情况

法国大学的课外培养是全方位、全过程的，它不仅注重大学生实践能力的培养，还关注大学生综合素质，并创设了与之相应的学习环境，使大学生能够在一个充满动力竞争机制的基础上成长。法国大学采用了中央集权式的体制，其课外培养的特色是专才培养模式：以巴黎中央理工大学为例，选拔极为严格，从而保证了本校大学生高标准的质量。大学生入学的一、二年级不分专业，学习广泛的理工科基础课程，教学严格而规范，意在培养学生扎实的学科基础。两年后，根据学生的兴趣和学业状况分为数学、化工、信息、电子、机械、物理6个学科领域。该大学非常注重学生在各个领域的实践能力和创新素质的培养和训练，其实验室条件一流，现代化的计算机中心24小时面向学生开放。在此基础上学生再经过3年的学习和实践，可以直接获得硕士学位。这种宽口径的培养使学生既有扎实的学术基础，又有很强、很宽的适应性。在培养氛围上，注重营造公平、公正、开放的学习氛围。在培养方式上，注重理论与实践相结合，以"多科性"和"综合性"为特色：既学习科学基础，又学习工程技术；要求大学生到企业实习，注重与企业长期保持密切合作的关系。在培养内容上，所有大学生都必须学习经济学，同时注重人文、外语和体育教学：人文教育目的在于培养大学生形成开阔的视野；外语教学要求通过熟识国外的人文与历史，提高自身语言实际运用能力；体育作为训练大学生机能和毅力的教学内容在法国受到特别的重视。法国尼斯大学的课外培养注重实践与企业实习。大学生可以从事来自企业的课题，大学的后三年有30%左右的时间在企业实习，从而保障他们一毕业就是了解企业运作、具备一定工作经验的工程师，完全胜任企业的要求，使得毕业生备受企业青睐。该大学负责课外培养的教师主要由职业人士、由一流企业参与的学术委员会委员、与教学相结合的小型企业及跨国企业的管理者组成。尼斯大学也将科学探索作为课外培养的重要手段之一，尼斯大学与各个领域最顶尖实验室如法国国家科学院、法国国家卫生研究院、法国国家计算机与控制研究所、法国原子能委员会等机构合作，拥有最精良的实验设备，能够促使大学生去探索、去发现、去写作。

四　德国大学开展课外培养工作情况

德国是一个充满了灵感与创新的国度，教育与科学、研究和发展被赋予了核心地位。德国的大学在全球享有盛名，高超的学术水平配合现代的教学方法是其最重要的特色。德国大学一向奉行"师徒制""教研结合"的精英人才培养模式，在课程设置、学位授予等方面形成了统一标准，严谨的学术和职业训练是德国大学人才培养的重要经验。慕尼黑工业大学与众多欧洲知名企业有着紧密的科研、生产、教育和经济联系，为科研成果尽快应用于教学实践提供了外部保障。该大学注重通过实践实习提升大学生的综合素质，全方位提高其社会竞争力，努力将科技智慧、专业独立自主、文化敏锐性、社会能力整合到课外培养中，竭尽全力营造一个最有利于教师与大学生思索、实践和创新的学术氛围，它的课外培养活动，大多设置有在相近专业的企业或者合作科研机构的实习内容。例如，纳米科学研究基地在"夏季国际研究计划2010"积极邀请有良好自然科学专业背景的大学生参与为期八周的纳米技术研究。在慕尼黑工业大学每个学院的主页上，院方都对本院毕业生将来的职业面向做了客观而又具有前瞻性的分析，其中大多强调了本院专业的职业面向所需要的跨学科知识基础、跨领域的工作能力、团队合作素养以及资源整合的能力，而这也是大多数学院在课外培养中非常注重的方面。亚琛工业大学高度重视实践教学对学生的培养，实践教学贯穿整个教学过程。将课程教学分为授课和练习，其中授课中经常融入具体案例的分析与讲解，而练习课需要的是工程实际中基本技能的训练，并且与企业联系紧密，非常关注工业界的实际动向，使得学校和企业相互沟通与支持，培养人才的目的性更强。在课外培养的项目中时，常采取"大学生+工程师"的团队工作方式；在从事科研开发时，强调"高校+科研院所+企业"的研究方式。亚琛工业大学在设计课外培养计划时，尽量给大学生提供进入企业的机会，例如学习物流时，组织学生参观医药配送中心；学习机床时，让学生访问不同类型的机床厂。制造工艺、工程设计、生产管理、质量管理等课程有相当的深度等。

五　日本大学开展课外培养工作情况

日本大学高度重视课外培养工作，很早就引入市场机制、竞争机制，让大学通过与企业签订培养合同等方式与生产科研内部单位直接联系。日本发展了独具特色的以"工业实验室"为主的培养模式。"工业实验室"是指工业、企业为大学生提供资金、课题和就业机会。由于企业特有的创新精神和进取精神的发挥，对大学生科研产生了巨大的推动力；反过来，由于大学生的投入使企业获得了发展，因此企业有更大的热情和实力在内部进行大学生教育工作。此外，日本各大学均积极开展课外培养活动，旨在发挥大学生自主性学习，如有的大学制定了"创造性开发科目"的认定标准，有的则开设"创造自习科目"。譬如东京大学的"教学自由"的人才培养模式表现为演习课和研究讲座课，演习课让学生围坐成一圈，教师坐在边上，不做发言，学生三人一组、一人主持、一人发言、一人点评，发言时间一般 30 分钟，另外的学生可进行补充，若出现冷场，主持的学生可指定某个学生进行发言，最后由坐在旁边的教师进行点评和总结。学生的角色可轮流交替，人人都有机会当主持人、点评人和发言人；研究讲座课上课时大家都会发表自己的意见，课堂气氛异常活跃，甚至有时火药味十足，大家争论不休，这种授课形式极大地调动了学生学习积极性、主动性和创造性，锻炼了学生的语言能力，使学生的综合素质得到了培养和提高。[1] 日本的关西学院在课外培养中激励大学生个人之间的竞争，而更注重健康人格的培养形成。在社团活动中，大学生面对各种矛盾、冲突、问题，需要通过自己的努力克服困难解决问题。每个人都要经历对"情""理""义""利"的内心的斗争与取舍选择。在这个过程中有的人积极面对完成了蜕变成长的过程，有的人消极逃避、中途掉队。大学生都在这个过程中受到不同程度的锻炼，这种能力进入社会以后就变成一种强大的竞争力。关西学院有 200 多个学生社团，每个社团都有自己的

---

[1]　胡国勇：《日本国立、公立大学社会服务的路径选择——东京大学、首都大学东京为例》，载《教育科学》2013 年第 3 期。

专用房间。根据活动内容分为体育部（43 个社团）、文化部（37 个社团）、新闻部、啦啦队声援部、宗教部、大学祭部。体育部和文化部社团较多设有常任委员会，负责协调各社团的活动以及与大学学生自治会的互动。每个社团的人数不一，小的社团只有 10 人左右，100 人以上的社团占一半以上。每年入学典礼后的几天，校园里到处都是各社团招募新生的广告、宣传，非常热闹。近年来，日本的大学还积极寻求各类合作研究和师生交流，不断增强与西方大学在课外培养方面的交流。

第二节　国内大学开展课外培养工作情况

从历史和比较的角度来看，东西方文化中所形成的人才培养模式有着一定的差异。在大约 2500 年前，东西方几乎同时产生了两位伟大的思想家和教育家，一位是中国的孔子，另一位是古希腊的苏格拉底。孔子的教育方式以训导为主，通过老师作为真理的化身将知识传授给学生，并强调阅历同经验的累积，学生通过识记和终生体验从而领会感悟，达到知识的传承和进步。而苏格拉底的教育方式以沟通、交流和辩论为主，通过质疑和辩驳对已有的知识进行探讨和挑战，并鼓励学生运用自己的智慧对现实的道德认识和行为进行审查，从而在讨论的气氛中减少思想上的束缚并活跃思维。孔子和苏格拉底两人均广收门徒，但教育理念和培养方法却大有不同，因此也逐步形成了东西方各具特色的育人理念、模式和方法，对如今的大学教育有着极大影响。在教育目的上，东方强调的是广泛的修养和广学博识，而西方则着重理性的启蒙和掌握科学的方法；从知识观来讲，东方强调先贤圣人的经验和传统，而西方主要是讲究寻求真理；从教学观看，东方主要讲的是传承知识，而西方强调探究知识；从教学方法讲，东方以讲授为主，而西方是以思辨为主；从学术态度来讲，东方习惯于尊重学术权威，而西方则鼓励挑战学术权威。经过改革开放 30 多年的不断调整，我国大学的人才培养目标渐趋合理和完善，逐步从单纯的政治目标转向学术目标和经济目标，进而转向多元目标，为高等教育的健康发展提供了持续前进的指南。

一　能力培养阶段

从 20 世纪 80 年代中期到 1993 年，大学教育的重点是加强大学生能力的培养，加速培养高层次、高学历人才。为了推进高层次人才培养的制度化和正规化，从 1984 年 8 月开始，教育部先后在北京大学、清华大学、北京师范大学等全国重点高等院校试办研究生院。1985 年 5 月颁布的《中共中央关于教育体制改革的决定》明确提出要"多出人才，出好人才"。这些人才包括：数以千万计的具有现代科学技术和经营管理知识，具有开拓能力的厂长、经理、工程师、农艺师、经济师、会计师、统计师和其他经济、技术工作人员。所有这些人才，都应该有理想、有道德、有文化、有纪律，热爱社会主义祖国和社会主义事业，具有为国家富强和人民富裕而艰苦奋斗的献身精神，都应该不断追求新知，具有实事求是、独立思考、勇于创造的科学精神。进一步协调"政治与业务"的关系，就是在坚持政治目标的基础上进一步提高学术目标和经济目标，将质量作为高等学校的生命线。如 1992 年原国家教委印发的《全国教育事业十年规划和"八五"计划要点》明确指出，要"把坚定正确的政治方向放在第一位，以此作为学校的共同任务和学校各项工作的依据和出发点"，同时要在"大力提高质量的基础上适度发展，积极为城乡经济、社会发展培养专门人才"。尽管它还不十分明确，但学术目标、经济目标和质量意识已跃然于纸上。为了解决"学与术"的问题，当时的国家教委和中央有关部门积极推动高等教育与市场经济的结合。如国务院在转发原国家教委起草的《关于加快改革和积极发展高等教育的意见》（1993）中明确提出了判断高等教育改革成绩的标准主要是："有利于为以经济建设为中心的社会主义事业服务，促进经济和社会的全面发展；有利于调动学校的广大师生员工和社会各界的积极性；有利于全面贯彻党的教育方针，提高教育质量和办学效益，培养德智体全面发展的社会主义事业建设者和接班人。"这三个"有利于"第一次将高等教育的政治目标（培养社会主义建设者和接班人）、经济目标（以经济建设为中心，促进经济和社会的全面发展）、学术目标（德智体全面发展）全面统合在一起并给予清晰的表述，并且将"教育质量"和"办学效益"相提并论，对高等教育的人才培养目标产生了不可估量的影响。

在能力培养阶段，清华大学提出了注重学生四个能力的培养，即主动获取知识的能力、分析解决问题的能力、一定的创新能力和初步的组织管理能力。大学生在校期间除了到实验室做实验外，还要到校办工厂学习实际操作，到校外企业生产实习。作为因材施教措施，学校为一部分学生开设等级工培训，学生在校办工厂学习操作满一定时间，经考核合格，可颁发二级工证书并取得相应的学分。1989年江泽民到清华视察，还专门到校办工厂看了大学生的实际操作。这些措施，对提高学生的能力都起到了很好的作用。清华大学以"挑战杯"大学生科技竞赛为龙头，构建了日趋完善的课外培养工作体系。1989年，"挑战杯"走向全国，现在已成为全国范围内有重要影响力的大学生课外培养工作的平台。

二　交叉创新阶段

从1994年到2009年，大学着力培养大学生的创新精神。钱学森曾说："所谓优秀学生，就是要有创新。没有创新，死记硬背，考试成绩再好也不是优秀学生。"要培养创新精神，必须激发大学生的学习兴趣和好奇心，这就要求高校尊重学生的个人选择，鼓励个性发展，善于挖掘潜力，努力营造鼓励独立思考、自由探索、勇于创新的良好环境，使学生在校期间养成终生受用的良好习惯和获得未来发展的多种准备。在此阶段，有诸多高校制订和实施个性化的培养方案，有的高校将本科期间分为大类培养、专业培养、多元培养三个阶段，帮助大学生选择适合自己的个性化成才通道，建立专业准入准出标准，大学生只要满足标准，都可以从该专业毕业。这样的探索值得总结和推广。[①]

1994年7月，国务院在《关于〈中国教育改革和发展纲要〉的实施意见》中提出："本科教育要把重点放在提高质量上，硕士生、博士生的培养基本上要立足于国内。在培养基础学科人才的同时，要重视培养社会主义建设急需的高层次应用型和复合型人才。"这个意见从国家政策层面确立了人才培养的学术目标和经济目标，学术目标和经济目标的回归和确立，是时代发展的必然要求，是社会分工、专业分化和知识综合化的必然结果，同时也反映了我国高校人才培养目标正日益走向理性和成熟。它第一次将人才的知识素质、学术素质、技能素质提升到和政治素质同等的地位，体现了解放思想、实事求是的理论精髓。在这种人才培养目标之下，人才已不再是精通某门技术或具有某种特长的红色专家，而是有理想、有文化、有道德、有纪律的"四有新人"，并进一步发展到基础扎实、知识

---

①　刘明贵、向梅梅：《基于实践教学改革的人才培养模式创新》，载《中国大学教学》2009年第2期。

面宽、能力强的"复合型人才"和"创新型人才",并且创新能力日益成为判断一个人是否是人才的重要标准。1998 年《高等教育法》规定,人才培养目标是"培养具有创新精神和实践能力的高级专门人才"。这个目标将创新精神和实践能力作为高级专门人才的两大重要标志。在此阶段为了全面提高人才培养质量,原国家教委和有关部门相继制定了一系列的政策,明确提出要"将高等教育质量放在突出的地位",并实施了一系列战略"工程",如"211 工程""985 工程"。虽然"211 工程"和"985 工程"的内容非常广泛,但人才培养和学科建设始终是这两大战略工程的根本支柱,两大战略工程的实施,大大推动了我国高层次人才和创新人才的培养。1999 年 6 月 13 日颁布的《中共中央国务院关于深化教育改革全面推进素质教育的决定》(以下简称《决定》)明确指出,"当今世界,科学技术突飞猛进,知识经济已见端倪,国力竞争日趋激烈。教育在综合国力的形成中处于基础地位,国力的强弱越来越取决于劳动者的素质,取决于各类人才的质量和数量,这对于培养和造就我国 21 世纪的一代新人提出了更加迫切的要求"。为此,要全面推进素质教育,"以培养学生的创新精神和实践能力为重点,造就'有理想、有道德、有文化、有纪律'的,德智体美等全面发展的社会主义事业建设者和接班人"。《决定》在这里提出了一个多样化的人才培养目标。显然,在多样化的人才培养目标之下,素质是判断人才的重要标志。高等学校的目标,就是要培养学生的全面素质而不是单纯传授某种具体的技能,创新精神和实践能力则是最重要的两种素质。

浙江大学在 1994 年成立了"工程教育高级班"实施知识能力素质(KAQ)全面培养。1995 年,全校发动教育大讨论,总结混合班十年办学经验,提出了新的培养目标,即培养在 21 世纪国际大环境中具有竞争力的专业人才。采取的基本措施是:加强主辅修制;促进课程体系的模块化;开展电脑节、外语节等各种学生社团活动和竞赛活动;加强德育和学生的党团建设工作。1996 年提出"宽专交",即拓宽基础、实施专业培养、进行学科交叉。建立了"创新创业强化班",选择不同专业三年级优秀学生,进行强化培养,采用团队合作、案例教学、社会实践、参与竞赛等方式,提高学生的管理能力、市场知识和创新精神。

清华大学则从 1995 年春天就开始大力提倡大学生阅读经典。由张岂之、徐葆耕主编的《"清华大学学生应读书目(人文部分)"导读提要》,

向全校大学生推荐 80 部中外优秀文学、文化名著，并以"导读课程""周末经典讲座"的方式指导学生阅读经典。1996 年春在两个班试点，要求每位大学生在一年内至少读三本经典，同时写出读后感。大学生通过阅读经典，"和大师攀谈""开卷有益"。从 2005 年开始，推出"清华大学新人文系列讲座"，请国内外名家围绕特定主题发表演讲并与大学生互动，于 2008 年起纳入规范化管理，每周至少有一次。要求本科生在校期间至少选听 8 次，并提交书面学习报告，经考核合格后，取得 1 个文化素质教育课程必修学分。该讲座已进行了 8 个系列，分别是："大学理念与人文精神""读万卷书，行万里路""文明的对话与梦想""艺术·科学·文化创新""哲学与人生""大学理念与大学文化""科学与人文：双赢和融合"和"文学与艺术"。"清华大学新人文系列讲座"大大增强了校园的文化氛围，听讲座的大学生越来越多，很多大学生听讲座的次数超过了学校的培养要求，在全国都产生了良好的影响，不少兄弟院校的学生也赶来听讲座。从 2000 年始，文化素质教育基地和校团委联合举办一年一度的文化素质知识竞赛，全校同学积极响应、踊跃参与，至今已举办了 15 届。2009 年，清华大学受北京市教委委托，举办了"北京市大学生首届人文知识竞赛"，还与山东省老教授学会联合在校内举办了"齐鲁文化进清华"活动。为迎接清华大学百年校庆，从 2009 年开始，在学生中开展"亲近大师、见贤思齐"活动，举办以纪念钱锺书、朱自清、闻一多、季羡林等清华大学历史上的大师为主题的展览。

北京大学课外培养工作的总目标是为国家和民族培养具有国际视野、在各行业起引领作用、具有创新精神和实践能力的高素质人才。坚持以内涵发展为主的途径，依照规模、结构、质量内在统一、相互协调的原则，动态地控制规模、控制总量、优化结构、保证质量、提高效益。北京大学在课外培养工作中注重加强和拓宽学生的基础，以多样化的培养方案、自主学习和在创造中学习启迪学生智慧、培育人文和科学素质，并竭力帮助学生树立正确的人生观、人生观、价值观以及社会责任感，使他们成为既仰望星空又脚踏实地、既志存高远又谦逊达理、既学识渊博又富于合作精神的领导型人才。北京大学重视通过课外培养提升大学生的创新精神与实践能力，自 1998 年以来先后设立了君政基金、校长基金、泰兆基金、毛玉刚基金、教育基金会研究基金等多种大学生科研基金，并配合教育部的"国家大学生创新训练计划"和"基础学科拔尖人才培养试验计划"开展大学生科学研究的训练与培养。

复旦大学充分发挥研究型大学优势，开展对大学生知识、能力、素养的综合培养，为学生的可持续发展开辟有利空间。复旦大学一直倡导这种"以学生为中心"的课外培养模式，可分两个层次，一是主要针对低年级学生；二是面向中高年级学生，力图通过课外培养模式的实施，为学生营造勤于思考、善于发现、勇于创新的学术氛围，全面激发学生的创新思维，为今后投身科学研究打下良好基础。复旦大学启动"望道学者"计划，鼓励更多低年级本科生参与科研工作。同时，学校还实施"学生学术科技创新行动支持计划"，鼓励本科生自主提出应用型课题研究。从1999年开始，作为首批参加中国青年志愿者扶贫接力计划的高校之一，复旦的研究生支教团已经走过了16年历程。前后共有超过300名学生加入宁夏、贵州研究生支教团和大学生志愿服务西部计划。2007年，复旦大学成为"国家大学生创新性实验计划"试点学校，一个全校性的本科生学术研究资助体系FDUROP形成。同年，学校开通FDUROP网站，为本科生打造一个完整的学术研究资助信息交流平台。2008年，学校进一步启动以院系为管理主体的"曦源项目"，加大本科生参与学术研究的力度和规模。

上海交通大学从2008年开始，成立了一个培养创新型领袖人才的实验特区——致远学院。致远学院目前每年招两个班，每个班30个人，保证了个性化的培养。投入的老师都是刚刚从国外引进的优秀老师，师生的配比基本上已经达到了1∶3的比例。致远学院的培养目标是：大学生是具有扎实的数理基础、人文情怀和创新思维的未来科技领袖。在致远学院，不要求大学生在一年级的时候就做专业选择，把他的选择推后到三年级，一年级、二年级的时候更加关注数理基础的建设，着重培养大学生具有数学严密和抽象的思维能力、物理的知觉和分析归纳能力。数学教学最根本的，是培养大学生的逻辑思维能力，但是数学课程里面很多是历史的沿革，还有很多是知识完备性的课程，这样的课程很多放在学生的课下以及通过网络完成。上海交大希望致远学院的毕业生能够达到国际一流大学TOP 5%的水平，10年以后希望20%的毕业生能够在国际一流大学任教，20年以后希望有若干个学生在科学前沿做出重大的贡献。

三　多维深化阶段

2010 年至今，随着《国家中长期教育改革和发展规划纲要（2010—2020 年）》的出台，社会对大学人才培养目标提出了更高的要求，推动着大学课外培养工作的多样化。这种多样化表现在：第一，人才培养的政治目标依然存在，即高等学校的人才培养必须将正确的政治方向放在第一位，这是由我国的社会主义根本制度所决定的。第二，人才培养的学术目标被确认下来，即高等学校的人才培养必须符合学术生产的一般规律，必须为社会主义现代化建设培养大批学术人才，如科学家、教师、文艺工作者等，他们应该是基础扎实、知识面宽、能力强、素质高，具有创新精神和实践能力的高中级专门人才。第三，人才培养的经济目标逐渐凸显，即高等学校的人才培养必须能够满足市场经济活动的要求，能够培养熟悉现代市场经济运行规则、能够参与市场经济活动的实用性人才，包括业务专家、股票经纪人、营销专家、金融家、企业家、工商管理人才，等等。第四，人才培养的社会目标逐渐浮现，即培养具有社会责任感、引领社会发展方向的大批兴业之士、治国之才和社会活动家。当然对于课外培养工作，每所大学都有自身的教育理念和教育方法，但相同的是都需要精心谋划和实施，使其真正融入人才培养过程之中。在此阶段越来越多的高校开始提出各自的人才培养目标，如复旦大学的"通识人才"，浙江大学"重基础、宽口径、模块化、自主性"的"创新人才"，南开大学经济、管理、法学专业跨专业培养的"复合型人才"，北京林业大学"高素质、高水平、高层次、创造性"的"复合型人才"，等等。

清华大学规定"每名大学生在校期间至少参加一次社会实践"，涌现出了中国农村能源调查、中美大学生教育扶贫等一大批精品项目。目前，清华大学每年平均有 1.3 万多名学生主动参加社会实践活动。课外学术科技活动对于大学生激发科学研究兴趣，培养人才至关重要。与此同时，清华大学也特别重视学生课外文体活动，学校拥有多个颇具特色的文艺社团和体育代表队。近五年来，累计有 3600 余人获得"本科生科研训练"项目资助，涉及研究项目 2110 余项，约有 480 篇论文发表。

复旦大学鼓励把学术科技活动作为课外培养工作的重要内容，组织大学生开展创新活动。近年来，FDUROP 每年资助各类课题约 400 项，每年各类项目共发表论文 30 余篇，其中以第一作者发表的论文占总数的 50%

左右。复旦大学提出，要建设具有厚重历史底蕴和鲜明复旦特色、反映时代特征、符合建设世界一流大学定位和一流人才培养要求的校园文化，发挥文化育人功能，引领广大学生胸怀远大理想、陶冶高尚情操、磨砺意志品质，实现思想成长、学业进步、身心健康有机结合。学校积极搭建平台，除常规的中期和结题报告之外，每周组织"下午茶"活动，邀请名师研讨学术前沿问题，组织大学生积极探讨学术专题，聘请海外学者讲述国内外学术研究的差异。复旦大学非常重视拓展课外培养教育，而学生社团在复旦的课外培养中有举足轻重的地位。复旦的学生社团有悠久的历史和广泛的影响力，全校拥有各类学生社团 310 多个，其中本科生社团 260 多个、研究生社团 30 个、外国留学生社团 19 个。本科生社团分为能力拓展、媒体、电子、兴趣、经管、科学研究、人文、政治、音乐、舞蹈、戏剧、球类、棋牌、健身、户外、公益、助学、国际交流计 18 个类别。研究生社团分为学术、实践、文体 3 类。学生社团已经成为校园文化的推进者和大学风尚的引领者。全校平均每学期开展社团活动 2000 余场，其中形成了一系列有品质、有内涵、有影响的品牌活动，如复旦人节、新生节、社团节、学术文化节，等等。复旦大学生将有许多社团参与的校园活动戏称为"百团大战"。复旦大学的社会实践、志愿者服务也是课外培养的重要形式。目前，全校每年参与社会实践的学生超过 5000 人次，立项数超过 500 项，实践地基本覆盖全国所有省区市。学校依托相关学院，增强社会实践吸引力；通过项目库、导师库、人才库和实践讲师团为实践项目提供全程指导，推动大学生实践能力和学术能力的同步提高。志愿服务已经成为复旦学生中的流行文化，学校共建立起 42 个志愿者服务站和 38 个长期服务基地，有 50 余个院系志愿服务队和公益类社团开展定点或长期志愿服务活动，年招募培训各类大型赛会志愿者近 700 人次。

天津大学正式通过了该校学生课外实践教育课程化、学分制改革方案，自 2015 年 9 月份新生入学开始，课外实践教育将被正式纳入天津大学人才培养体系，学校将有一定开展基础且有利于学生成长和发展的课外实践教育活动设置为课程，学生参加这些活动达到一定课时量、经过考核后可以得到课外学分。按照学生综合发展的要素构成，课外实践教育的课程模块主要包括思想政治、人文艺术、创新创业、志愿服务、社会实践、身心健康等多种类型，目前开设的课程已有 60 多门，每门课程的学分一般为 1—2 分，其中"人文学术讲座"和"社团组织经历"为必修课，共

4 学分。从 2015 级本科新生开始，大学生须在毕业前修完 8 个学分。在评价考核上，课外实践教育学分情况将纳入学生综合素质测评范围，并与学生评奖评优和推免研究生挂钩。"天津大学提出的卓越人才培养标准包括身心素质、品德素质、能力和知识四个维度，这些维度仅仅依靠课内培养是不够的，需要课外实践教育的'课外培养'来支撑和配合，才能实现对大学生综合素质的培养。"天津大学自 2012 年起最先将社会实践作为课外实践教育课程化试点进行改革，设立"大学生社会实践"课程，大学生通过辅导培训、具体实践、成果考核完成 32 学时的实践活动，经认定后可获得 2 学分，目前全校已有超过 3500 名学生获得该项学分，并对学生社会实践活动的规模与质量都起到了很好的提升作用。经过近 3 年的试点摸索，在广泛征集校内师生意见的基础上，天津大学决定实行课外实践教育课程化、学分制，将课外实践教育学分与毕业相关联只是手段，目标是在全校范围内督促学生积极参加课外实践教育活动。天津大学将课外实践教育进行规范化、系统化、科学化，同时保留课外实践教育的实践性、互动性特色，让更多大学生真正参与其中并得到综合素质的培养与提高。虽然修满 8 学分才能毕业的要求只从 2015 级本科新生开始，但高年级学生仍然可以选择相应课程来获取课外学分。在该校学生课外实践教育课程化、学分化改革方案的制订和完善过程中，校方召开了多次学生座谈会征集学生意见，如最低学分标准、评优挂钩等都根据学生们的意见进行了调整。

从上述三个发展阶段来看，大学不仅要培养合格的政治人才和理论人才，而且要培养懂市场经济和参与市场经济的学术人才和管理人才。要处理好三方面的问题：一是进一步协调好"政治与业务"的关系问题；二是协调好"学与术"的问题，即理论与应用的问题；三是全面提高人才培养的质量。这三个方面紧密联系，它们是全面深化改革必须面对，而且必然会融合到一起的问题。[①] 蔡元培曾说，怎样才配做现代学生？要有"狮子样的体力、猴子样的敏捷和骆驼样的精神"，做人、做事、做学问。因此，要把育人作为首要目标，用中国特色社会主义理论体系武装大学生，把社会主义核心价值体系融入课外培养全过程，促进他们把个人梦想和"中国梦"紧密融合在一起，把个人价值与社会价值紧密结合在一起，

---

① 吴绍芬：《高校人才培养模式改革的理性思考》，载《大学教育科学》2010 年第 2 期。

把个人命运与国家命运紧密联系在一起，使每一名大学生都能够成为对国家、对社会、对人民有用的人才。

第三节　课外培养工作面临的问题

一　认识层面的问题

1. 大学重视度不够

我国在 20 世纪 90 年代提出建设世界一流大学的目标，投入大量的人力、物力、财力，许多大学的学科建设、师资队伍、科学研究、基础条件都得到极大改善。但是，在什么是世界一流大学、如何建设世界一流大学等问题上，一些人还存在认识误区。有人简单地认为，世界一流大学就是研究型大学。在这种思想推动下，一些学校盲目地提出建设研究型大学的目标，把大量的人财物投向科研工作，同时引入以科学研究为核心的量化评价指标体系。这种资源配置方式和学术评价体系使得大学的重心逐渐倒向科学研究，最根本的人才培养功能反而被忽略。事实上，世界一流大学中虽然许多是研究型大学，尤其是国际知名的研究型大学中，人才培养得到了充分重视。正如英国著名教育学家纽曼所指出的，如果大学的主要职能是从事科学研究，那为什么还要有学生呢？大学和一般科研机构、企业等的基本区别就在于，大学的首要功能是人才培养而不是科研。这就要求大学重新审视人才培养与科学研究的关系，确立以人才培养为基点进行科学研究的发展思路。

高校对开展课外培养的必要性及重要性的充分认识及对课外培养的高度重视，是保障课外培养质量的关键。而目前在各高等院校对课外培养活动的开展重视不够是一个普遍问题，认为组织课外培养活动只不过是学生自发组织的课外活动，形同小朋友过家家，不能登大雅之堂。首先，在学校培养方案中课外培养的地位难以得到应有的体现，在资金分配上没有专项经费的划拨，即使是在强烈的呼吁声中给予资金援助，也是十分有限。尤其是在学生或教师管理者进行资金或举办场地等资源申请时，如果是与学校其他活动的安排相冲突的时候，以课外培养活动退让或者是首先保障课内培养而导致活动的不能正常开展，这也就严重地打击了课外培养活动管理者和学生参与的积极性。其次，学校或各院系对待课外培养活动管理者和辅导教师不能给予充分的理解和足够的重视，主要体现在工作量的核算及奖惩机制方面，往往把辅导和管理课外培养作为一种义务性质的服务，是一种无偿劳动，不能将辅导教师和管理老师的工作量按课时计算成教学工作量给予报酬。工作干好干坏都一样，让课外培养辅导老师和管理者处于一种游离状态，这些都是课外培养活动处于滞后发展状态的重要因素。

中国大学现行的培养模式过于强调专业化教育，专业设置由国家统一制定，与社会职业分类一一对应。这种模式虽然有利于培养专门化人才，但所培养的学生往往专业技术精通，综合素质相对欠缺。总体来看，目前我国的课外培养很大程度上还处在思想理念宣传层面，尚未贯穿于人才培养过程各环节之中。大学在招生、课程体系、选课、教学内容、教学方法、课程考试、专业实习、论文撰写、教学评价等环节，以知识灌输为主要特征的传统的人才培养模式和体制还没有结构性突破。高校招生根据高考成绩录取，对于大学生还是采取维持性培养方式，其主要表现为：培养内容以教材为中心，组织教学以课堂为中心，师生关系以教师为中心，教与学的方法以教师讲授知识为中心。在守成教育和维持性培养中，学生"只作顺向辩护，不能逆向反思；只能静态复制，不能动态生成；只能被动适应，不能主动建构"。因而，难以培养出具有创新意识和创新能力的人才。近些年来的教学改革中，守成性教育和维持性教学一统天下的局面有所改变，越来越多的课程教学中穿插了一些探究式教学、研讨式教学、导学式教学等新教学方法，但历史沿袭下来的守成教育和维持性教学仍在大学中占主导地位，成为培养人才的一大障碍。[①] 现在个别高校存在一种倾向，在申请指标、争取项目的时候往往都在讲自己学校的规模和师资力量，而忽略了人才培养这个硬指标，出现这种情况根儿在办学的理念上。从根本上来说，看一所大学办得怎么样，不是看一时的规模数据，而是要以长远的眼光、历史的视野看它培养出什么样的人才，看它对国家、民族所做的贡献，看它对推进人类文明进步所产生的影响。

尤其在主观认识上，很多大学对课外培养重视不够，一定程度上存在着"重理论，轻实践；重课内，轻课外"的倾向。国外不少著名大学的

---

① 吴志华、廖志豪：《新型人才培养中存在的问题与建议》，载《中国高校科技与产业化》2010 年第 5 期。

教授甚至诺贝尔奖得主都亲自在实验室里辅导实验，而国内不少大学却将指课外培养看成是课内培养之外的"辅助性工作"，缺乏高水平教师的参与，缺乏对课外培养的总体设计，缺乏课外培养内容的更新、水平的提高，从而导致了课内培养和课外培养出现"两张皮"现象。在这种大背景下，课外培养在人才培养过程中的功能还没有得到有效发挥，这对于大学生社会活动能力、灵活运用理论知识的能力、创造能力的培养都是非常不利的。

2. 教师认识不到位

尊师重道是我国的优良传统，尊师必然重道，重道必然尊师。受传统观念的影响，无论是在教师脑海心中还是在学生心目中，师生平等的意识和观念均缺乏成长的土壤和氛围，中国平等的观念一直不普及，中国传统的是等级观念，这种等级观念也贯穿于师生关系中。中国文化，讲究君道、臣道和师道。与君相对的是臣，与父相对的是子，与师相对的是生。在这样一种对立关系中，后者必然要服从前者。但是，大学生不是接收知识的"容器"，而是未来文明的创造者，只有今天敢于质疑、敢于批判，明天才能善于创新、善于超越；只有今天勤于动手、经常实践，明天才能大胆变革、开拓进取。正如肯尼迪所说：创造权力的人对国家的强大做出了必不可少的贡献；但质疑权力的人做出的贡献同样必不可少，特别是当这种质疑与私利无涉之时。[①] 正是这些质疑权力的人们在帮助我们做出判断：究竟是我们使用权力，还是权力使用我们？因而，教师应当使大学生懂得，生活中的重大突破都是来自挑战现状，而不是接受现状。近年来，由于高校教师的教学任务更加繁重，加上越来越重的科研压力，使得担负有课外培养辅导和管理任务的教师只能是勉为其难，没有更多的时间和精力去统筹管理并做到真正地去参与活动，挂名现象比较严重。更有部分教师认为课外培养纯属学生课外活动，教师不必操心干预，只需大学生自由组织活动即可，采取的是一种放任自流的态度。

因此教师应当改变"课内培养必不可少、课外培养可有可无"的固有观念，努力形成课内培养与课外培养"互容、互补、互动"的良性关系，要鼓励教师多开展高质量的课外培养活动，增加针对大学生的科研项目的数量，扩大大学生的自主选择指导教师的空间。评价一个大学教师合

---

① 张冉：《美国最新教育人才政策及其启示》，载《中国教育学刊》2013 年第 4 期。

格不合格、优秀不优秀，不应该仅仅看论文发了多少、项目有多少经费，而应该首先看他培养的学生合格不合格、优秀不优秀。

3. 学生积极性不高

大学生中对于课外培养的态度两极分化现象严重，有的大学生会非常重视参加课外实践活动提升自己综合素质，有的大学生则忽略了这方面的能力培养甚至从不参加。究其原因，首先主要是因为教师的正面影响不够，对参与课外培养活动采取可有可无的态度。对高校课外培养活动认识不够是大部分学生表现出淡漠的态度、提不起高度热情的关键所在。其次，大学阶段是学生从不成熟走向成熟的关键时期，从中学到大学，生活环境、学习状况、人际关系等都发生了很大变化，面临着一系列重大的人生发展问题。跨入大学门槛后，许多大学生的学习方向和目标出现了迷惑。部分学生在中学时期的学习需求较低，往往将考取大学及完成学业作为主要任务，当升学目的达到后，容易产生满足感，开始出现被动学习、维持性学习的倾向。当代的大学生一直成长在比较顺利和受宠的环境中，使得他们缺乏一定的意志品质，即使有了比较明确的目标，也因为缺少恒心、毅力而无法坚持下去。大学生的心理发展处于走向成熟而又未完全成熟的重要阶段，虽然智力因素已达到成熟水平，但是心理发展还不够成熟，容易过高估计自己，一旦遇到挫折，易产生自卑感、厌学情绪，感到前途渺茫；还有一些学生在参与课外培养活动过程中，由于不能达到预期目标或遇到障碍而无法逾越，致使自信心受到打击，产生了对课外培养活动的焦虑。

我国高等教育迅速实现大众化，开始了普及化进程。在大众化阶段，社会对人的要求和评价，直接的、量化的、功利的东西多了，大学本身和大学培养的人才自身都面临着巨大的外部压力。同时，社会的人才需求日益多样化，人的成长路径也较之过去有了显著变化。面对来自社会的种种诱惑，面对越来越多的不确定性，大学生在理想追求、价值观念、胸怀视野等方面面临严峻考验。大学要培养的不是有一技之长的匠人，而是具有领导力的未来社会引领者、开创者、建设者。因此，在工具性知识越来越多的当代社会，怎样培养非功利心的人，如何帮助大学生掌握未来成长最重要的价值和能力，避免人生目标的功利化、庸俗化，是课外培养面临的又一个重大挑战。

中国的高等教育像一个正方形，向外的拓展，局限于少数的、设计好的几个方向。高校培养的大学生往往因担心出错而缺乏挑战权威的勇气。成长氛围极大地排斥了大学生的思考和个性，把知识传授过程庸俗化到无须智慧努力只需听讲和记忆就能掌握知识的那种程度，于是便有了掌握知识却不思考知识、诘问知识、评判知识、创新知识的"好学生"。正像杨振宁先生所讲：中国的教育哲学太注重演绎，教师强调大学生要在脑子里分清什么东西是你懂得的，什么东西是你所不懂得的；不懂的东西不要去沾它，你要沾的东西是懂的；然后来了一个教师把大学生领到一个还不懂的领域里，一直灌输知识直到学生完全懂了为止。采用这种方式培养出来的大学生，胆子小，老师没讲过的不敢想，老师没教过的不敢做。课外培养工作应当着力构建大学生自由成长的氛围与环境，支持其根据自身特点和发展志趣自主选择学习、成长路径，并探索建立本科阶段的"间隔年"（gap year）制度，尝试大学生全程自主设计培养路线的学者项目（Do It Yourself，DIY）。

在高等教育改革发展的新形势下，高校的育人理念、育人机制、育人内容、育人方式发生了深刻变化。要培养德智体美全面发展的综合人才，必须充分发挥课内培养和课外培养的共同作用。大力建设课外培养育人阵地，营造良好的校园文化氛围，要充分认识课外培养的重要性，课外培养和课内培养都是学校加强素质教育、培养高素质人才的重要途径。随着素质教育理念日渐深入人心，人们越来越认识到，就提高学生综合素质、促进学生成长成才而言，课外培养与课内培养同等重要。课内培养的目标和优势在于提高大学生的专业素质；而课外培养的培养目标和优势在于帮助学生根据自己的兴趣或需求培养或拓展多方面的素质与能力。

二　制度层面的问题

1. 管理制度不健全

管理制度不健全是影响课外培养工作的主要原因。大学课外培养活动形式自由且多样化，涵盖范围较广，但往往缺乏专业的管理团队，在学校管理制度上也存在很多弊端。首先，管理人员不够专业，大多数高校不能配备专门的专业教师作为管理者参与到课外培养工作中去，即使有管理人员参与，也不具备特定专业的素质，而主要依靠大学生自行组织，自主管理。而大学生能力是有限的，缺乏科学的统一的组织和管理能力及经验，在处理问题和解决实际问题时，实际管理效果不理想。其次，管理制度不健全，管理缺乏目的性和针对性，组织活动有问题找不到实质的责任部门解决，往往会因此浪费很多的时间和精力，活动进展也因此处于停滞不前状态或中途搁浅，使活动组织者和参与的大学生积极性受到影响。

2. 管理部门不明确

课内培养按照课程归口实行开课学院管理制度，清晰明了。但课外培养因其包含的内容丰富，所以常出现多头管理的情况。如大学生竞赛科研项目归属教务处和学生处进行管理，暑期社会实践项目归属团委，创新基金项目归属于实验中心和科研处。这不仅使大学生项目申报程序混乱，也使得最终的项目成果的认定归属不清。大学生往往是先去一个部门递交材料被告知归属不在此处，再去跑下一个部门，从申报到审核认定一个回合下来，挫伤了大学生申报的积极性。上述问题不仅反映出高校课外培养工作在协调联动工作方面的不足，而且也反映出大学在社会迅速发展、知识急剧更新的时代所面临的挑战。

3. 评价体系不完善

首先是评价主观化。目前的课外培养实施过程中虎头蛇尾的现象较为突出，在课外培养的策划、实施过程中花费大量的物力，尽量保证课外培养的顺利实施，但大多数情况下课外培养活动为载体，活动的结束标志着课外培养的完成，往往仅凭着个人感觉或者媒体报道对课外培养有一个感性的评价，至于课外培养的影响范围和力度，对大学生个体素质能力提高的程度等方面完全忽略，对课外培养的评价缺乏合理科学的评价主体、评价内容和评价标准。

其次是学分认定过于机械。与时俱进的更新状态，使得课外培养的开放性与审核的机械性之间产生了矛盾。对于课外培养的认定工作是各步骤中最为复杂的，在学分制高校实践过程中对于课外培养学分认定的标准也是各有不同。课外培养因其包含项目的多样性，决定了其认定的标准不能过于机械，否则会出现偏颇。在国内某所大学一位计算机专业的学生拿着全国计算机技术与软件专业技术资格水平中级证书前去认定，结果被告知认定证书库中只有初级没有中级所以不能认定学分。另外认定学分标准中，过于强调项目的结果，并没有对完成项目的过程进行有效监控。

最后是不少高校的课外培养重形不重神。课外培养的评价过于注重内容的记忆、灌输，严重缺乏将其现实生活与人文情怀结合。教材、教室、学校并不是知识的唯一源泉，大自然、社会、丰富多彩的世界都是很好的教科书。变"教科书是学生的世界"为"世界是学生的教科书",必须成为课外培养的新观念。课外培养应当使大学生广泛了解有关自然、社会和人类自身的丰富知识,全面地理解人与自然、人与社会、人与人之间的关系,从而形成科学的世界观、人生观和价值观。

三　技术层面的问题

1. 课外培养设置碎片化。大学课外培养因其特有的作用和地位被传统划归为思想阵地,与学校的教学中心割裂,被学校育人系统边缘化。长期以来,高校课外培养活动仅仅以思想政治教育学科为理论基础,虽然思想政治教育学科理论在不断地丰富完善,思想政治教育也取得了显著的成绩,但课外培养在"纯粹"的思想政治教育面孔下存在影响力弱、时效性差、投入多产出少等问题,这造成课外培养定位不准确,没有与课内培养有效衔接。

2. 课外培养内容随意化。课程是学生认识客观世界和建构人格的重要教育中介,目前的课外培养在课程化的背景下进行建设,要求课程内容与各类活动相结合,学生必须参与到课外培养活动中。这让广大师生形成了一个误区,即活动越多课程建设就越好,学校、院系、班级、社团、大学生都在绞尽脑汁地设计和开展"丰富多彩"的活动,产生了大量与课程人才培养目标不相吻合、质量低下的活动,降低了大学生对课外培养的参与积极性。

3. 课外培养指导表层化。课外培养通过长期的建设和发展,其内容、功能和效果有较大改进和完善,大学生逐渐在课外培养活动的策划、组织和实施过程中担当主角,主体地位有所突出,但仍然缺乏有效的指导,课外培养往往停留在自娱自乐的层面。课外培养的思想政治教育地位没有得到有效的改变,学工干部队伍长期单打独斗,忽略了专任教师这支教书育人队伍的主力军。

4. 课外培养实施空心化。课外培养的科学性不容置疑,但其理念的上位性过强,缺乏一系列切实可行的操作步骤,而在专业及学科上的调整由于缺乏一种能作为指导思想的发展观、价值观,使其终究未能摆脱传统工业文明的框架,在实践上难免具有相当的狭隘性。课外培养的施行,则由于过多地强调向欧美发达国家尤其是美国学习,却忽略了相关的本土化研究,忽略了中国独特的文化习惯、教育体制及大学的传统和逻辑,由此导致了改革试验的混乱和低效。必须尊重中国高等教育传统，通过行动研究和虚心实践，探索出一条本土化的发展思路。

综上所述，课外培养工作应当注重发挥大学生的主体作用，适合大学生认知方式，适应大学生的特点，在内容上兼顾思想性和教育性，适当注意知识性和趣味性，要注重双向沟通交流，实现信息传递网络化，培养手段现代化，学习形式丰富化，考核监管规范化。要充分考虑大学生的年龄差异、地域差异和性格差异，从高校的实际和大学生的实际出发，创新课外培养手段。课外培养工作应该把关心人和督促人结合起来，把服务人和激励人结合起来，使大学生强调自主学习、自主管理、自主讲授、自主总结、自主考核，不断完善自主学习能力。课外培养工作必须以大学生需求为中心，以实现大学生能力与人格的最大发展为目标，以培养主动思维为主线，以优化大学生的素质为抓手，使大学生视野更加开阔，认识更为深刻，学习更加主动，对新事物的反应更加敏感，实践能力更强，勇于直面新的挑战，精准把握时机，审时度势，创造性地开展工作。

第 三 章

大学生课外培养目标体系

大学生课外培养目标体系，是指课外应当培养大学生的哪些素质和能力，以及由这些素质和能力构成的体系。现代大学人才培养中，公认的培养目标是大学生的综合素质和能力，那么我们的大学到底要培养大学生哪些素质和能力？这是我们在推进课外培养中首先要明确的核心问题。美国学者卡诺奇（W. B. Carnochan）认为："如果对大学目标缺乏足够认识，我们就无法知道实践中高等教育的质量如何，甚至无法知道所谓'高等教育质量'的内涵是什么。"[①] 因此，明确大学生培养目标，特别是课外培养目标，是开展课外培养工作的"元命题"。

第一节　大学生素质与能力概论

大学生课外培养目标体系，是由课外培养目标构成的一个系统，它与大学培养目标是一致的，它就是大学的培养目标，这一培养目标主要由大学生的综合素质和能力构成。由于实现这一目标的复杂性，其中的一些内容可以同时在课内和课外进行，而有一些内容则只能在课外进行。

一　大学生素质的含义

素质是一个十分抽象的概念，因此，学术界一直是众说纷纭。各种词典也没有给出统一的答案，如《辞海》中对素质的定义是："人或事物在某些方面的本来特点和原有基础。在心理学上，指人的先天解剖生理特

---

① 德雷克·博克：《回归大学之道：对美国大学本科教育的反思与展望》，华东师范大学出版社 2012 年版，第 41 页。

点，主要是感觉器官和神经系统方面的特点，是人的心理发展的生理条件，但不能决定人的心理内容和发展水平"；《心理学大词典》认为"素质一般是指有机体天生具有的某些解剖和生理的特性，以及感觉和运动器官的特性，是能力发展的自然前提和基础"；在《中国大百科全书心理学卷》和《心理学词典》中也都给出了相关定义。但是这些定义，存在明显的缺陷，它们把素质仅仅限定在先天遗传的生理特点上，没有考虑后天社会实践对素质形成的重要影响。

正因如此，后来许多学者开始从对素质形成的现实感受出发，积极引申和扩展素质的内涵。在这些研究中，有两种思路很值得重视，一种是从不同学科看素质：从生理学和心理学角度看，素质是指人由先天遗传得到的品质，它为后天能力的发展提供基础；从社会学角度来看，素质是指人们的修养和素养；从教育学角度来看，素质是在先天遗传的基础上，受后天环境的影响，通过自身的长期内化，养成的稳定的、长期起作用的品质①。另一种是从不同的视域看素质：狭义的素质是指生理学和心理学上的素质概念；中义的素质是指未来发展的主体可能性，亦即发展的潜力或潜能；广义的素质是指先天与后天共同作用下形成的人的身心发展的总体水平。

在这种研究与对比中，人们对素质的含义认识越来越清晰，越来越多的学者更加赞成从广义的角度，或者从教育学的角度来认识素质的概念，即"素质是人在先天生理基础上，受后天环境教育的影响，通过个体自身的认识和社会实践养成的比较稳定的身心发展的基本品质"②。

由此可见，大学生的素质是在大学生个体生理的基础上，经过大学教育和大学环境的影响，通过自身认识与实践的驱动，形成的相对稳定的基于身心发展的基本品质。这种品质是先天遗传与后天影响的结果，是自我发展与大学教育的结果，是认识与实践交互作用的结果，也是自律与他律的结果。

大学生素质既具有素质的一般特征，也具有大学生群体特有的特征。从一般特征来看，表现在以下几个方面：

---

① 陈怡：《素质教育——教育理念现代化的集中体现》，载《中国高等教育》1999 年第 10 期。

② 郭文安、王道俊：《试论有关青少年学生素质的几个问题》，载《教育研究》1994 年第 4 期。

一是素质是先天遗传性与后天习得性的辩证统一。是在先天生理与心理基础上，通过后天环境影响与教化而形成的，先天是基础，后天是发展，没有良好的基础，难以有大的发展。相反，如果只有良好的基础，没有后天的训练，也难有大的长进。比如智力、体能方面的素质，先天基础就非常重要，但是后天的教化、训练能在很大程度上改善素质的总体水平。

二是素质是相对稳定性与发展性的统一。素质一旦形成，在一定时期内具有稳定性，这是一个很重要的特征，正是这种相对稳定性，我们才能认识和把握一个人，才能对一个人做出某种评价。但是这种相对稳定会随时空和阅历而变化，人是在不断进步和发展的，没有这个特点，也就没有人类的进步。

三是素质是内在性与外显性的统一。素质是一个人内在的品质，不通过一定的社会活动，我们很难评价一个人的素质，由于素质的高度复杂性，我们很难用科学方法评估和测定一个人的素质高低。但同时，素质也并非神秘莫测、不可捉摸，人们总是会通过自己的言行举止，通过社会交往，通过社会活动，特别是通过对复杂问题和困难工作的处理，将自身的素质展现给众人。

从大学生素质特有的特征来看，具有两个重要表现：

一是共同性与差异性相统一。作为大学生特定群体，具有群体所特有特征，如受过高等教育的青年与没有受过高等教育的青年群体相比，在思想道德素质、科学文化素质等方面都会表现出较高的素质水平。同时在大学生群体内部又表现出很大的差异性，不仅不同大学的学生之间，而同一所大学的学生之间，甚至同一个班级的同学之间，都存在很大的差异性。我们认识大学生的素质，既要从共同性出发，研究和分析大学生的素质差异，又要从差异性中去认识和把握大学生的共同素质特征。这种共同性和差异性是开展素质培养和教育的理论基础，既要重视大学生素质的普遍提高，又要重视大学生的个性发展。

二是理论性与实践性相统一。大学生后天素质的培养，既要重视理论性的教化，也要重视实践性的训练。理论性教化，是大学生提升智力和认知水平，促进大学生培养素质自觉的基础，这是大学生在素质提升中不同于非大学生的重要原因。同时，由于大学生参与社会实践的机会相对非大学生青年要少，大学在人才培养中应更加重视课外的实践训练，这是强化、固化、检验大学生素质的重要途径。

二　大学生能力的含义

能力也是一个十分复杂的概念，至今也难有公认的定义。《辞海》认为"能力是成功完成某种活动所必需的个性心理特征"；《现代汉语词典》将能力定义为"能胜任某项任务的主观条件"；《新华词典》将能力解释为"做事的本领"。

在学术界由于不同学术领域的研究视角不同，对能力的认识就不尽相同：行为科学强调外在表现出的技巧，认为能力就是熟练的技能；生理学强调潜在的生理极限，认为能力是人先天的"潜能"和生理活动的"能量"；心理学强调心理特质，认为能力就是人成功完成某种活动所必需的个性心理特征；人才学强调效果，认为能力是人们运用知识和经验，认识事物和解决问题的本领、技术和方法[①]；教育学则强调综合，认为能力是顺利完成某种任务或活动所必需的内在条件的综合等。

单就心理学而言，国内学者在认识上也有很大差别，如心理学家皮连生认为"能力就是广义的知识，即陈述性的知识、程序性的知识和策略性的知识的总和。能力即知识，能力和知识是同一个概念"[②]；而心理学家冯忠良则认为，必须把能力作为个体的一种心理特性来考察。这样他就明确无误地将任何遗传的个体特性排除在能力的范围之外。能力在原则上属于经验的范畴，是系统化、概括化了的个体经验，而这些个体经验即为个体已经掌握了的知识和技能。能力是在知识和技能掌握的基础上，通过学习的迁移，将获得的知识与技能概括化、系统化的过程中形成的[③]。从教育学的角度，从高校人才培养的实际情况来看，冯忠良的观点更接近能力的本质。

因此，能力是个体能够顺利完成某项任务所必须具备的主观条件，这种条件就是做事的本领，就是个体系统化、概括了的经验，就是个体的心理特征。能力是在先天生理和心理的基础上，通过学习的迁移而形成的。

[①]　吴绍琪：《大学生能力理论调研与实践探讨》，载《重庆大学学报》（社会科学版）2002年第6期。

[②]　王映学、刘振来：《两种知识观、技能观、能力观评述》，载《甘肃高师学报》2000年第3期。

[③]　同上。

　　目前在能力研究中，对能力分类是一种重要的研究方法，比较有共识的一种分类，是将能力分为一般能力和特殊能力。一般能力是指人在各种活动中所表现出来的共同能力，是人所具有的基本能力，包括观察、记忆、思维、创造等方面的能力，特点是抽象思维；特殊能力是指人在某种专业活动中表现出来的独特的能力，是完成特殊任务不可缺少的，而且也只有在特定领域中能发挥作用的能力。还有人将能力划分为认知能力、操作能力和社会交往能力，模仿能力、再造能力和创造能力，液体能力和晶体能力等。这些分类有助于我国建立大学生能力体系和能力结构。

　　关于能力的研究，在20世纪50年代的行为科学、70年代系统科学、80年代管理科学以及90年代公司策略研究中得到了高度关注。[①] 自20世纪80年代以来，国内高校学者开始进了持续的研究，这些研究对推动高等学校培养大学生能力，起到了重要作用。但是目前国内高校对大学生能力培养做得仍然不够，在解决了认识问题之后，如何在培养成效上下功夫，仍然是目前高等学校的重要任务。

三　大学生素质与能力的关系

　　素质和能力的培养，是高等学校的核心任务。在大学职能中，人才培养是最基本的职能，人才培养目标是大学最基本的价值导向。能否培养优秀人才，是判断一所大学好坏的基本标准，也是最高标准，是一所大学开展科学研究，服务社会和引领文化水平高低的前提和基础。在人才培养中，传授知识亦不再是人才培养的核心任务，大学的使命，是通过知识的传授，实践环节的训练，通过整体性的教育体验，培养大学生的综合素质和能力。传授知识不是大学使命的原因有三个：一是知识更新快，今天我们学习的知识很快就会过时；二是大多数知识，在我们大学毕业几年后将都会忘记；三是许多毕业生毕业后，学到的知识与从事的工作并无关系。因此，在大学里学到的具体知识并不重要，知识仅仅是一个载体，重要的是素质和能力，因为素质和能力不会被丢掉，尽管它们不好测量，它们的影响也难以被证明，但是教育能让我们最终留存下来的也只有这些，所以它们是大学里学到的最重要的东西。

　　素质和能力是一个复杂的关系体，有一些个体表现我们很难确认它是

---

① 黄芳：《大学生能力构成预期的比较研究》，载《大学教育科学》2012年第3期。

素质还是能力，多年来有许多学者研究素质与能力问题，包括大学生素质的内容、能力结构以及素质与能力的关系等，表现出了多样化的结论。所以在探讨大学生应有的综合素质和能力之前，有必要进一步梳理一下素质与能力的关系，这是我们深入认识素质和能力基础。

素质和能力的相同点是它们有着相同的构成因素。在前面的分析中我们可以看到，素质和能力都是以先天的生理和心理特征为基础的。最典型的事例是一个先天残疾的人，在运动、四肢运用等方面会明显存在不如正常人的地方；同时，他们都是在后天的教育、实践中得以提升的。有些缺少上肢的人，经过后天的训练，使用两只脚能够达到常人难以企及的程度；有些残疾人心理承受能力极其强大，也超过常人。因此先天基础和后天训练，成了素质和能力的共同构成因素，这正是有时我们难以区分的主要原因。

素质和能力的区别是它们具有不同的表现形态。一般认为素质通常处于静态，具有隐蔽性和相对稳定性。是存在于肌体和心灵深处的内在品质和质量，一般不能直接作用于外界事物，我们也不能直接观察和判定素质水平的高低，只有通过一定的行为，通过个体的言谈举止和实践活动，只有用心感悟，才能了解一个人的素质；而能力一般具有很强的外显性和释放性，它可以直接作用于外界客观事物，只要有交往和实践活动，就能直观地观察一个人的能力，因为个体在日常生活和工作中具有显著的能力释放愿望，每个人都无法隐藏自己的能力。

素质和能力具有密切的关系，主要表现在三个方面①：

素质是能力产生和发展的前提和基础。能力是素质的外在表现，人的素质通过社会实践外化为人的能力。因此素质是基础、是前提，是能力之源。一般来说，素质高才能孕育较强的能力，素质低的人能力也很难有大的提高。当然素质转化为能力是有条件的，不是所有素质好的人，都能转化出好能力，其条件就是积极参与社会实践。"岗位锻炼人"的结论就是一个很好的例证，在实践中孕育能力，在实践中锻炼能力，只有这样才能促进素质向能力的转化。

不同的素质引导着能力的不同发展方向。思想政治素质，引导着一个

---

① 张荣国：《论素质与知识、能力的辩证关系》，载《学校党建与思想教育》2009 年第 13 期。

人客观全面认识和分析问题能力的形成，影响着一个人的社会适应能力、合作竞争能力、道德判断能力等能力的发展；科学文化素质，影响着一个人学习思考能力、语言表达能力、文字写作能力、研究创新能力等能力的发展；业务素质，引导和影响着一个人的解决问题的能力、领导管理能力等能力的发展。

能力随着素质的变化而变化。随着个体年龄的增长，阅历的丰富，知识的积累，一个人素质的各个方面都会变化，有的人各方面素质都在提升，有的人有些素质提升了，有些素质下降了。在这样的消长过程中，人的能力也在相应地发生变化，有的人多种能力普遍提高，有的人某些能力提高了，某些能力则随着某些素质的降低而降低。

由此可见，素质和能力有区别，更是有着密切的联系。大学提供给学生的是整体性的教育体验，对学生素质和能力的培养亦是一个整体的培养，培养途径更是课内与课外密切配合、双轨并行的一体化途径。

第二节　大学生素质培养目标

自 20 世纪 80 年代起，许多学者开始研究大学生应有的素质和能力结构，对大学生素质研究取得了比较一致的结论，普遍认为大学生应当具有思想政治素质、科学文化素质、业务素质和身心素质。这一研究成果也在教育行政主管部门的文件中得以确认，在 1998 年 4 月教育部颁发的《关于深化教育改革培养适应 21 世纪需要的高质量人才的意见》中就曾提出，高等学校"要加强素质教育，注重学生思想道德素质、文化素质、业务素质和身心素质的全面综合发展"的要求。近十几年来，仍有学者在不断开展类似的研究，多数是一种深入研究，但总体上没有脱离这一基本架构。本书仍以此素质结构为基础，讨论大学生素质的课外培养目标体系（参见表 3—1）。

一　思想政治素质

思想政治素质是在环境和教育的影响下，形成和发展起来的相对稳定的思想道德品质和政治素养。思想政治素质规定了大学生对国家、政治、人生的基本看法，体现了大学生思想认识、政治素养和道德法律观念，涵盖了个人对国家、社会、他人和自己人生的基本态度，指导着个人的价值取向和日常言行，引导着个人对是非的判断和社会良心的表达，因此，思想政治素质是大学生最重要的素质。

大学生思想政治素质包括思想素质、政治素质、道德素质和法律素质，是大学生在思想、政治、道德、法律等方面素质的有机统一。

表3—1   大学生综合素质培养目标体系

大学生素质构成	具体内容	地位与作用
思想政治素质	思想素质 政治素质 道德素质 法律素质	思想保障：保证言行举止的正确方向
科学文化素质	科学素质 文化素质	智力保障：保证思想行为的层次和水平
专业素质	专业知识掌握与拓展 专业信息阅读与检索 专业思想表达与阐述 专业调查与研究 解决专业技术难题	技术保障：保证实际工作的专业性、规范性和有效性
身心素质	生理素质 心理素质	身心保障：保证承担实际工作的可能性

思想素质是大学生思想认识、思想情感和思想方法的综合体现。思想认识体现着一个人的世界观、人生观、价值观，是人们对客观世界及其发展规律的认识，我们对客观世界认识越深入，把握得越准确，我们对客观世界的改造就会越有效；在我们改造客观世界的过程中，除了思想认识的引领作用，还有情感的动力作用，思想情感左右着我们的态度，决定着我们的喜怒哀乐，影响着我们情绪。因此，我们越是能够实现知情的统一与结合，对客观世界的改造就会越来越有力量；在我们改造客观世界中，有认识、有情感，还要有方法。思想方法是我们认识世界改造世界的方式、办法和手段，没有正确的思想方法，不仅不能正确认识客观世界，也不能采用正确的方式改造客观世界。因此，思想方法决定着我们改造客观世界

所采取的措施，最终影响着改造客观世界的成败得失。

政治素质是大学生在政治方面的素养和品质，它由政治信念、政治观点、政治方向、政治立场等要素组成。① 政治信念就是我们的理想信念，就是我们的精神支柱。这是一个政党、一个国家、一个民族的希望，是培养社会主义建设者和接班人的必然要求，是青年大学生为实现中国特色社会主义建设目标而奋斗的精神动力；政治观点，是运用某种思想理论认识和观察主客观世界而表现出来的态度和看法。大学生要培养正确的政治观点，就是要运用马克思主义的世界观和方法论去认识和改造主客观世界，运用科学的理论武装头脑，树立国家、民族和人民的利益至上的思想观念，把自己的奋斗与社会的发展紧密结合在一起，实现自我价值与社会价值的高度统一；政治方向，就是一个人政治追求的目标和高度，大学生能否清楚地认识到自己应有的政治方向，能否在复杂的社会现实中坚定自己正确的政治方向，这是大学生在一生中都要不断接受考验的政治选项。大学生确定坚定正确的政治方向，就是要确定坚持跟党走，走有中国特色的社会主义道路；政治立场，是一个人在复杂的政治环境中所站立的方位和所持的基本态度。一个人在错综复杂的新情况、新矛盾、新问题面前，站在不同的方位和角度认识问题、思考问题和解决问题，就会表现出完全不同的态度和结果，所以政治立场是想问题、办事情的思想基础。大学生的思想政治素质是多种政治品质的集中体现，其培养目标是要有牢固的政治方向，坚定的理想信念，正确的世界观、人生观和价值观，高度的政治敏感性。

道德素质是大学生通过道德认知和道德实践而形成的道德观念、道德判断、道德情感、道德行为等方面的素养，它是大学生道德认知和道德行为水平的综合反映。大学生对道德基本问题的准确把握，对人生价值和意义正确认识，对社会和他人的义务与责任的坚持坚守，以及自觉推动道德传承促进社会和谐发展，这些都是道德素质的重要表现。道德素质的核心问题是道德判断和道德实践。道德判断就是要知善恶、知真假、知美丑、知正误。哪些是应当发扬的社会正能量，哪些是应当抛弃的社会腐朽思想，哪些是中国千百年来的优良道德传统，哪些是社会发展当中衍生的思

---

① 周永华：《论大学生思想政治素质发展》，载《湖南师范大学教育科学学报》2007 年第 1 期。

想糟粕，这是青年大学生应有的基本判断，特别是在经济社会快速发展的复杂社会环境中，许多现象是多种利益诉求的结果，要做出正确的道德判断更加困难。在这种情况下，就更加需要提高我们的道德判断水平。道德实践就是对优良道德品质的传承，就是具体的道德行为，就是要弘扬善行，追求真理，传播美好的社会风尚，践行社会主义核心价值观。道德素质的培养目标是提高大学生道德认知水平和道德实践的自觉性，掌握社会道德规范，继承和发扬优良传统，培养良好的社会公德、职业道德和家庭美德，树立为人民服务的思想，确立集体主义观念，学会正确处理国家、集体和个人之间的利益关系，增强事业心、责任感和使命感，牢固树立社会主义的荣辱观。

法律素质是大学生通过法制环境影响和法制教育训练所获得的自觉依法办事的思想意识和行动自律的品质。法律素质是法律知识、法律意识和法律实践的有机统一。法律素质要求大学生要具备必要的法律知识，要具有依法治国的高度认同感，要具有自觉依法行使自己的权利和义务的意识，要具有运用法律手段维护自己合法权益、自觉同违法犯罪行为做斗争的能力。法律知识是法律素质的基础，没有足够的法律知识就谈不上法律素质。一个人对法律知识了解和掌握的程度直接影响着法律意识的提升，当个体掌握了法律知识，深刻理解了法的本质、价值和目的，并且能够理性地运用法律的思维去思考问题时，法律知识就会转化为法律意识；法律意识是法律素质的核心，法律意识的形成，标志着一个人守法观念的确立，标志着个体能够运行法律思维指导自己的实践活动。法律意识的形成，是个人依法行事的开始，当一个人具有强烈的法律意识，并且在各项社会实践中都能首先判断行为的合法性时，便形成了运用法律知识指导实践活动的法律自觉，这种自觉便是法律养成；法律实践素质是法律知识、法律意识、法律环境等多种因素相互作用的结果，它表现为运用法律来规范和指导行为、解决矛盾冲突、维护自身合法权益、追究违法行为的能力，这是法律素质的关键。法律素质培养的目标，是通过法律教育和实践训练，让大学生掌握更多的法律知识，培养大学生的法律认同感、信任感和法律依赖感，增强大学生的法律认知水平，提高大学生的依法维权能力，强化大学生与违法行为做斗争的勇气和能力。

二 科学文化素质

科学文化素质是科学素质与文化素质的有机统一，是大学生的核心素质。一个国家物质生产能力的提高、文化的发展、文明的进步、历史的前进，都依赖着国民的科学文化素质。

科学素质是大学生科学知识、科学思想、科学方法和科学精神的综合反映。科学知识是人类对客观规律的认识和总结，是人类心智征服物质世界、发现客观真理的记录。科学知识不仅能够帮助人们形成智力、能力和生产力，也能有效形成新的思想道德和精神品格，并有力地促进人的全面发展。科学知识的这种作用，培根用"知识就是力量"进行了生动的描述；科学思想是系统化、条理化、理性化的科学知识，是人类智力的集结和智慧的结晶。科学思想一旦形成理论体系，并同社会需要和技术的发展相结合，同广大人民群众改造世界的实践活动相结合，就会变成巨大的物质力量，所以科学思想是我们认识和改造世界的锐利武器。自然科学理论引导科技革命的事例举不胜举，我们今天人类物质生活与前人相比发生的巨大变化，诸如网络信息技术、交通运输技术、电子技术等，都是自然科学理论广泛运用的直接结果。社会科学理论指导社会变革的事实，让我们具有更深刻的认识，如中国共产党运用马克思主义，推翻了"三座大山"，建立了新中国，并诞生毛泽东思想，开辟了社会主义建设的新篇章。在改革开放的过程中产生了邓小平理论，在邓小平理论的指导下，中国改革开放取得了巨大成就。因此，人类认识和改造世界的重要成果都凝聚在科学思想之中，人类社会所取得的所有历史进步，都是在科学思想的指导下进行的；科学方法是人类在认识和改造世界的实践活动所运用的全部正确方法的总称，包括在理论研究、应用研究、开发推广以及各种社会活动中所采用的思路、程序、规则、技巧、模式、方式、办法、手段等。科学方法是一个多层次的体系，包括一般性的方法如归纳、演绎、分析、综合等，也包括具体方法，由于科学门类的多样性，具体方法就会千变万化。在所有科学方法中，马克思主义的唯物辩证法，是最根本、最重要的方法。科学方法一旦形成，就能有效地指导人们进行科学思维、学习知识和运用知识，就能有效地解决实际问题；科学精神是人们在长期科学实践活动中形成的共同信念、价值标准和行为规范的总称，是人们在科学实践活动中表现出来的思维方式和精神状态。其基本内容包括探索求真的理性精神、实验取证的求实精神、开拓创新的进取精神、执着敬业的献身精神等，其本质是创新精神。科学精神是科学素质中最基本的素质，因为科学精神是推动科学创新的精神动力。科学精神也是科学素质中最根本的素质，因为科学精神一旦形成，就会成为一个人的灵魂，它会激发人们热爱生活、追求真理、充满创造活力。因此，培养大学生的科学精神，是科学素质培养的重中之重，其基本要求就是要解放思想、实事求是、勇于面对新情况和新问题进行反复研究，崇尚真理、按客观规律办事，勤于学习、用理论武装头脑，甘于奉献、历练勇攀高峰的胆略。"科学知识、科学思想、科学方法、科学精神，是一个互相联系、互相作用的整体，知识是基础，思想是灵魂，方法是能力，精神是动力，精神、思想和方法又都贯穿在知识之中、贯穿在学习运用知识、改造世界的实践活动中。"[①]

文化素质是以各种文化为载体，通过潜移默化、知识传授、社会实践、环境熏陶等手段和形式，把人类优秀的思想文化成果内化为个体的人格、气质、修养时所展现出的相对稳定的品质。一般也称之为人文素质，与科学素质相对应，如果说科学素质是在求真过程中、在改造客观世界的过程中展现出来的素质，那文化素质即人文素质则是在求善的过程中、在解决精神世界认识问题的过程中展现出来的素质。当人们拥有了哲学、历史、文学、艺术等学科知识，并运用这些知识思考人生和社会问题，审视和评判人生课题时，就会表现出特有的道德判断、艺术审美、深思领悟、对比思辨、思想追求等品格和素养，这就是一个人特有的文化素质。

拥有哲学素养，就有弘扬哲学精神的自觉，就能明了"天人合一"的深刻内涵，就会产生崇尚人与人之间和谐、个人内心的和谐，甚至国与国的和谐的思想自觉；拥有了历史知识，就能领悟中华民族上下五千年历经磨难却从未断绝的历史真谛，吸取历史的精华，以史为鉴，古为今用，从历史的经验教训中开辟新的时代；拥有文学素养，就能从浩瀚如海的优秀文学经典中获得精神食粮，正如我们可以从"砍头不要紧，只要主义真，杀了夏明翰，还有后来人"的诗句中感受革命英雄主义的豪情壮志，我们可以从"慈母手中线，游子身上衣，临行密密缝，意恐迟迟归，谁言寸草心，报得三春晖？"的诗句中感受一颗伟大的慈母心和母子深情；拥有艺术审美的知识，就能欣赏中华民族辉煌的艺术成就，就能从艺术的

---

① 任仲平：《大力提高全民族的科学文化素质》，载《人民日报》2000年7月26日。

表达与思想内容中领悟人世间的真善美，就能够在社会实践中产生展现美的艺术冲动，就能够弘扬美的事物，传递美的信息。

三　专业素质

专业素质是经过专业教育，在学习专业知识、习得专业技能、参与社会实践过程中形成的从事专业性工作应具备的特殊素养。大学生的专业素质是大学生在掌握专业理论及相关知识的前提下，运用这些理论知识解决实际问题时，表现出来的顺利完成专业工作的素养。专业素质的形成是专业知识积累、沉淀、升华、内化的结果，是专业实践历练的结果。

专业素质包括专业知识的掌握与拓展，专业信息阅读与检索、专业思想表达与阐述、专业调查与研究、解决专业技术难题等方面的素质。

专业知识掌握与拓展，包括现有专业的学习，大学生应能够掌握自己所学专业的基本知识、基本方法和基本要点，并通过专业学习，习得科学思维的方法。同时也包括专业知识的拓展，大学生在学校学到的专业知识是有限的，关键是要学会拓展专业知识的技能。考虑到许多大学毕业生毕业后并没有从事本专业相关的工作，那么大学生还必须学会快速跨入另一个专业领域的技能，这是时代发展对大学生专业素质提出的一个重要要求。

专业信息阅读与检索，是信息时代从事专业工作的人员必备的素质。专业素质要求大学生学会在"统揽全局"的前提下，开展专业工作。这就要广泛了解别人在专业领域中做出的成就和开展的工作，阅读、检索和查阅相关信息，才能深入了解行情，从事专业工作才会更专业。

专业思想表达与阐述，是专业人员开展交流、寻求支持的基本功。如何在合适的场合进行有效的语言表达，如何能将自己的思想通过报告、请示等形式取得上级的支持，如何将自己的专业思想形成论文进行科学交流等，都是一个专业人员应有的专业表现。

专业调查与研究，是专业人员深入开展专业工作必须具备的实功和硬功。调查是在广泛收集资料信息的基础上准确把握情况的重要工作方法和步骤，没有调查就没有发言权。通过调查可以全面了解情况，寻找和发现问题，然后针对这些问题开展深入的研究，通过研究找到解决问题的思路、办法。这就要求专业人员应当灵活运用调查的方法和研究的方法，这是专业素质的深度表现。

解决专业技术难题，是专业素质的直观表现，一个大学生是否具有专业素质，最终要看他是否能够解决专业技术难题。一个专业人员可以表现自己的专业知识，可以快速阅读和检索相关专业信息，可以表达自己的专业方面的某些思想，可以开展某些程度的调查研究，但最终还是要能够完整地解决技术难题，在解决实践问题的过程中彰显专业素质。

当然，一个人专业素质的培养更重要的是要在长期的专业活动中形成，大学生的专业素质还只是一种粗浅的表现。不同的人，即使具有差不多的专业知识、专业技能和实践阅历，也会有完全不同的专业素质表现。同样，一个具有相对较少的专业知识、专业技能和实践阅历的人，也可能具有较高水平的专业素质。因此，专业素质受专业知识、专业技能和实践阅历的影响，但又不受制于这些因素，这就充分体现了一个人主观能动性的重要作用。尽管大学生掌握的专业知识是有限的，专业技能训练也是有限的，实践阅历也是较少的，但并不影响专业素质的训练，只要能在专业学习训练中发挥自己的主观能动性、善于思考、善于总结、善于研究、善于发现问题并解决问题，这种专业素质就会得到提升。

四　身心素质

大学生身心素质是大学生其他素质的基础，也是大学生接受大学教育和未来承担各项工作任务的基础。身心素质包括生理素质和心理素质。根据世界卫生组织对健康的解释，健康不仅指一个人身体没有出现疾病或虚弱现象，而且还指一个人生理上、心理上和社会上的完好状态。因此，健康是一个人在生理、心理以及由此带来的社会适应方面的健康。生理健康是心理健康的物质基础，身体状况的改变可能会带来相应的心理问题，如生理上的缺陷、疾病，往往会导致人的焦躁、忧虑、烦恼、抑郁等不良情绪和异常心理状态。心理健康是生理健康的精神支柱，良好的情绪和心理状态，可以使生理功能处于最佳状态，不良的情绪和心理状态会降低或破坏某种生理功能，从而引起疾病。因此，身体健康是生理和心理的和谐统一，身心素质是生理素质和心理素质的完美融和。

生理素质是指在遗传基础上形成和发展起来的生理解剖特点和生理机能特点。生理解剖特点包括性别、年龄、体形、体质、体格、神经系统、大脑、感觉器官等特点；生理机能特点包括运动、反应速度、负荷极限、环境感知能力、疾病抵抗能力、潜能开发限度等特点。大学生的生理素质主要是指应具备的健康体格，全面发展的身体耐力与适应能力，合理的卫生习惯与生活规律等。

大学生要通过体育课教学和更多的课外锻炼，掌握体育卫生知识，掌握体育锻炼的技能和技术，养成锻炼身体的习惯，达到国家规定的体质健康标准，以胜任繁重的学习和工作任务。围绕这一目标，大学生在提高生理素质方面要重点做好四个方面的锻炼：一是加强体魄锻炼。通过早操、课间操、体育课、每天定时运动等方式，增进、提升和拓展自身的机能，保持体格健壮。二是加强应变训练。通过课堂教学特别课外自学，如参加各类锻炼活动，训练自己的大脑思维能力、应变能力等，提高反应的敏捷性，保持和提升机能的协调性。三是加强耐久性锻炼。通过体育锻炼，提高中枢神经系统的工作能力，增强呼吸系统和心血管系统的功能，使人体机能具有承受长时间大量工作的能力，训练不怕吃苦、知难而进、持之以恒的坚强意志。四是加强生活习惯的训练。良好的生活卫生习惯，是保持身体健康的重要保证，大学生要合理安排学习、休息、锻炼的时间，形成相对有序的起居、饮食、卫生习惯和生活节奏，保持旺盛的精力。

心理素质是以生理素质为基础，通过教育、实践训练、环境影响逐步发展和形成的情感、意志、人格等方面的品质。包括认知水平、情绪和情感品质、意志品质、人格品质等内容。良好的心理素质应具有以下特征：

第一，具有正确的自我意识。每个人都是社会人，我们生活在特定的社会环境之中，正确的自我认识，就是能正确地认识和评价自己在这种环境中位置、能力、优缺点等，能够客观看待自己，既有自知之明、不狂妄自大，又不自卑自弃、对自我充满信心。不因成功得意忘形，也不因失败而自暴自弃。正确的自我意识是一个人心理成熟的重要标志，也是一个人能够取得成功的前提。

第二，具有坚强的意志品质。意志品质是人在意识活动中表现出来的相对稳定的心理特点，它是支配人们自觉确定目标，主动克服困难，并推动目标实现的内在动力，它体现了一个人的自觉性、果断性、坚韧性和自制力。无论是从事社会工作还是从事科学研究工作，不论是从事脑力劳动还是从事体力劳动，如果没有坚强的意志力，就不能一鼓作气地顺利完成工作任务。

第三，培养积极健康的精神追求。积极的精神状态是保证完成各项任务的保障，一个情绪极易波动，或精神萎靡不振的人，是无法担当重任的。大学生要培养热爱生活和对未来充满信心的愉悦心情，特别是要培养承受挫折的能力，因为生活和工作都不可能一帆风顺，要想取得重大成就，没有失败的经验教训是不可能的，只有不惧怕失败，失败后能吸取经验并坚持过来的人才能最终取得成功。

第四，要培养健康的人格。人格是各种心理特性的总和，也是各种心理特性的一个相对稳定的组织结构，在不同的时间和不同的地点，它都影响着一个人的思想、情感、行为，使他具有区别于他人的、独特的心理品质。[①] 人格包括气质和性格，气质是表现在心理活动的强度、速度和灵活性等方面的人格特征，性格是表现在对客观事物的态度及其行为方式上的人格特征。大学生培养健全的人格就是要培养良好的气质和性格。如言谈举止反应敏捷，学习工作精力集中，思考问题思维灵活，情绪变化恰当，态度表达合理，行为方式正常等。人格特征最终表现为一个人具有良好的社会组织和群体适应性，能够较好地实现自我调控，能够建立良好的合作与竞争关系等。

第三节　　大学生能力培养目标

大学到底要培养大学生的哪些方面的能力，至今众说纷纭。由于能力表现的多样性、人们对能力认识的选择性、不同层次大学培养目标的差异性等因素，导致人们在大学生能力培养目标上认识的多样性。我们在国内外学者广泛研究的基础上，提出了综合型大学大学生能力培养目标的十项内容：道德判断能力、社会适应能力、合作竞争能力、语言表达能力、文字写作能力、学习思考能力、研究创新能力、策划实施能力、解决问题能力和领导管理能力（参见表3—2）。

一　道德判断能力

道德教育是思想政治教育的基本内容之一，大学生的道德认知和道德实践是思想政治素质的基本表现之一。道德教育不仅是社会主义大学极力倡导教育内容，也是世界各国大学应有的教育内容。

哈佛大学前校长德雷克·博克认为，道德有两个基本的问题，第一方

---

① 　郭念锋：《心理咨询师》，民族出版社2011年版，第85页。

面的问题，包括三种能力，即严谨地思考如何处理道德两难问题的能力，评价各方面观点合理性的能力，判断正确行为的能力；第二方面的问题，是将以上思考的结论付诸实践的愿望和自律性。对于后者，由于生活的方方面面都可能影响其发展，但它更多还是父母的责任。对第一方面的问题，则是大学义不容辞的责任。大学要帮助年轻人认识到道德问题的存在并严谨地思考这些问题。要让学生养成更加清晰而强烈的道德原则感。①其中在处理第一个问题中，需要大学生具备三种能力：判断问题是否属于道德两难问题的能力，即判断能力；正确评价道德双方意见或价值的能力，即评价能力；判断哪种行为属于正确行为的能力，即认定能力。

由于社会利益多元化，道德两难问题越来越突出。如城市企业污染问题就是一个典型的道德两难问题，一方面企业排污，造成严重的城市污染，给人们的生存带来了巨大的危害，治理污染企业的呼声越来越高；另一方面治理这些污染企业需要巨大的投入，企业无力投入，政府无力投入，彻底解决污染意味着关停企业，这样随之带来的是大量工人失业、财政收入锐减等问题，于是地方政府在矛盾中徘徊、观望。如此道德两难问题在社会中有多种多样的表现形式。

表3—2　　　　　　　　　大学生能力培养目标体系

大学生能力指标	构成内容	大学生首要性选择比例
道德判断能力	判断能力 评价能力 认定能力	48.68%
社会适应能力	学习适应能力 环境适应能力 交往适应能力 角色适应能力 活动适应能力	71.85%
合作竞争能力	合作能力 竞争能力	72.86%

① 德雷克·博克：《回归大学之道：对美国大学本科教育的反思与展望》，华东师范大学出版社2012年版，第47—48页。

续表

大学生能力指标	构成内容	大学生首要性选择比例
语言表达能力	知识运用能力 逻辑思维能力 语言组织能力	62.66%
文字写作能力	观察能力 感受能力 逻辑思维能力 文字组织能力	27.29%
学习思考能力	学习能力 思考能力	52.77%
研究创新能力	研究能力 创新能力	29.26%
策划实施能力	策划能力 说服能力 展示能力 组织能力 协调能力 实施能力	35.52%
解决问题能力	发现问题能力 认识问题能力 分析问题能力 解决问题能力	50.25%
领导管理能力	领导能力 管理能力	27.85%

注：笔者在河南科技大学开展课外培养典型调查，参加调查学生 1980 人，涵盖 4 个年级的大学本科生。大学生首要性选择比例，系指大学生选择作为首先应当得到培养的素质者所占的比例。数据来源于该典型调查。

由于大学生缺乏这种道德两难问题的考验，缺少思考解决这类问题的实际训练，在思考复杂问题方面的能力显得十分欠缺，因此如何提高大学生的道德判断力和行动力显得日益重要。大学教育中除了相关课程应当涉足这种能力的培养，在课外，可以组织学生进行实际问题思辨训练，也可以组织学生参与实际问题的解决，通过这些活动，提升其道德判断能力。

二　社会适应能力

许多学者在关注并研究大学生的社会适应能力，其中多数研究者认为，大学生社会适应能力就是应对环境变化的能力。如陈会昌教授认为，社会适应是随着社会或是文化改变，人们在认知、情感、意识方面发生相应变化[①]；梁晓燕等认为，社会适应能力是指个人为了更好地融入社会在社会上生存，根据社会的需要在认知结构、情绪情感状态、认识水平上不断调整，使个体与社会和谐的一种能力[②]。另一部分研究者以更加全面的视角提出，大学生社会适应能力实际上是个人与社会交互作用的能力。如有学者提出，社会适应性是个体在与社会环境的交互作用过程中主动顺应、调控和改变环境，最终达成个体与社会环境间的和谐关系和平衡状态。前一种观点，尽管揭示的是个人主动应对环境变化而变化，但仍然是"被动"的顺应。而后一种观点，则揭示了社会适应的另一个层面，即个体推动社会环境的改变，这是更加"积极"的适应，对人类社会的发展具有更加积极的意义。

因此，大学生社会适应能力，就是大学生在社会组织中，积极参与社会组织互动，并实现个人与组织协调发展的能力。在这种交互作用中，不仅是个体对环境的"顺应"，也是改变环境、推动社会组织变革的过程。在这种交互作用中，可以是单纯的个体改变，可以是个体促进环境的改变，也可以是个体与环境同时发生改变，并最终实现个体与社会组织的协调发展。

大学生的社会适应能力包含多方面的内容。学习适应能力，包括实现学习方式的重大转变、全新学习内容的掌握程度，通过学习取得新思维和新突破等；环境适应能力，包括对新环境的快速了解，把握新环境的特点，在新环境中生活等方面的能力；交往适应能力，包括与来自不同文化背景和性格特征的学生交往，与老师和管理人员的交往等能力；角色适应

---

① 陈会昌：《德育忧思录》，华文出版社1999年版，第152页。

② 梁晓燕、章竞思：《大学生的自我意识与社会适应性》，载《中国高教研究》2002年第7期。

能力，包括各种角色意识的形成，对不同角色行为规范的掌握等能力；活动适应能力，包括各种活动规则的掌握，参与及组织活动的能力等。大学生社会适应能力的培养，主要在课外进行，通过各种课外的交往、学习、实践，不断提高适应能力。

三　合作竞争能力

合作是个人之间或团体之间为实现共同的利益目标而相互配合、协调互动的一种联合行为。竞争是双方或多方为了夺取同一目标而相互超越的行为，常表现为：对于共同期望的稀缺资源的夺取而展开的竞赛、争夺和角逐。[①] 合作与竞争是时代的特征，更是时代的要求，一方面合作是竞争的需要，越是有序、强烈、高层次的竞争，越需要良好的合作，只有善于合作，才能在竞争中取胜；另一方面，合作中有竞争，因为合作的目的仍然是利益的需求，是利益最大化的必要途径，没有合作就会失去竞争力。因此，合作的同时仍然存在竞争。竞争需要合作的力量，合作增强竞争的力量。合作与竞争，相互渗透，相辅相成。

大学生合作竞争能力，是在合作中竞争的能力，也是在竞争中合作的能力。合作的对象是多方面的，既包括纵向的合作，如上下级之间的合作，也包括横向的合作，如同学、同事、朋友等之间的合作；既有紧密层组织内的合作，如身处某一具体小团体同事之间的合作；也有松散层组织之间的合作，如自己所处组织与其相近组织之间的合作。合作能力的提高需要训练，尤其在大学高度重视大学生独立工作能力的培养理念下，在课外强化合作能力的培养具有十分重要的意义。竞争具有两种形态，即隐性的竞争和显性的竞争，隐性的竞争是在事物发展自然历史过程中实现的，如自然界的物竞天择，就是这种竞争。其特点是在悄无声息中进行，是以随机应变应对固定不变，竞争结果主要取决于单方的努力。在我们的社会中存在许多这一类的竞争，如大学教育就是这样一种自然的历史过程，由于学生的努力程度不同，大学毕业生在这种隐性中表现为不同的学业成绩；显性竞争是具有对抗性的、面对面的竞争，在这种竞争中，双方都需要依据对方的变化来调整自己，其特点是以随机应变应对随机应变，竞争

---

① 江文芬：《全球化视野下的大学生合作与竞争能力及其培养》，载《西南民族大学学报》（人文社会科学版）2003 年第 8 期。

的结果不仅仅取决于单方努力。因此竞争能力同样需要训练。

大学生合作竞争能力，既强调合作，也强调竞争，是一种能很好处理合作与竞争关系的能力，是能够在愉快合作中凸显竞争的能力，是在竞争中实现良好合作的能力。这种能力同时也是排除无节制竞争和无原则合作的能力。这种能力可以在书本中学习基本的理论要点，但必须在实践中学习才更加有成效。通过制定组织目标和个人目标，将学生置身于课外具体的训练活动之中，这种合作竞争能力方能得到训练和提高。

四 语言表达能力

语言表达能力不仅仅是表达问题，它还是一个人知识运用能力、逻辑思维能力、语言组织能力的综合表现。这种能力实际上包括以下多个方面的内容：什么时候讲什么话，怎样准确、及时表达自己的思想，怎样进行有准备的讲话，怎样进行即兴演讲，怎样在持不同观点者之间辩论、阐明自己的观点，怎样有效说明情况消除误解，怎样说服对方争取支持，怎样将自己的新思想表达清楚等。语言表达能力强调表达的清晰度和说服力，也强调表达者能够根据听众的反应及时调整自己的表达方式，因此语言表达能力是大学生综合素质的重要体现。

语言是人际交往和开展社会事务的重要工具，能否进行良好的语言表达，不仅影响建立和谐的人际关系，影响正常工作的开展，甚至影响到一个人事业的成败。语言表达能力对一个人的影响如此深远，但是仍然没有引发大学高度重视和大学生的有效行动。从人类历史的发展来看，并不缺乏人们对语言重要性的认识，早在古希腊时期，演讲就是公民生活的重要组成部分，亚里士多德把公众演讲作为说服民众的重要方法，他提出的演讲的基本原则至今仍然值得学习。在殖民地时期的美国，大学把公众演讲作为本科教育的核心内容，18世纪的本科生所接受的公众演讲训练，比现在的大学生多得多。那时的学生在教师的监督下，每天都要完成课堂背诵和辩论的练习，因而学生逐渐养成了在他人面前表达并维护自己观点的习惯。许多学校的辩论俱乐部和文学社团都广受欢迎，这给本科生磨炼辩论技术提供了新的平台。[①] 到了19世纪末，学术界开始研究演讲的艺术，

---

① 德雷克·博克：《回归大学之道：对美国大学本科教育的反思与展望》，华东师范大学出版社2012年版，第68页。

心理学家们开始用科学的方法探究语言对听众的影响。到了 20 世纪初，一些大学开始成立传播学院，为各类与语言有关的行业如电台、电视台、戏剧表演、政治顾问等输送人才。

今天尽管少数大学，或者是少数学院高度重视大学生的语言表达能力，但是从总体上看，大学生的语言表达能力培养并未得到足够的重视，缺乏行动有效的培养平台。我国大学教育从根本上看仍然是应试教育，教师是"播放机"，学生是"刻录机"，教师满堂灌，缺乏课堂讨论，仍然是目前大学存在的普遍现象。这就导致了大学生很难在课内培养语言表达能力的局面，致使许多大学在语言表达方面存在诸多硬伤：如语言表达不准，包括用词不准、思路不清等；表达欲望不强，学生参与课堂讨论的积极性不高，在重要讨论活动或座谈会上主动发言的积极性不高；还有临场紧张现象普遍，许多学生怯场，害怕甚至拒绝在公共场合发言等。因而，如寻求通过课外的各类活动，来提高大学的语言表达能力，成为我们的一个重要选择。

五　文字写作能力

文字写作能力也是大学生表达思想、情感、意愿的重要能力，在不便直接运用口头表达，或难以快捷运用语言表达，或为了更完整、更全面、更深刻表达思想、情感和意愿时，通过文字表达是重要的途径。因此，文字写作能力是大学生必备的重要能力，一个人如果无法有效地表达自己的思想、情感和愿望，既不能有效地说服别人，也不能有效地传达自己的想法，这样也就失去展现自己能力的途径，从某种程度上看这种能力将成为人生是否精彩的分水岭。

文字写作能力包括观察能力、感受能力、思维能力、文字组织能力。观察能力，是一个人有计划、有意识地认识和理解外界事物及其现象的能力，它是大学生发现和认识客观事物的基础，只有善于观察周围的事物，才能准确认识和把握这些事物；感受能力，是在观察事物的基础上从了解到熟悉，从浅显到深入，从知晓到领悟的能力。感受能力既包括个体对事物的认识和理解，也包括个体的情感和体验。唯有独特的感受，才能激发写作的欲望，深化写作的内涵，因此感受能力是大学生写作的情感基础；思维能力，是大学生文字写作思想基础，大学生具有形象思维、抽象思维、灵活思维和创新思维的能力，才能把自己的思想、情感、愿望等，或系统条理地，或富有情感地，或独到新颖地表现出来；文字组织能力，是大学生掌握各类文体写作规范的能力，以及运用语法、逻辑和语言规范能力，具备这种能力才能熟练驾驶各种文体并实现完美表达。因此，文字写作能力，仍然是大学生认识、感情、理解、表达的综合能力体现。

大学生对文字写作的重要性认识不够，高等学校对大学生文字写作训练关注不够，是导致目前大学生文字写作能力普遍较低的主要原因。据研究者调查，50%的高等学校把大学语文作为某些专业的限选课，38%的高等学校将其作为公共课，甚至在某些院校的理工类专业中，它的开课率为零，这充分说明大学语文课在学校中的不受重视程度。[①] 由于各种原因，包括教育的功利因素、网络资源的影响、学生课业负担加重、写作训练越来越少等因素，课内写作能力培训无法适应社会对大学写作能力要求的需要，如何强化课内训练的同时，利用课外培养平台，培训大学生的文字写作能力，亦成为课外培养的重要任务之一。

事实上，写作能力的训练，不仅仅是适应社会和人际沟通、思想交流的需要，更是深化学习、深入思考和实现创新的重要手断。从今天的研究者的观点来看，已经不能仅仅把写作看作"把思想转化为文字"的机械过程，许多有成就的学生常常把写作看作激发自己思考的重要手段。德雷克·博克引用玛丽莲·斯腾格拉斯的描述认为："学生不断反映说，独自阅读或者听讲座并不能充分调动自己的思维，他们自然也没法记住知识点和思想并对它们做出分析。只有在写作练习中（通过总结分析课堂笔记，或撰写理论与实践相结合的论文），学生才有机会思考比较复杂的问题，并形成有洞见的观点。"[②]

六　学习思考能力

学习思考能力是大学生最基本的能力，因为大学生的基本任务就是学习知识，思考问题，在学习与思考中提升自己认识问题、思考问题、判断问题、解决问题的能力。学习思考能力包括学习能力和思考能力两种基本能力，学习能力是指以快捷、简便、有效的方式获取知识和信息，并将其

[①]　高红艳：《浅析大学语文教学中写作能力的培养》，载《才智》2011年第22期。

[②]　德雷克·博克：《回归大学之道：对美国大学本科教育的反思与展望》，华东师范大学出版社2012年版，第63页。

融入已有的知识，从而改变已有知识结构的能力。思考能力也称思维能力，它是通过分析、综合、概括、抽象、比较、具体化和系统化等一系列过程，对感性材料进行加工，并转化为理性认识的能力。学习与思考密不可分，相辅相成，正如《论语》中所言："学而不思则罔，思而不学则殆。"因此，学习思考能力是在学习中思考的能力和在思考中学习的能力的结合，应包括注意力、观察力、记忆力、理解力、分析力、比较力、抽象力、综合力、概括力、推理力、论证力、判断力等。

中国大学生在大学生学习思考能力培养方面存在的问题包括：自学能力较弱，学习的主动性不够强，在学习中思考和在思考中学习的训练缺乏，缺少批判性的逻辑训练等。由此导致许多大学生通过学习提出新问题、新观点以及创造性解决问题的能力不足。有研究表明，中国大学生和美国大学相比，明显的表现是，中国大学在注意力和记忆力等方面明显高于美国大学生，而在观察力、想象力等方面明显弱于美国的大学生。当然也有一些共性的问题，包括中国、美国在内的许多国家都需要强化培养目标，突出培养大学生学习思考能力中的批断性思考能力。国际上有许多教育家，将培养学生的批判性思考能力作为本科教育的重要目标之一。但事与愿违的是，由于"填鸭式教学"的普遍存在和难以改变，大学生批判性思考能力的培养成了大学培养的目标之殇。

在课外是否能够培养大学生的学习思考能力？答案是肯定的。德雷克·博克校长这样描述课外培养，"在课外，学生们可以一起讨论阅读中遇到的教授提出的或其他一些问题。学生还可以参与校报和文学杂志社的工作、加入宿舍管理委员会和辩论队、参加政治俱乐部和学生的自治组织。总之，学生有很多机会参与讨论，在这些活动中他们必须自主思考、各抒己见，并接受他人的点评。参与者不同的背景、价值观及视角，让学生们有机会思考问题的前提条件，了解各种新颖的观点，在新知识、新观点面前检验自己思考过程的合理性"。[①] 因此，在课外培养大学生的学习思考能力仍然具有很广阔的舞台。

七　研究创新能力

大学生研究创新能力是指大学生通过研究开展创新的能力，包括研究

---

① 德雷克·博克：《回归大学之道：对美国大学本科教育的反思与展望》，华东师范大学出版社 2012 年版，第 76 页。

能力和创新能力。研究能力是大学生运用科学的方法探求问题答案的能力，即通过有目的、有计划、有系统的信息收集，提出问题、分析问题、解决问题的能力；创新能力是指大学生突破模式化思维方式，运用新方法解决新问题的实践本领，即面对新问题产生新办法才是创新能力的表现[1]，大学生创新能力中包含着一些高于一般能力的特殊能力，如预见能力、协同能力、发散思维能力等。

大学生研究创新能力是高等学校人才培养的核心目标，是人才竞争力的核心指标。构成大学生研究创新能力的主要要素是知识、思维和实践。知识的作用在于孕育研究创新能力，这种知识应当是质量较高、结构合理、充满活力的知识，要发挥知识的作用，就必须能够活学活用；思维的作用在于催生创新能力，思维是研究创新的核心要素，运用逻辑思维与非逻辑思维，发散思维与收敛思维等多种思维方式，使其相互冲突、碰撞、对立，最终才能实现协同、融合，进而找到解决问题的新办法；实践的作用在于展现并检验研究创新能力，因为研究创新不仅是一种思想运动，更是一种实践活动，思想运动在实践中展现，在实践中进行检验，也在实践中得以完善和发展，这就是认识运动的总规律，就是提高研究创新能力的科学规律。

目前高等学校在培养大学生的研究创新能力方面还有很多工作要做。一是要大力倡导培养研究创新能力的理念，要把知识的传授当作手段，研究创新能力培养作为目标，并把这一培养理念渗透到人才培养的各个环节；二是要建立激发大学生研究创新兴趣和积极性、激发广大教师培育研究创新能力积极性的体制机制；三是要大力推动课外研究创新活动的开展，包括开展各类学科竞赛、大规模科技论文征文比赛、"挑战杯"比赛、各种以解决实际问题和理论问题为导向研究活动，通过这些活动，形成课内课外全方位推动大学生研究创新能力培养的格局。

八　策划实施能力

策划实施能力是一种从项目谋划构思到实施完成整个过程中表现出来的综合能力，其中包括策划能力、说服能力、展示能力、组织能力、协调

---

① 孙涛、陈红兵：《成功智力视角下大学生创新能力探析》，载《辽宁大学学报》（哲学社会科学版）2014 年第 2 期。

能力、推动落实能力等。策划能力是指为了实现某种特定目标，借助一定的科学方法和艺术手段，通过计划、构思、设计、拟定、制作出完善的项目方案的能力；说服能力和展示能力，是让策划项目或作品得到上级、合作方，或征集者认可的能力；组织能力和协调能力，是组织人员共同参与项目，并在项目实施中统筹各方力量的能力；实施能力是排除各种困难推动项目落实的能力，是一个人的执行能力和实践能力的具体体现。

策划实施能力，过去在文化领域和工商业领域都得到了高度的重视，如影视行业、广告行业、企业管理等行业都非常重视人才的策划实施能力。但在高等学校人才培养方面重视不够，对大学生的这种能力研究甚少，特别是在研究大学生的能力结构时，很少人把这种能力当作一个重要方面。事实上，这是一种重要的而且涉及领域十分广阔的能力。大学毕业生在未来的社会中扮演着各种各样的角色，在任何一个领域都要经常性地启动新的工作，新工作的启动，往往就是从策划开始到完成结束。大学生必须训练这种能力，学会策划新的工作项目和工作任务，学会展示和说服有关组织和人员采纳你的方案，学会组织和协调各种资源为你的项目服务，学会如何把思想变为现实，把策划方案变成实际成果。在实际工作中，一个大学生是否有头脑、有思想、有能力，一个很重要的表现就是能够策划新的工作方案，征得相关部门和人员的同意，并去完成的能力。这种能力，在课外很多培养活动中都可以得到直接或间接的培养，如学生组织一台文艺晚会，组织一个学术交流活动，成立一个学生社团，组织一个团队参加"挑战杯"比赛，策划一项社会实践活动等，都可以培养这种能力。

九　解决问题能力

解决问题能力是指在深入认识和分析问题的基础上，运用一定的方法和技巧，提出解决问题的办法并付诸实施，最终使问题得以圆满解决的能力。所谓问题，就是实际生活工作中遇到难题、障碍，这些难题、障碍不解决，我们的生活和工作就难以正常维持或顺利推进，因此许多问题我们必须解决。

大学生解决问题能力，实际上是由发现问题（或提出问题）能力，认识问题能力、分析问题能力、解决问题能力等一系列能力构成的综合能力。发现问题（或提出问题）能力是在实际生活和工作中，当我们遇到难题或障碍时能够找出问题是什么的能力，这在日常生活中可能并不难，但在复杂的行政工作中或复杂的技术工作中，能准确发现和提出问题，有时是十分困难的甚至是最重要的工作。正像爱因斯坦所言：提出（发现）一个问题往往比解决一个问题更为重要，因为解决一个问题也许只是一个数学上或实验上的技巧问题。而提出新的问题、新的可能性，从新的角度看旧的问题，却需要创造性的想象力，而且标志着科学的真正进步；认识问题能力和分析问题的能力是相互联系的两种能力，是在问题的深入研究中表现出来的能力，是对问题进行定性、寻找问题产生原因、确定问题构成要素等方面的能力；在问题解决阶段，实际包含了提出多种解决方案，选择适当的方法和技巧，甚至选择某些科学方法和技术手段，确定最终解决办法，并付诸实施的能力。

　　大学生解决问题能力，在课内培养中能得到一定的训练，如大学生参与科学实验，某些以解决特定问题为导向的综合性课堂作业，毕业设计或毕业论文撰写等，然而这些训练仍十分有限，因为大学生未来遇到的问题层出不穷、类型千变万化，在大学有限的时间内，更加需要通过课外的培养强化这种能力。大学生深感解决问题能力的重要性和必要性，笔者在河南科技大学进行的典型调查中，当问及学生希望在课外首先得到培养的前五项能力中，有50.25%的学生选择了该项能力，足见大学生对解决问题能力的期望程度。

十　领导管理能力

　　领导管理能力是指在实现特定组织目标的过程中，个人或团体对组织及其成员进行有效的领导或管理，从而顺利实现组织目标的能力。领导管理能力包括领导能力和管理能力，领导能力是在推动组织目标实现的过程中表现出的引导、指挥、带领、决策、协调、组织、控制、教育能力，以及推动组织学习、变革和创新的能力；管理能力是指在实现组织目标的过程中表现出来的管辖、计划、安排、落实、处理、解决、运用、执行、约束、贯彻等能力。领导能力和管理能力是两种相互联系，但又完全不同的能力，其联系性表现为一个组织的负责者既具有领导的职能，又具有管理的职能，对上更多表现为管理者，对下更多地表现为领导者。越是大型组织，负责人越是更多地表现为领导者，更多地需要领导能力；越是小型组织，负责人越是更多地表现为管理者，更多地需要管理能力。领导能力与管理能力的区别是深刻的也是多方面的，其本质原因是领导与管理的区别，因为不仅领导与管理的含义不同，它们的任务、对象、作用、途径、时空观、风险意识、用人方略、处事方法、情感表现等都是不同的。[①] 大学生领导管理能力培养在我国人才培养中具有极其重要的意义。首先，未来社会是一个由智者领导的社会，社会中各类组织中的领导者和管理者，都将由大学毕业生来担任。如何培养一代又一代的青年领袖，是高等学校神圣的职责。其次，培养大学生领导管理能力，对开发大学生的职业发展，提升生命价值的认同感，将产生积极影响。在一个日益多变的社会中，这种能力培养，可以使"大学生在具备热情与激情的同时，可以有更冷静的头脑，更务实的行动，用更加积极的态度与合适的方式，联结有不同兴趣、利益和视角的人们，找出大家认可的共同目标，并向着共同的目标更有效的前行"[②]。事实上，领导管理能力与我们每个人息息相关，每一个人都可能成为领导者或管理者，我们每个人都有责任推动我们所在的组织、所在地区、我们的国家和民族的发展，并为之贡献自己的才智。

目前国内少数高等学校已经开始了有意识、有组织地开展大学领导管理能力的培养，但从总体上看，我们对这一能力的培养认识还不足。除了在部分大学的少数专业开设了相关课程，广泛开展这一能力的培养还需要得到更多的关注和支持。大学课外是培养大学生领导管理能力的广阔舞台，有许多平台、组织、路径、措施、项目等都可以培养领导管理能力，关键是要提高认识，强化培养的目标性，提高培养的成效。

---

① 杨国欣：《领导理论与实践》，中国社会科学出版社 2007 年版，第 20—22 页。
② 苏珊·R. 考米维斯等：《大学生领导力》，中国人民大学出版社 2014 年版，第 2 页。

第 四 章

大学生思想政治素质课外培养

　　大学生的综合素质包括思想政治素质、科学文化素质、专业素质和身心素质，其中思想政治素质是大学生最重要的素质。课外培养是培养大学生思想政治素质最重要的途径之一，是除了政治理论课教学以外，最重要的实践教育路径，应得到高等学校高度的重视和积极的探索。

第一节　思想政治素质课外培养概述

一　国外思想政治素质培养的基本情况

　　大学生思想政治素质的提升有赖于有效的思想政治教育。思想政治教育是指社会或社会群体用一定的思想观念、政治观点、道德规范对其成员施加有目的、有计划、有组织的影响，使他们形成符合一定社会、一定阶级所需要的思想品德的社会实践活动①。世界各国普遍依据自身的政治制度、历史文化、教育体制，采用不同的方式来进行公民思想政治教育，对思想政治教育的命名方式也有所不同。比如，日本以爱国主义、集体主义、民主主义、个性教育为主要内容，称之为"社会科"和"道德时间"；新加坡称之为"生活教育"和"国家意识教育"，并把德育教育与基础能力教育、双语教育作为国家教育政策的三大基础；美国和法国称之为"公民教育"，美国的目标是培养学生的爱国、修养、伦理道德和纪律性等，并使之成为能够为国家履行义务的"责任公民"，法国则强调公民责任感和"热爱法兰西共和国的品质"；德国和英国都称之为"政治教育"，德国将政治教育、和平教育、环保教育等内容列入普通教育的教学

---

　　①　陈万柏、张耀灿：《思想政治教育学原理》，高等教育出版社 2007 年版。

计划之中，而英国以"德行、智慧、礼仪、学问"作为教育出发点，培养学生的社会意识、公民意识、奉献精神，以及勇敢、诚实、无私的优良品质。纵观全球，高度重视思想政治教育是世界各国教育的共性特点，虽然内容和侧重点有所差异，但都具有鲜明的政治性，也都非常重视人才的培养和思想品德的塑造，将思想政治教育作为培养合格人才，促进经济发展、国家振兴的重要途径。①

大学生思想政治教育，是整个社会思想政治教育的重要组成部分。世界各国都格外重视大学生的思想政治教育，把思想政治教育放在高校工作的首位。有学者针对不同国家大学生思想政治教育的模式进行了分类：第一类，国家对大学生思想政治教育实行直接调控，统一指导、规划、管理，呈现出高度的政治性和组织化，如新加坡、韩国、法国等；第二类，国家对大学生思想政治教育实行部分干预，如制定统一的思想政治教育方案，拟定主要思想政治教育目标或核心价值观，不规定固定的实施方法，地方教育机构在教育上享有自主权，如新西兰、澳大利亚、英国、比利时、德国等；第三类，国家对大学生思想政治教育实施政策干预。政府对于大学生的思想政治教育并不直接干预，而是在国家领导下采取开放式的、多元化的、分权的教育体制。例如美国、加拿大，进行间接调控，不做强行规定，通过国家文件进行指导。目前西方国家和亚洲国家趋向第二类体制，寻求集权与分权的结合。事实上，各国政府都始终牢牢地控制着大学生思想政治教育的领导权，并且不断加大对它的领导力度。即使对教育最放权的美国近年也频频对大学生的思想政治教育进行干预。②

同时，世界各国都非常重视运用法律手段对大学生进行思想政治教育，国外的大学生思想政治教育管理奉行"机制化管理"，即通过建立各种教育法规和准则来实现对大学生思想政治教育的有效管理，所以大学生思想政治教育有充分的法律依据。如美国、英国、日本等国制定的《对领导和政府抱有的态度》《与学生有关的社会准则》《学生行为处理准则》等高校学生管理方面的专门性法律和准则，对考试作弊、论文剽窃、伪造证件、蓄意欺骗、违反纪律等各种行为都有相应的量化处理办法，而且处

---

① 王晓红：《论国际化视野下大学生思想政治教育创新与发展》，载《思想政治工作研究》2011 年第 8 期。

② 冯增俊：《当代西方学校道德教育》，广东教育出版社 1993 年版。

理程序非常严格、严密和审慎，有一整套纪律监督和仲裁系统。①

国外高校思想政治教育主要由学生事务工作队伍完成，从事高校学生事务的工作人员大多是经过针对性培训的高学历专业工作者，如美国、日本、加拿大等国高校学生事务中心的工作人员大都是获得了教育学、心理学、社会学、精神病学等领域学位的硕士和博士。高校普遍设置高等教育学生行政专业硕士点，设有"后少年期心理""精神卫生""大学集体活动""学生宿舍管理"等系列集理论性和操作性于一体的课程。②

二　我国思想政治素质课外培养的基本情况

我国的大学生思想政治教育的定位非常明确，即在大学这个特定的社会组织中，针对大学生这一特定的社会群体，有组织、有目的、有计划地引导政治方向、培养政治意识、树立理想信念、教化思想品格、规范道德行为，培养全面发展的社会主义合格建设者和可靠接班人。③ 特别是改革开放以来，党和政府强化了宏观管理，颁布了一系列关于大学生思想政治教育体制的文件，如《中共中央关于进一步加强和改进学校德育工作的若干意见》《中共中央　国务院关于进一步加强和改进大学生思想政治教育的意见》《关于高等学校开设"形势与政策"课的实施意见》《中国普通高等学校德育大纲（试行）》等文件，指明了大学生思想政治教育的指导思想、目标原则、主要任务、途径方式，对思想政治理论教学的学科建设、课程体系、教材编写、教师队伍建设等提出了思路和要求。同时，为了加强高校思想政治教育工作者的队伍建设，我国提出了高校思想政治教育三支队伍的理念，一是学校党政干部和共青团干部，二是思想政治理论课教师和哲学社会科学教师，三是辅导员和班主任。其中，学校党政干部和共青团干部负责学生思想政治教育的组织、协调、实施；思想政治理论和哲学社会科学任课教师根据学科和课程的内容、特点，负责对学生进行思想理论教育、思想品德教育和人文素质教育；辅导员、班主任是大学生思想政治教育的骨干力量，辅导员按照党委的部署有针对性地开展思想政

---

① 王学风：《中外大学生思想政治教育体制比较及启示》，载《思想教育研究》2009 年第13 期。

② 同上。

③ 林志昆、刘朋朋：《新时期大学生思想政治教育现状分析》，载《科技信息》2012 年第13 期。

治教育活动，班主任负有在思想、学习和生活等方面指导学生的责任。①

　　早在新中国成立之初，毛泽东就提出我国的教育方针应该是使受教育者在德育、智育、体育方面都得到发展，成为有社会主义觉悟、有文化的劳动者。改革开放以后，邓小平提出了培育"有理想、有道德、有文化、有纪律"的"四有"新人的人才培养目标。1987 年的《中共中央关于改进和加强高等学校思想政治工作的决定》明确指出，要以"四有"新人作为人才培养的目标，也要作为大学生思想政治教育的目标。1994 年的《中共中央关于进一步加强和改进学校德育工作的若干意见》把"培养学生具有良好的道德、健康的心理和高尚的情操"作为面向未来的大学生思想政治教育肩负的历史使命。2004 年，《中共中央　国务院关于进一步加强和改进大学生思想政治教育的意见》（以下简称《意见》）进一步提出大学生是十分宝贵的人才资源，是民族的希望，是祖国的未来。加强和改进大学生思想政治教育，提高他们的思想政治素质，对于全面实施科教兴国和人才强国战略，确保我国在激烈的国际竞争中始终立于不败之地，确保实现全面建设小康社会、加快推进社会主义现代化的宏伟目标，确保中国特色社会主义事业兴旺发达、后继有人，具有重大而深远的战略意义。《意见》明确指出大学生思想政治教育工作的指导思想和根本目标是：以理想信念教育为核心，以爱国主义教育为重点，以思想道德建设为基础，以大学生全面发展为目标，解放思想、实事求是、与时俱进，坚持以人为本，贴近实际、贴近生活、贴近学生，努力提高思想政治教育的针对性、实效性和吸引力、感染力，培养德、智、体、美全面发展的社会主义合格建设者和可靠接班人。②

　　随着社会主义市场经济的发展，对外开放的进一步扩大，以及全球化和知识经济时代的到来，大学生思想政治教育工作面临着新的挑战和机遇。时代的发展给大学生思想政治教育提出了新的更高的要求。党的十八大报告把"立德树人"作为教育的根本任务，做出了"着力提高教育质量""推动高等教育内涵式发展"的重要战略部署，为进一步加强和改进

---

　　①　赵豫林：《新世纪加强和改进大学生思想政治教育的特点》，载《学校党建与思想教育》2011 年第 1 期。

　　②　廖礼彬：《新中国成立以来大学生思想政治教育发展的回顾与思考》，载《学校党建与思想教育》2012 年第 3 期。

大学生思想政治教育指明了努力的方向。[①]

第二节　思想政治素质课外培养的任务

一　开展理想信念教育

大学生是祖国的未来，民族的希望，是全面建设小康社会的主力军。他们具备怎样的政治觉悟、树立怎样的理想信念及价值观念，直接关系着中国特色社会主义事业的兴衰成败。从整体来看，我国当代大学生理想信念状况的主流是积极健康向上的。大多数大学生有饱满的爱国之情，关心祖国的命运和发展，拥护党的基本路线，有向党组织靠拢的意识和行动，有对社会主义制度的信赖和向往，对全面建设小康社会充满期待、热情和信心，有对中华民族全面复兴的伟大中国梦的憧憬和期盼，有为社会的发展做贡献的信心和梦想，能够充分认识国家的前途命运，并将个人命运与国家的发展紧密联系。

但是，随着改革开放和市场经济的发展，社会生活多样化带来的思想价值观念多样化现象对马克思主义的主导地位形成冲击，加之国际环境、社会政治经济形势、文化娱乐、信息技术等影响，特别是各种社会思潮如西方的普世价值、宪政民主、历史虚无主义、新自由主义和质疑改革开放、质疑中国特色社会主义性质的倾向，对大学生的思想产生了一定的冲击，使大学生中出现了不同程度的信念迷茫、理想模糊、责任缺乏、意志脆弱等问题，影响了大学生的健康成长。比如，有些大学生丧失了远大理想和人生抱负，重功利、缺奉献、求实效、轻理想，不再把国家振兴、民族富强、社会进步作为人生目标和奋斗动力，一味地追求极端的物质利益，把"一切向钱看""升官发财"作为自己人生追求的最大目标，滋生了拜金主义、享乐主义、极端个人主义等不良风气；有些大学生存在不同程度地对马克思主义、社会主义和对共产党的信任危机，不问政治时事，不追求政治进步，认为政治与自己无关。有的大学生出现了世界观、人生观及价值观的扭曲和错位，虽然认同奉献精神、社会责任感、国家和集体利益至上，但在实际行动中，却更注重个人专业学习、自我发展和自我实

[①]　王景尧：《论大学生思想政治教育的目标定位》，载《华中农业大学学报》（社会科学版）2006 年第 2 期。

现，更关注个人的健康、幸福、名誉、地位、前途等，忽视了社会责任，以及个人对社会和他人价值的实现，单方面地强调社会对其个人价值要求的满足，单纯地追求物质生活享受和社会回报，追求成功的事业与高质量的生活的欲望，把中华民族艰苦奋斗、勤俭节约、无私奉献的传统美德抛到脑后；有的学生过分看重知识能力对个人发展进步的决定性因素，忽视了道德修养、道德品质、道德行为在人生发展道路上的积极和必要作用。近年来还有相当一部分学生对宗教产生兴趣，更有部分学生已经信仰宗教，宗教在意识形态领域对大学生的影响和冲击已不容小觑。

在这种形势下，加强大学生的理想信念教育，用中国建党九十多年、建国六十多年、改革开放三十多年取得的巨大成就，教育学生、激发学生、引导学生、武装学生，帮助他们形成科学的世界观、人生观和价值观，学会运用历史唯物主义和辩证唯物主义认识和看待世界，已经成为高等学校思想政治工作中最重要的任务。

二　开展爱国主义教育

爱国主义是人们长期形成的对祖国的深厚情感，是以忠诚、热爱和报效祖国为主要内容的思想意识。中国大学生具有爱国主义的优良传统，五四运动就是以青年学生为主，广大群众、市民、工商人士等中下阶层共同参与反对帝国主义、封建主义的伟大爱国运动。五四运动直接影响了中国共产党的诞生和发展，揭开了中国新民主主义革命的序幕。当代大学生作为祖国和民族实现伟大复兴的"中国梦"的主力军，肩负着建设社会主义伟大事业和推动祖国繁荣昌盛的重大使命，践行爱国主义价值观，就是要认真学习和掌握更多的本领以投身到社会主义建设的大潮中，就是要能够自觉同破坏国家独立和损害国家主权与尊严的言论和行为做斗争，以实际行动维护国家的领土完整、独立、主权与尊严。[①]

经济全球化和文化多元化对大学生思想观念和精神支柱产生了强烈冲击，西方国家凭借其雄厚的经济实力和高科技优势，利用互联网等新兴媒体，大肆推行其意识形态和价值理念，强烈冲击中华民族传统文化观念，对我国一些重大政治和历史问题加以歪曲。面对这个时代，一些大学生对国际上霸权主义、强权政治等不安定因素和世界多极化的趋势认识不深

---

① 杨向荣：《加强大学生爱国主义教育的几点思考》，载《中国高教研究》2005 年第 8 期。

刻，对"落后就要挨打"的教训缺乏清醒的认识，对国家主权意识、安全意识、统一意识和民族团结意识不够强烈，从而导致了少数的学生爱国主义精神、国家全局观念和民族利益观念淡漠的现象。

培养大学生的爱国意识和爱国主义情感并将其自觉转化为爱国行为，是高等学校思想政治教育义不容辞的责任，高等学校要积极引导、培育大学生的爱国主义热情，帮助大学生树立正确的爱国主义情怀。

三　开展道德规范教育

高校道德教育是有目的、有意识地塑造大学生道德人格的过程。在经济体制、社会结构、生活方式、价值观念和道德模式都在急剧变革的信息时代，各种新旧思想的冲突和碰撞，各种利益的矛盾混杂纷呈，使传统的道德思想与日益开放的社会实现形成了尖锐的矛盾。在缺乏节制的个人利益强烈驱动和经济刺激的巨大诱惑下，道德素质正处在形成阶段的大学生们更容易受到外界的吸引、诱导和怂恿，而在道德选择上处于两难境地。一方面，他们认为在学校受到的道德教育是正面的、合理的；另一方面，他们又为眼前社会道德实践的种种负面现象而感到困惑和不满。部分大学生甚至放弃了高尚的精神追求，价值取向日益庸俗化、功利化，与社会公认的、主流的价值取向和道德标准渐行渐远。比如有些大学生过于追求物质享受，热衷于高档电子消费产品、名牌服装，经常光顾高消费文体娱乐场所，聚会交友，争面子、讲排场，陷入推崇庸俗化物质享受的怪圈。有的大学生诚信缺失，对个人信誉未引起足够重视，如有的故意不按时缴费，甚至恶意拖欠，在享受助学贷款后，逃避债务而不偿还；还有的大学生在求职推荐材料中弄虚作假，与用人单位签订就业协议后，又随意撕毁协议；等等。[①] 诚信教育是高校思想政治教育的重要组成部分，大学生诚信教育就是要通过一定的教育方式，根据诚信的内涵和要求，对大学生进行有目的、有计划、有组织的影响，使其树立起诚信意识，养成诚信的行为习惯。为了使大学生真正成为未来中国社会道德建设和公益事业的主力军，高校在培育大学生道德规范的过程中，首先要将大学生作为一个合格的公民，培养其作为合格公民的道德素养。

---

① 韦丽华：《新时期大学生道德规范创新教育》，载《科技情报开发与经济》2006 年第 16 期。

四 开展形势政策教育

形势与政策教育是高校对学生进行政治立场教育、培养学生政治素质的重要渠道。它以现实社会形势和党的路线、方针、政策作为基本内容，教育大学生把马克思主义世界观转化为科学的方法论，掌握科学的思想武器，以正确地了解形势、分析形势，理解政策、运用政策，透过现象看本质，把握现实社会的内在规律和发展方向，坚定走有中国特色社会主义道路的信念，最终成为社会主义事业的合格建设者和接班人。[①]

党和国家历来都重视对大学生进行形势与政策教育，20 世纪 80 年代以来，先后印发了《关于对高等学校学生深入进行形势政策教育的通知》《关于高等学校开设（形势与政策）课的实施意见》《关于进一步加强高等学校（形势与政策）课程建设的意见》《中共中央国务院关于进一步加强和改进大学生思想政治教育的意见》《中共中央宣传部教育部关于进一步加强高等学校学生形势与政策教育的通知》《中共中央宣传部教育部关于进一步加强和改进学校思想政治理论课的意见》等文件，各级宣传、教育部门和高等学校积极推进形势与政策教育，有效地保证和推进了高校形势与政策教育教学工作的开展，取得了很大成绩。[②]

形势与政策教育是高校思想政治理论课的重要组成部分，但是仅靠课堂教学是远远不够的，除了有限的课堂教学之外，利用课外各类活动开展形势与政策教育也是非常重要的形式。形势政策发展同每一个人的联系越来越紧密，学会观察形势，了解把握政策是现代社会对人才素质的基本要求。高校要着重进行党的基本理论、基本路线、基本纲领和基本经验教育；进行我国改革开放和社会主义现代化建设的形势、任务和发展成就教育；进行党和国家重大方针政策、重大活动和重大改革措施的教育；进行当前国际形势与国际关系的状况、发展趋势和我国的对外政策，世界重大事件及我国政府的原则立场教育，使学生认清国内外形势，增强实现中华民族伟大复兴的信心。尤其是对大学生所普遍关注的国内外重大事件，敏感问题，社会热点、难点、疑点问题，要引导学生运用马克思主义的形势

---

① 张亚琼：《大学生形势政策教育与普及大学生公民教育关系探讨》，载《中国科教创新导刊》2012 年第 31 期。

② 王锦东：《大学生形势与政策教育现状分析及对策研究》，载《陕西教育学院学报》2007 年第 23 卷第 3 期。

与政策观，提高学生理解政策的水平和政治觉悟，科学分析并理性地看待和辩证地分析这些问题，掌握形势发展变化的规律、国家政策的产生和发展、政策的本质和特征，学会用普遍联系与全面发展的观点来观察、分析形势与政策，认清当前形势，预测未来走势，正确解读社会"大我"和个人"小我"之间的关系，能够做到明大势、立大志，从而为自己人生道路的抉择做出科学正确的判断。①

五　加强学生党建工作

大学生是未来我国社会主义事业的建设者和接班人，大学生的历史使命决定了他们将成为我国全面建设小康社会的主力军，他们的政治思想素质、科学文化素质的高低将会影响我国未来社会的建设和发展。能否从大学生中培养一大批合格的党的事业的继承者和接班人，直接关系到党的各项事业的健康、持续、稳定发展。高校在各级各类人才培养的过程中，重要的任务之一就是要为党的事业的发展培养合格人才，按照党的要求，将大学生中的先进分子吸收到党的队伍中来，履行党的宗旨和加强党性锻炼，在未来的社会主义现代化建设中担当重任。②

自 1996 年党中央颁布《中国共产党普通高等学校基层组织工作条例》以来，全国高校基层党组织建设开始走上规范化、制度化的轨道。各高校在大学生中发展党员工作成效明显，高校党的建设工作取得了长足进步，为我国高等教育事业的跨越式发展提供了坚强的思想、政治和组织保证。但是随着形势的发展，某些大学生党员出现了理想信念的退化、宗旨观念的淡化和先锋模范作用的弱化等问题，大学生党建工作面临着严峻的考验。比如在思想建设上，入党前教育往往比较严格，入党后的党员素质培训不足，缺乏对学生党员的监督管理，缺乏有效制度开展党员思想考评工作，导致一些大学生把入党当成"镀金"，在入党后便放松自我要求。在组织建设方面，学生党员队伍构成不合理，"三会一课"不到位，基层学生党组织活动缺乏有效性和时效性，开展的活动单一乏味。在作风建设方面，某些学生党员没有发挥先锋模范作用，缺乏对党的真正理解与

---

① 杨凤勇、李娟：《高校形势政策教育的创新与实践》，载《思想政治教育研究》2007 年第 3 期。

② 王传旭：《战略高度重视大学生党建工作》，载《中国高教研究》2006 年第 1 期。

认识，缺乏党性意识和为人民服务的宗旨意识。[①]

面对新形势、新情况，如何在继承和发扬优良传统的基础上，从内容、形式、方法、手段和机制等方面努力进行创新和改进，增强学生党建工作的时代感，加强工作的针对性、主动性、实效性，真正发挥学生党员的先锋模范作用和学生党支部的战斗堡垒作用，使之成为高校思想政治教育工作的生力军和先锋队，是高校党务工作者面临的重要任务。

第三节　思想政治素质课外培养的途径

一　引导学生走向社会感受改革成就

大学生缺乏对社会的了解和认识，只有走进社会，亲身体验和感受改革的成就，才能真正将书本上学到的马列主义理论转化为内心的理想信念。在走出课堂、深入社会的过程中，同学们能够更多地了解国情和民情，亲身感受各行各业的劳动者为祖国的繁荣富强奋力拼搏、无私奉献的精神，感受社会主义建设所取得的巨大成就，使他们的感情更接近于群众，认识更趋近于客观，增强社会责任感和历史使命感，把自己的爱国之情、报国之志转化为建设社会主义祖国的行为实践，能够在实践中"受教育、长才干、做贡献"。高校要积极引导大学生在课外实践中正确认识社会发展规律，关注国家的前途命运，明确自己的社会和历史责任，树立在中国共产党领导下走中国特色社会主义道路、实现中华民族伟大复兴的共同理想和坚定信念，始终保持艰苦奋斗的作风、积极向上的精神状态，自觉将个人自我价值的实现融入中国特色社会主义事业的伟大实践中。

二　利用各种资源开展历史拓展教育

高校要充分利用展览馆、博物馆、爱国主义教育基地等场馆资源，充分利用各类历史文化教育资源，对大学生开展中国近现代史教育、国情教育、民族文化教育、革命传统教育和形势政策教育，展示中华民族悠久的历史和灿烂的文化，培养大学生的民族认同感和归属感，增强民族自信心和自豪感，不断增强大学生对祖国和中华民族发自内心的忠诚和热爱之情。通过对近代屈辱历史的原因的透彻分析，激发学生的历史担当和危机

---

① 傅伟：《抓好高校学生党建工作的途径研究》，载《探索》2014 年第 3 期。

意识，引导学生树立远大的理想，并把自己的个人理想与国家的前途命运联系起来。教育大学生既要通晓华夏文明，也要了解西方文化；既要真心爱国，更要理性爱国，把大学生的爱国主义由自发的情感提升到理性自觉层次，克服他们的民族狭隘主义和自大主义，培养他们的全球意识和开放精神，培养他们建立不同国家、不同民族间必须相互依存与合作的意识，不同文化、不同价值观念应当相互尊重与宽容的态度。①

在多元文化融合的历史背景下，爱国主义教育要具备鲜明的时代特征，不仅要加强民族精神与爱国主义的传统教育，而且要不断挖掘爱国主义的时代内涵，倡导一切有利于全面建设小康社会与构建社会主义和谐社会的科学思想和崇高精神，增强大学生与社会主义市场经济相适应的时代意识、时代精神和民族精神。抓住现实生活中一切有利于振奋民族精神的重大活动、重大事件，适时地加以正确引导，展开切实有效的教育活动，营造爱国主义教育的氛围，让学生在日常学习和生活中随时随处都能受到爱国主义精神的感染和熏陶，增强他们的民族自尊心、自信心和自豪感以及对国家和民族的责任感。

三　组织多样化主题活动开展教育

根据中央关于培育和践行社会主义核心价值观的总体要求，结合大学生的思想实际，在高校课外培养中，要通过各种主题教育活动，突出抓好以下几个方面的培养工作。

1. 勤俭节约教育

勤俭节约、艰苦奋斗是我们中华民族的光荣传统，建设节约型社会是我国的社会发展战略。高校应教育大学生继承和发扬优良传统，培养勤俭节约的好习惯，要懂消费，会消费，任何脱离实际的不理性消费都应该杜绝。大学生不仅要理性消费，不浪费粮食和任何社会物质资源，爱护人们的劳动成果，更要将其内化为一种基本生活信念，以节俭为荣，以浪费奢侈为耻。

2. 诚实守信教育

诚信是中国传统文化中的重要内容之一，古代的先哲们认为，诚信是

---

① 赵利萍、周先进：《大学生爱国主义教育的国民性反思》，载《黑龙江高教研究》2014年第 3 期。

人之所以为人的一个道德标准，是做人的基本要求。当今社会，诚信是处理个人与社会、个人与个人之间相互关系的基本道德规范，是发展社会主义市场经济的基础行为规范，是社会主义事业的建设者和接班人的重要素质要求。高校要通过开展与大学生日常生活相结合的以诚信为主题的校园文化活动，引导学生深入思考，利用多种载体加深对诚信的理解，树立诚信观念。在校园内选树诚信典型，对诚实守信的行为进行表彰，对不诚信的行为进行批评教育，要构建学校、家庭、社会诚信教育的联动机制，加强与家长的沟通，及时反馈学生在学校出现的各种失信行为。同时，高校要积极探索构建大学生诚信教育评价体系，记录大学生在校期间的信用状况，并与将来的社会生活直接挂钩，有助于帮助大学生约束自己的行为，遏制大学生在日常生活中的不诚信举动，激发大学生自觉维护自己的诚信记录。

3. 文明礼貌教育

在现代化社会中，明礼是生活中公民必备的道德素质，公民待人接物时言谈举止要懂礼貌、讲文明。明礼已经成为现代社会人们交流感情，建立友谊和开展业务活动的桥梁和纽带。当代大学生礼节教育水平如何，直接体现着一个国家、一个民族文明程度的高低和社会风尚的优劣。高校要不断加强大学生的明礼品德教育，增强礼仪、礼节、礼貌意识，不断提高其道德涵养，引导大学生重礼节、懂礼仪、讲礼貌、衣着整洁、举止文雅、说话和气、用语得当、守时守约、宽以待人、相互礼让，从而带动全社会道德和文明水平的普遍提高。

4. 敬业奉献教育

爱岗敬业是职业道德的核心内容，是社会主义职业道德提倡的首要规范。它要求社会公民树立正确的职业理想和职业道德，干一行，爱一行，忠于职守，办事公道，服务群众，全心全意做好本职工作。甘于奉献是公民在处理个人与社会、国家、他人关系时表现出的一种高尚品质，能够自觉做到个人利益服从集体利益、局部利益服从整体利益、当前利益服从长远利益。大学生作为未来社会主义现代化建设的中流砥柱，必须在学习知识技能的同时加强其爱岗敬业和甘于奉献的道德素质培养。高校应针对现代社会分工的发展和专业化程度的增强，以及市场竞争日趋激烈的现实情况，积极利用课内外思想教育平台，对大学生的职业观念、职业态度、职业纪律和职业作风进行系统化、科学化、正规化的教育。同时，引导和教育学生克服利己主义、本位主义，在生活和工作中吃苦在前，勇于担当，克己奉公，无私奉献。①

四　建立形势报告会制度进行课外培养

由于形势政策教育的内容多、变化快，因此建立多种形式结合的形势与政策教育教学模式，有助于向大学生系统、生动、活泼地进行形势与政策教育，可以提高大学生对形势政策教育课程的兴趣和教育效果，帮助大学生形成综合性、系统性、科学性的形势与政策理论体系。《中共中央国务院关于进一步加强和改进大学生思想政治教育的意见》明确指出："形势政策教育是思想政治教育的重要内容和途径。要建立大学生形势政策报告会制度，定期编写形势政策教育宣讲提纲，建立形势政策教育资源库。国家机关和地方党政负责人要经常为大学生作形势报告。学校要紧密结合国际国内形势变化和学生关注的热点、难点问题，制定形势政策教育教学计划，认真组织实施。"除此之外，形势政策教育还有集体活动模式、自我教育模式、网络教育模式、心理疏导模式等实践教育方式，还可以充分利用校园媒体和大学生社团，加强形势与政策宣传，扩大教育的覆盖面，强化教育的渗透性。各种教育模式和平台相互联系，相辅相成，在"尊重青年的思想和性格特点，尊重青年个性的健康发挥"的前提下，不仅注重对形势政策教育理论的深化、活化理解，而且还要特别加强形势与政策教育的实践体验，把理论教育与大学生的实际生活、具体教学活动结合起来，让学生在实践中亲自感悟、体验和验证，不断把知识性理论内容转化为自身的思想和情感。

五　加强学生党建推进学生自我教育

1. 全面提升学生党建工作理念

高校各级党组织应围绕学生党建工作的中心任务和工作目标，密切配合，与时俱进，时刻关注当前经济全球化、信息化的新形势，关注我国实现中华民族伟大复兴的"中国梦"，坚持科学发展、以人为本、开拓创新的指导方针和理念，将发挥广大学生党员的先锋模范作用、增强学生党组

---

① 李峰：《加强大学生基本道德规范教育的必要性》，载《辽宁工学院学报》2003 年第 3 期。

织的战斗堡垒作用放在首要地位。要转变工作观念，大胆探索新模式，坚持"以学生为本"的理念，提升全体学生党员的素质，提供更多实践机会，让更多的学生党员能够经受考验，磨砺品行。

2. 严格把控学生入党质量标准

学校要坚决贯彻"坚持标准，保证质量，改善结构，慎重发展"的方针，坚持"成熟一个，发展一个"，把对入党积极分子正确的理想信念的培养和入党动机的考察放在工作首位。严把入口关，全面考察和审核入党积极分子的真实情况和实际表现，把工作成绩与政治素质、一贯表现与关键时刻的表现、党支部平时考察情况与群众评议意见和团组织的推荐意见结合起来分析，真正把品学兼优、全面发展的优秀学生吸纳进党组织。

3. 充分发挥业余党校阵地作用

业余党校要完成好对入党积极分子系统进行党的路线、方针、政策和党的基本知识教育，也要成为党员再教育的组织者和实施者，更要成为学校党建理论和思想政治教育理论的研究平台。要努力构建党员培育教育的长效机制，积极组织学生党员开展理论学习，组织学生党员参加各种形式的社会实践活动和理论研究活动，让他们在实践中了解社会、认识社会、融入社会，通过实践育人，增强他们的党性观念和政治信仰，提高大学生党员在大是大非面前的政治敏锐性和政治鉴别力，使当代大学生党员能够自觉抵制当前社会不良风气的侵蚀，做先进思想的信仰者、实践者和传播者。[①]

4. 不断加强学生基层党组织建设

以学生党支部建设为重点，立足实际，常抓不懈，要不断创新学生基层党组织的工作方式和方法。学生党支部是与广大学生接触最广、最为密切相关的党组织，高校应积极探索发挥支部战斗堡垒作用的新途径和新方法，强化党支部的凝聚力，创新基层党组织活动方式，不断丰富活动内容，确保学生党建工作在大学生思想政治教育中发挥应有的重要作用。

5. 有效发挥学生党员先锋模范作用

加强对学生党员的监督管理和考评工作，制定学生党建工作成果评价管理、入党积极分子及学生党员考核制度、党建工作评价机制等可行性制

---

① 王柏、黄莹、李洋：《浅论新时期高校大学生党建工作》，载《东北师大学报》（哲学社会科学版）2010 年第 3 期。

度并严格执行。让学生党员既接受党组织的教育和监督，又成为党组织开展工作的骨干力量，真正使学生党员政治觉悟高、专业素质优、战斗力强，成为信念坚定、全面发展的大学校园里的佼佼者，发挥模范带头与典型辐射作用。

六　充分发挥新媒体的实时教育作用

网络已经成为当代大学生了解世界、表达感情、交流沟通的主要平台，网络思想政治教育阵地正在发挥越来越重要的作用。高校要充分利用校园网络、各类红色网站、各类即时通信工具、微信、微博等网络信息平台，开展丰富多彩、生动活泼的宣传、交流、讨论等活动，使学生在耳濡目染、潜移默化之中陶冶情操，接受教育。充分发挥网络的传播和聚集优势，加强网络信息资源的开发和利用，采用学生喜闻乐见的新兴网络多媒体形式，广泛宣传社会"正能量"，弘扬时代主旋律，展示模范人物和先进事迹，使理想信念教育既脚踏实地又"有声有色"，吸引和促进更多的大学生在思想上健康成长。

第 五 章

大学生行为养成课外培养

大学生行为养成课外培养是多种素质培养的集合，是通过学风建设与学业指导工作、日常管理与学生服务工作、困难帮扶与身心健康教育工作等，帮助大学生提升遵纪守法意识、形成良好的学习习惯和培养勇于克服困难的毅力，为努力培养大学生科学文化素质、专业素质和身心素质提供良好的保障。

第一节　学风建设与学业指导工作

一　学风建设与学业指导工作概述

学风是一所大学的灵魂，它是高校师生员工在治学目标、治学精神、治学态度和治学方法等方面表现出来的特有的风格，是大学的宝贵财富，是大学独特的精神力量和育人资源的具体体现。从哲学层面来理解，学风是指学习者在认识客观世界、探求科学真理的过程中所运用的认识论和方法论；从心理学层面来理解，学风是指学习者在学习过程中所表现出来的态度、需要、动机、兴趣、能力等心理特征；从教育学层面来理解，学风是指学习者自觉接受教育、促进身心全面发展的行为方式。学风建设的主体是教师与学生，包括教师的学风和学生的学风两项内容，既有教师的教学之风、学术之风，又有学生的求学之风、勤学之风，二者相互影响、彼此促进、互动发展，共同形成大学的整体学风。①

---

① 韩延明：《学风建设：大学可持续发展的永恒主题》，载《高等教育研究》2006 年第 27 卷第 3 期。

一所大学优秀的学风具体体现在广大师生能够勇于追求真知，倡导学术自由，崇尚学术责任，服务社会大众。大学以传承和创新知识为己任，是探求未知世界、探索事物本质、追求真理的学术殿堂。学校师生应有勇于发现真理、传播真理、坚持真理的学术精神，要有不唯书、不唯上、不轻信、不盲从的独立学术人格；学术自由是高等学校区别于政府、企业、其他事业单位的根本特征，是现代大学具有生机和活力之所在，高校师生应在充分彰显开放意识、自由的探究精神的同时，积极承担社会赋予的学术责任、规范和义务；现代大学是经济社会发展的人才库、知识库、思想库，广大师生应立足于地方经济发展的实际需求，走出校门、深入社会，学习联系实际，充分利用学校各学科的技术优势和人才资源，多渠道、多层次、多方面地融入地方经济建设，主动服务社会，履行大学在经济社会发展中所应承担的重要服务职能。

学风反映的是大学师生的精神面貌、综合素养、教学质量、学习绩效和管理水平。优良的学风不是自然形成的，是一个渐进、积累的过程，是大学中的人、环境、条件、教育思想等各种因素的集合体，是学校和社会各方面教育管理工作共同作用的结果。人是学风建设的主体，大学中人的身心发展既受自身的生理特征、主观努力等因素的影响，也受学校、社会等因素的制约。从学校的视角来看，学风建设主要是由生活在大学这一特殊社会组织群体中的人的身心发展特点所共同决定的，影响学风建设的因素主要有大学的教育理念、管理制度、大学文化、师资力量、教师教风，学生的学习目的、学习态度、学习方法、价值取向等，既需要学校各职能部门的引导与推动，也需要干部、教师、学生的共同努力，在学校内部形成一个有利于优良学风形成的环境。从社会因素来看，在市场经济条件下，大学的学风建设既得益于社会政治、经济、文化的蓬勃发展和进步，也不可避免地受到社会上各种价值观念地影响和干扰。如大学生的价值取向、学习热情以及考风考纪等方面出现的诸多问题；学风浮躁，急功近利，缺乏原创意识和创新精神问题；少部分学生抄袭剽窃他人研究成果的学术不端问题等。因此大力推进学风建设，使大学生确立正确的学习目的和科学严谨的学习态度，培养良好的学习习惯，形成自觉的学习行为，不仅是课内培养的任务，也是课外培养的任务。

学风建设离不开对大学生的学业指导，这是学风建设走向深入的具体措施。学业指导就是高校教师针对那些学习目标不够明确、缺乏学业发展计划，或者学习存在某种困难的学生进行的指导工作，这种指导更多在课外利用业余时间进行。学业指导工作可以由辅导员实施，可以由任课教师承担，也可以由学习优秀的大学生来完成。有些高校建立专门的学业发展指导教师队伍来完成此项工作。其任务：一是培养学生治学精神。以自己严谨的治学精神教育学生、影响学生，帮助学生端正学习态度，激励学生勇于攻坚克难，引导学生培养科学精神和人文精神。二是指导学生的专业发展。参与新生入学教育，介绍专业培养方案，指导学生合理选课，开展专业思想教育，帮助学生了解专业特点、研究方向、专业优势、培养目标和未来职业要求。三是引导学生科技创新。引导学生参加科学研究，引导学生参加科技创新活动和各类学科竞赛活动，培养学生善于思考、敢于质疑、勇于创新的精神。四是研究学业发展规律。研究大学生学习与发展的规律，探讨学生培养中的突出问题，为学院人才培养提供参考意见，为大学生的学习与发展提供专业化的指导、咨询和帮助。学业指导的具体工作包括开展高水平学术讲座、报告会、交流会等介绍学科前沿和学习方法；在固定时间和场所为需要帮助的同学提供一对一的学业咨询服务；指导学生制定学业发展规划；深入学生班级发现学生中存在的问题，进行有针对性的指导工作等。

二　学风建设与学业指导的任务与目标

　　加强学风建设，积极开展学业指导，创建优良学风，是大学改革与发展的重要内容，是提高人才培养质量的基本保证，是提升大学办学水平的重要途径，是大学实现全面、协调、可持续发展的永恒主题。加强学风建设和学业指导工作，不仅需要指导思想上的高度重视，更需要采取有效的具体措施。

　　1. 提高学生学习的积极性

　　学习积极性是渴望学习、主动学习、坚持学习的强大动力。大学生学习积极性主要受以下三方面因素的影响：一是学习动机，即直接推动学生通过努力达到一定学习目的的内部动力，反映了学生对于学习的认识状态，其强度和指向性决定了大学生的学习主动性；二是学习兴趣，即大学生对于所学专业及内容的认同，喜爱并愿意付出相应努力的程度，反映了学生对于学习这项活动的情感认同状态；三是学习意志，即学生学习行为的唤起、持续、调整的状态，反映了学生对学习过程持之以恒的毅力和能力。① 学习积极性高就意味着学生对学习有浓厚的兴趣和强烈的需求，可以自觉地制订各种学习计划和目标，在实际学习中表现出奋发向上、拼搏进取、刻苦努力的学习行为。

相对于高中生，大学生的学习环境、人际关系、生活环境、社会角色等都发生了巨大的变化。近年来，随着高等教育的变化、就业制度的改变以及社会上不良风气的影响，部分大学生的学习积极性受到了政治信仰迷茫、理想信念模糊、价值取向扭曲等思想问题的影响，有的大学生习惯了高中阶段以教师讲授、监督为主的学习方式，短期无法适应大学的自主学习方式和学习环境；有的学生因不能辩证地看待社会发展中的负面因素而悲观失望，认为学习无用，放弃个人努力；有的学生对就业急功近利，认为所学专业缺乏就业竞争力和高回报，在专业学习中勉强被动，应付了事。大学生学习动力不足的问题，原因各异，表现多样。

为了充分调动和激发学生的学习积极性，高校应从根本上解决好大学生的学习目的、学习态度、学习情感、学习精神及人生观、价值观等问题。注重引导学生主动学习，培养学生的学习能力，激发学生成长成才的动力，增强学生生涯设计意识，引导和帮助学生进行素质拓展，转变学生的思想观念和成才意识，发挥学生自我管理、自我教育、自我服务的作用，培养团队精神和自律意识，增强集体荣誉感，变被动学为主动学，真正提升大学生学习的积极性。

2. 发挥学风建设的制度作用

强化管理与激励制度，保证优良学风的养成。大学生学习风气的形成是强制性与自觉性的统一，自觉的学习习惯不是自然而然形成的，必须要有制度规范的约束，才能进入自觉阶段。因此，依据制度规范引导学生对学习过程自我认识、自我评价和自我践行，是良好学习习惯形成的重要途径，也是建设优良学风的根本保证。学生管理部门应建立健全制度规范，完善《学籍管理规定》《学生工作条例》《学生手册》《教学规章》等规章制度，对学习问题比较突出的，按照学籍管理规定及时给予公示处分，起到制止和警示作用；对于学习问题严重的，按照学籍管理规定实行必要

---

① 徐军、黄忠民：《大学生学习积极性提升对策分析》，载《中外企业文化》2014 年第 9 期。

的淘汰，给予留级或退学处分，使懈怠不前的学生感到危机和压力。与此同时，更要注重对学习成绩优异的个人和集体加强激励和引导，在日常管理中实行学生干部选拔、评奖评优、入党、补助发放等与学风和学习成绩挂钩的政策导向，充分发挥奖学金对学风建设的促进作用，通过不断改革奖学金评定、发放和表彰方式，加大评优工作的宣传力度，大力奖励品学兼优的学生，激励更多的学生努力学习、全面发展，以学业成绩的提高、全面素质的拓展来体现学风建设的成果。

3. 加强考风考纪教育管理

考试是人才培养过程中的一个重要环节，是检查培养质量的一种主要手段，它对于高等学校了解教师教学效果，学生掌握所学知识状况，进一步改进教学工作等具有重要意义。学生考试作弊违背考试公平、公正的原则，严重干扰了正常的考试秩序，不但不能达到考试的预期目的，而且会影响育人目标的实现，影响学生的全面可持续发展，甚至损害学校和高等教育的形象，践踏社会的诚信理念，加剧社会的信用危机。考风考纪管理是高校学风的重要体现，考风折射出学风，加强考风建设历来是学校教学管理工作中的一项重要内容。为保护学生的积极性，保证公平竞争，刹住投机取巧、弄虚作假的歪风邪气，树立良好的学风，培养学生健康人格，高校必须采取切实有效的措施来不断加强考风建设。[①]

加强诚信考试教育。人无信不能立，诚信考试教育是考风建设的基础。考试不讲诚信的学生，在其他方面的可信度也会大打折扣，以后在社会上也难以真诚待人，取信于人、取信于社会，会阻碍自己的进步，影响自己的前途。学生只有树立诚信应考、公平竞争的理念，才能消除作弊的心理和行为，优化学风，净化考风。因此，高校应加强对大学生的诚信教育，提倡"诚信考试、诚信做人"的风尚，在全校形成"以公平竞争为荣，以考试作弊为耻"的氛围，加强考试作弊的危害性教育，明确提出诚信应考的要求，让学生充分了解考试作弊的相关处罚规定，使学生树立诚信应考理念，帮助他们树立正确的是非观和考试观，让每一名学生能够认识考试作弊所带来的严重危害性，自觉放弃作弊的动机和行为。同时，高校可以积极倡导和推进建立学生诚信档案，完善相应的奖励和监督机

---

① 徐增勇：《从大学生考试作弊现象透析高校学风建设》，载《黑龙江高教研究》2004 年第 7 期。

制，可以设立"诚信考场""免监考班"等自我激励形式，为学生搭建展示自己"诚信"品质的平台，形成"讲诚信、讲自律"的良好考风，最终杜绝考试违纪现象。[①]

完善改进考试理念。传统的考试模式形式单一，方式老套，已经不能完全适应新时期对人才培养的要求和学生成长的需要。高校应勇于创新，在重视对学生知识传授和考查的基础上，对考试的功能重新进行定位，对考试内容、考试方法等进行全方位的改革，注重发挥考试的评价、诊断、导向、激励功能，加强对学生知识、素质和能力的综合考核。根据不同性质和类型的课程，运用不同的考试方式，除少数基础知识积累性的课程沿用闭卷笔试方法外，广泛采用开卷、口试、上机考试等形式，同时结合课堂讨论、实地调查、社会实践、项目研究、论文写作等环节，用开放的、学用结合的考试模式替代传统考试方法，用课内外考评结合的方式对学生进行成绩评定，尽量避免对知识的机械性记忆和标准化教条式的答案，给学生留下充分的才智发挥空间，以重点考查其独立思考及分析解决问题的能力。

严格执行考试制度。高校要研究考试中的规律性问题，建立规范化的管理制度，加强考试督导，改进考试管理，提高监考教师的考纪意识，创造一个公平、公正的考试环境，切断考试作弊的实施途径，在贯彻"防重于治"的原则下，严格按照管理规章对违规学生从严处理，以实现惩罚和警示的作用，彻底打消学生对考试作弊的侥幸心理，维护考试工作的严肃性和权威性，真正使自律与他律、激励与约束有机地结合起来，有效地引导大学生正确的应试观念和行为。[②]

4. 营造良好的学习氛围

学风建设与学校的历史积淀、文化传统和管理体系密切相关。良好的校园学习氛围具有陶冶、凝聚、规范、导向和激励的作用，会使生活在其中的每一位师生员工在思想观念、行为方式、价值取向等方面受到影响，实现对人的个性品质和校风学风的塑造。为了充分调动学生学习的积极性和主动性，激发学生的学习动力，学校的教学、管理各环节和各职能部门应协作配合，齐抓共管，着力打造浓厚的校园学术氛围和良好的校园文化

① 戴世英：《关于优化高校考风建设的思考》，载《中国电力教育》2010 年第 10 期。
② 周东斌、董尚朝：《高校考风建设刍议》，载《高教探索》2010 年第 3 期。

环境。

发挥教风对学风建设的引领作用。"学高为师，身正为范"，教师是知识的传播者，又是学生智力开发和个性发展的培养者和塑造者。高校应全面提高教师队伍的思想素质、政治素质、道德素质和业务素质，调动广大教师教书育人的积极性，提高教师的教学水平，使教师具有严谨、科学的态度和高度的责任心，能够以身作则，为人师表，不断改进教学方法，更新教学手段，增强教学效果，提高教学质量，以其敬业、博学、高尚的人格、高水平的授课质量、高超的育人艺术和严谨治学的师德师风，感染和引导学生，对良好学风的形成起到重要的引导和带动作用。

加强部门对学风建设的推动作用。学风建设是一个系统的工程，应调动全体教职员工的积极性，对大学生的成长进行全过程参与和全方位服务。学校应协调学生工作部门与教务处、组织部、宣传部、图书馆、网络中心等部门的沟通与协作，形成协调联动、齐抓共管的局面，真正做到全员育人，从完善奖励制度、建立淘汰机制、建立公正合理的考评体系、建立完善的服务体系等多方面入手，建立一套促进学风建设的体制，充分调动学生学习的积极性、主动性和创造性，推动学风建设水平的不断提高。

发挥校园文化对学风建设的促进作用。校园文化活动是学风建设的重要载体，对学风建设具有重要的熏陶和促进作用。丰富多彩的校园文化活动是课外培养的重要形式，能够把培养工作渗透到文化活动之中，拓宽学生视野，提高学生的素质和能力；能够有效地凝聚学生，使其充分融入丰富的校园生活之中，真正感受和体验大学的育人理念；能够对紧张的校园学习进行适度的调节，提高学习效率，强化学习动力，激发他们的积极性、主动性和创造性，培养全面发展的学生素质。

5. 开展针对性的学业指导工作

学校应充分利用课外培养空间，结合大学学习的阶段性特点，对学生进行有目的、有步骤的分类学业指导工作。在新生入学阶段，要从大学的使命、大学的学习特点、大学的专业情况、大学的课外培养、大学学籍管理制度、大学的人才培养模式、大学的校纪校规等方面开展新生入学教育，使新生能在入校的第一时间了解大学，快速地调整适应大学生活。在大学一年级，引导大学生制定学业发展规划；在大学二年级，要及时纠正部分大学生考取大学后学习可以松口气的心态，及时发现个别学生学习吃力或跟不上节奏的现象，从学生的实际需要出发，引导学生明确和强化学习目的；在大学三年级，要审核学业发展规划的执行情况，做必要的微调。要强化学习态度，增强成才意识，对学习的难点予以及时的指导帮助和心理鼓励，加深他们对所学专业的了解，培养专业兴趣，增强学生的学习信心；在大学四年级，要加强专业学习的指导、考研深造指导和就业取向的指导，着重提升他们的综合素质和能力，强化走向社会的素质能力储备。

学风建设和学业指导工作的目的，就是要在课内培养的基础上，通过多样化的课外培养活动，增强主动学习观念，端正专业学习态度，努力培养学生勤奋学习的自主意识、严谨治学的科学精神、求实创新的学术品格、目标导向的学业规划、团结协作的集体观念、奋发进取的精神风貌，努力实现学生全面发展的培养目标。

第二节　大学生日常管理与服务工作

一　日常管理与服务工作概述

高校学生日常管理与服务是大学生课外培养工作的重要组成部分，是维护高等学校正常的教育教学秩序和生活秩序，保障学生的身心健康和合法权益，促进学生德、智、体、美等方面全面发展，依法对学生的行为进行引导、约束和帮扶的系列工作。良好行为习惯的培养是大学生成长成才的需要，也是社会对大学生的期待与要求；是塑造大学生完美人格的重要手段，也是大学生思想道德素质形成的关键点。学生日常管理与服务工作对规范学生日常行为，促进自我管理和自我约束，形成良好的校风学风都具有重要作用。科学运用有效方式方法开展大学生日常的教育管理与服务，不但可以为大学生提供更加优质的学习和生活环境，使学生具备更加丰富的知识，还能使思想政治教育真正落到实处，取得良好的教育效果。

党的十八大报告指出："教育要为社会主义现代化服务、为人民服务，把立德树人作为教育的根本任务，培养德智体美全面发展的社会主义建设者和接班人。"新时期高校应该在工作中积极贯彻落实"立德树人"教育理念，始终坚持把大学生日常管理与服务作为工作的重点，规范大学生的日常行为，积极营造良好的育人环境，加强学生日常行为习惯的养成教育，提高新时期大学生的各项综合素质。把"以生为本"的理念和"服务学生"的意识落到实处，以专业化和职业化的水准为大学生提供更多的优质服务和咨询，凸显出大学生的主体性地位和个性差异，彰显大学生自我管理的能力，使学生在大学期间的合法权益与生活学习质量得到有效的保障。

大学生活是人生非常重要的阶段，大学生在思想、情感和行为方面具有鲜明的特殊性。从需要父母照顾的高中生，转变为独立生活、学习的大学生，他们从繁重的应试教育中抽出身来，开始用自己的眼光观察周围环境，用自己的观点思考社会问题，自我意识开始倾向于怀疑和批判，但往往看问题简单化、易主观片面，甚至有时候表现过激。[1] 大学生群体不再置身于相对封闭的"象牙塔"中，而是处在一个开放环境里，国际与国内、社会和校园息息相通，外来的与本土的、进步的与落后的、传统的与现代的各种思潮、文化相互激荡，不仅改变着大学的教育观、就业观和人才观，也影响着大学生的世界观、人生观和价值观，对高校管理工作提出了新的更高的要求。

因此，对大学生的教育、管理和服务是一项十分具体、繁杂而又细致的长期性工作，高校必须将其置于社会的大背景和世界的大环境中，尊重大学生的特征和个性，肯定他们积极、健康、向上、活跃的主流，也不忽视他们的不足，关心他们、帮助他们，解决他们的一些实际问题，为大学生的健康成长创造良好条件。要坚持以生为本、管理育人和服务育人的工作原则，将实际工作中的政治性与思想性、方向性与预见性、系统性与针对性、贯穿性与渗透性、主动性与动态性的有机结合，始终把课外素质培养贯穿于日常管理服务工作之中，有效地解决大学生道德认知和道德实践的反差、校园内外物质精神世界的反差、理想教育和社会现实的反差等一系列大学生校园生活中所面对的困惑与困难。

二 日常管理与服务工作的任务与目标

1. 推进管理和服务工作的制度化

规范管理的主旨是依法依规管理，杜绝管理过程中的随意性和人为因素。学校的各项规章制度是大学生日常管理与服务工作存在和良性运转的基础，而学生日常管理制度的建设也是高校学生管理工作的核心内容。在

---

[1] 高保军：《当前大学生教育管理工作的几点思考》，载《榆林学院学报》2005 年第 15 卷第 2 期。

我国现行的高等教育体制中，对大学生日常行为管理的依据，主要有教育部颁发的《普通高等学校学生管理规定》《高等学校学生行为准则（试行）》等，同时还有各省市以及各高校制定的学生管理制度等。这些制度共同构成了约束和规范大学生日常行为的管理框架体系，为大学生日常管理与服务工作提供了依据和标尺。

随着我国高等教育的蓬勃发展，及时修订和完善管理制度的内容，使之符合时代发展的精神，贴近大学生生活，呼应大学生健康成长的内在需要，是高校规范学生管理和服务工作的必然要求。这些制度既要符合国家法律的精神，遵循学校管理者的意志，又要充分征求大学生的意见，在实现科学有序管理的同时，使大学生在管理中接受培养，并能够自觉自愿地参与到管理活动之中。各项管理制度的设计必须要树立正确的学生权利意识，坚持以生为本，以学生利益为出发点，要充分体现相信学生、尊重学生、依靠学生、发展学生，符合学生成长规律和合理需求的理念，以保护学生的合法权益，促进学生的和谐、完善的发展作为管理的根本目的。大学生需要外在的规章制度对自己的思想、行为进行必要的约束，但更需要通过自我约束使这些规章制度的要求得以内化。[①]

长期以来，我国高校学生管理制度的刚性、统一化和行政色彩比较明显，注重对学生进行规范和约束，尤其是纪律的要求和行为的控制，往往忽视了大学生作为个体人的需要及其发展需要的差异性。在"过重的社会导向"下形成的"过强的共性约束"的学生管理制度，容易使得学生个性被淹没，学生自由发展、自我管理的空间较小，学生的主观能动性难以发挥，其自立、自强、自主的精神也难以得到很好的培养，甚至造成学生的心理障碍。

现代学生管理观认为学生和学校之间、师生之间应该是一种平等的、对话的关系，这就要求学校在学生管理制度制定过程中广泛听取学生意见，充分尊重学生的生理、心理和行为规律，考虑学生的个性化发展的需求，特别关注特殊群体，包括贫困生、有心理疾患的学生等，并在执行过程中及时搜集反馈意见来不断完善相关的规章制度，弱化"管理"和"服从"，强化"引导"与"服务"，充分激发学生的主观能动性，提

---

① 李青合：《构建现代大学管理制度：基于学生观的视角》，载《复旦教育论坛》2011 年第 2 期。

升自我约束的能力。

大学生日常管理和服务工作的最终目的，就是要通过规范化、程序化和科学化的管理制度，体现日常管理的精细化，实现"事事有规则，处处有人管，件件有落实"的学生工作目标，实现"管而不死，活而不乱，管理育人"的管理工作目标，实现"主动服务、人性服务、服务育人"的服务目标。

2. 开展客观公平的评先评优工作

高校实施评先评优是大学生日常管理与服务工作系统的重要组成部分，通过对大学生的正确行为给予肯定、奖励，使学生明确奋斗目标和要求，达到激励和引导他们发奋图强、力争上游、见贤思齐、促进学生全面发展的目的。评先评优工作不仅可以引导学生提高自身素质，同时也为社会、学校、家长提供了评价学生综合素质现状的重要参考。此项工作与学生的切身利益息息相关，在学生群体中普遍受到广泛关注，对学生有着重要的影响。评先评优工作直接决定着学生能否获得学校和社会的客观的评价，影响着学生的竞争态度，也影响着学生价值观、人生观、世界观的形成。作为大学生思想引导与教育的重要手段，科学、公正的评先评优工作不仅给高校学生管理和服务工作注入了活力与动力，也有助于学生身心的健康发展和全面成长，有助于和谐校园的建设，有助于优良学风和校风的形成。[①]

随着学生综合素质的不断提高，同学之间往往难分伯仲，同时，由于大学毕业生就业竞争日益激烈，学生维权意识日渐增强，对评优的结果越来越重视，这都在无形之中增加了评先评优的工作的难度。为此高校要重点做好以下工作：

一是建立科学的量化考核机制。量化考核是指把考核的各项指标进行分解，确定权重后，分别给予不同的分值。将指标量化后，在考核评定时，把学生得到的各项成绩按权重相加，最后的总分就是其考核成绩，不依赖评审人的主观意识。大学生评先评优量化考核评价体系要有很强的目的性和针对性，必须紧密依托大学生培养的理念和要求，综合考虑评先评优各项相关因素，合理分配每个因素所占有的比例，进行科学的量化和统

① 欧丽娟、张亚琼：《浅谈量化考核在高校评优中的作用》，载《中国科教创新导刊》2014 年第 11 期。

计，尽量将评先评优量化工作做到规范化、人性化、科学化。[①]

二是加强考评信息的日常收集。日常信息统计管理是开展评优评先工作的重要基础和基本素材。评先评优考核会涉及学生出勤情况、课堂表现、学业成绩、寝室纪律、社团任职情况、集体活动参加情况、志愿服务情况等相关信息，这些都需要学校进一步加强日常信息的收集、记录、保存和管理工作，需要留有翔实的资料记载，以便在考评计算分值过程中有充分的依据，杜绝数据统计失误和学生弄虚作假，保证各项考评指标量化的客观性。

三是确保评先评优过程的透明化和公正性。评优考核工作的全过程都应做到透明、公开。学校应在学生群体中广泛宣传相应的评先评优文件、评定流程、评定细则等，使学生了解详细情况，方便学生进行自评参考，也有利于考评期间学生间的互相监督。在严格按照规章制度和量化考核标准进行评比和排序的同时，将评比过程和各项测评得分在各级宣传平台公开公示，接受所有学生的的监督。

大学生评先评优工作是激励的重要手段，其总目标就是通过科学、客观、透明、公平的评比活动，激励更多学生积极进取、全面发展、立志成才，因此要通过评先评优和表彰活动，弘扬良好的学习风气、公平公正的校园正气和积极向上的大学精神。

3. 做好违纪处理和跟踪教育工作

大学生违纪是指大学生违反学校规章制度和教育管理部门的规定，影响校风、学风，并影响自己和他人身心健康、学习效果和品德发展，妨碍学校教学、管理、生活的行为。[②] 大学生的违纪现象，不仅对学校的学风建设造成很大的影响，对学校的教学、生活、管理造成诸多问题，也使学生自己和家庭都承受着巨大压力，严重的甚至会改变学生的学业和人生的命运。

目前高校普遍存在的学生违纪主要集中表现为迟到、早退、旷课、考试舞弊、打架斗殴、侵占他人财物等各种违反学校管理制度的情况。这些行为都背离了学校、社会的价值准则，成为学校、社会不稳定的因素。根

---

① 欧丽娟、张亚琼：《浅谈量化考核在高校评优中的作用》，载《中国科教创新导刊》2014 年第 11 期。

② 花喆斌：《大学生违纪问题探析》，载《南京工程学院学报》（社会科学版）2009 年第 9 卷第 3 期。

据教育部《普通高等学校学生管理规定》，对学生的纪律处分有五类，最严重的处分等级是"开除学籍"，同时规定了七种可以开除学籍的情形，包括触犯国家法律构成刑事犯罪、违反治安管理规定受到处罚以及替考等情形。① 在实际工作中，学校既要保证学生管理有序，又要从学生发展的角度考虑对学生处分的合理性；既要严格管理、奖惩分明，又要充分保障学生的合法权益，赋予学生陈述、申辩和申诉的权利；既要考虑到学生的受教育权和家庭的稳定，又要考虑社会的安定和校园的文明和谐；既要尽量减少和避免大学生违纪行为的发生，又要重视对受处分后学生的教育和管理工作。

要做好正面引导，构筑学生思想防线。高校应按照大学生的成长规律，依托科学的思想政治教育系统，有步骤、有方法、有层次地引导大学生树立科学的人生观、价值观、法纪观、道德观、恋爱观，对于具有普遍性的违纪原因，应开展专题性集中教育，用科学和法治的理论武装头脑，使他们能够明确科学的价值取向，端正学习科学知识的态度，帮助他们正确地认识社会上存在的各种消极现象，增强辨别是非善恶的能力，培养良好的道德品质，形成文明的行为习惯和遵纪守法意识，使其在遇到困难、矛盾和冲突时能够冷静对待、文明处置，筑牢预防违纪违法的思想防线。

要加强纪律管理，规范学生日常行为。高校学生管理工作者要深入学生之中，了解学生的心理，掌握学生的思想动态，及时发现影响学生思想的各种因素，预测学生的思想状况，及时地将违纪事件消除在萌芽状态。本着对学生高度负责的精神，对学生严字当头，敢于批评，敢于教育，敢于管理，严格执行规章制度，做到奖惩分明。②

要明确大学培养使命，多策并举实施跟踪教育。大学的使命是培养人才，违纪处理是对大学生违纪行为的惩罚，但是惩罚仅仅是一种教育手段，惩罚不是教育的目的，惩罚的目的是教育学生认识错误，不再重犯同样的错误。为此高校要加强对违纪学生的跟踪引导教育，通过耐心细致的思想教育，让违纪学生真正认识到自己行为的危害性，从而真心改过，自觉守纪，避免出现自暴自弃和再次违纪的现象发生；要关心他们的进步，

①　余南飞、丛亮：《从素质教育改革谈大学生违纪的教育与管理》，载《科技信息》2010年第14期。

②　陈丽荣：《大学生违纪现状分析与对策研究》，载《怀化学院学报》2006年第25卷第7期。

使他们感受温暖，看到未来的希望和前进的方向，从而树立积极向上的人生态度；要与违纪学生家长建立联系制度，经常与学生家长保持联络，及时交流违纪学生的思想、生活与学习情况，使学生在多方面关怀下健康成长；要建立违纪学生的转化档案，对违纪学生实行"跟踪"考察，定期了解他们的思想变化情况，及时调整教育内容，对他们进行有的放矢的教育，通过再教育积极转化违纪学生，调整处分决定。

对违纪学生实施跟踪教育，并对符合条件的学生降低或解除原处分决定，是落实"以生为本"育人理念的重要体现，是科学发展观在高校学生课外培养中的灵活运用，其最终目的就是给违反校纪校规的学生改错的机会，让他们在接受教训中成长，不因一次错误而影响终身，为学生的未来着想。

4. 强化安全稳定教育管理工作

安全稳定工作是高校和谐发展的基本保证，是构建良好人才培养环境的前提条件，是高校学生管理和服务工作的重要任务。培养大学生安全防范意识，掌握基本安全防范知识和技能，具备健全的法制观念和健康的心态，培养大学生防范和抵御违法犯罪的能力，对促进大学生健康成长、及时有效地预防应对和解决突发事件具有重要意义。

高校自身发展中面临的问题，社会发展中存在的问题，校园周边复杂环境可能引发的问题，以及大学生安全意识淡薄等问题，都给高校安全稳定工作带来潜在的隐患。安全稳定的形势要求广大教育工作者必须转变思想，与时俱进，树立以人为本、珍爱生命、维护大局的理念，优化培养模式，积极探索新形势下大学生安全稳定教育的新方法、新途径，建立健全安全稳定工作管理体系。

完善齐抓共管的防范体系。做好安全稳定工作，应充分调动学校各部门、各单位和全体干部教师的积极性，建立健全安全稳定预案和应对体系，统筹协调，科学管理，把维护校园安全稳定意识的教育渗透到管理和服务的各个环节，包括学习和生活、课堂和寝室、校园和校外，特别要做好新生入学、外出实习、社会实践、节假日期间、校园活动、网络使用等重点环节和时段的安全稳定工作。要掌握学生的第一手资料和亟待解决的现实问题，及时发现学生的不稳定因素及潜在的危机。尽可能避免事态失控、升级、扩大，做到早发现、早解决，使危机消除在萌芽之中。一旦发生紧急情况，应做到快速知情、及时上报、积极处理，力争把损失和影响减低到最小。通过网络了解学生的真实想法，开展网络安全稳定教育和监控，树立正确舆论导向。

加强安全稳定工作的文化宣传。校园的安全稳定与和谐健康的人文环境，对大学生的个体安全意识形成的影响是潜移默化的。高校要充分发挥校园传媒平台和学生社会团体的作用，大力倡导和宣传安全文化，努力形成人人重视安全、人人关心安全、人人自觉维护校园秩序的良好文化氛围。通过班会、年级大会、座谈会、讨论会、知识竞赛、文艺演出、专题演练等形式，广泛宣传和提升大学生的自我保护意识和安全防范意识。通过宣传栏、校报、校园网、广播电视等宣传阵地和信息网络技术手段，普及安全知识和法律常识，倡导文明行为。

加强安全稳定工作的重点教育。安全稳定工作教育的重点是提升应对突发性事件、灾害性事故的应急应变能力、避免生命财产受到侵害的安全防范能力、遇到人身伤害时的自我保护防卫能力，以及防范和抵御违法犯罪能力等。学校要采取各种学生喜闻乐见的形式，寓教于乐，适时对学生普及消防安全、用电安全、交通安全、运动安全、网络安全、实习安全、饮食安全、财物安全等常识，让学生在轻松愉快的环境中，在潜移默化的氛围中了解、学习各种安全知识。高校要培养大学生应有的社会责任感和正义感，发扬见义勇为的优良传统，当公共利益或他人的人身财产受到侵害时，能机智勇敢地依法与不法侵害行为做斗争，在保证自身安全同时，保护公共利益或他人的人身财产不受侵害。

安全稳定教育的总体目标就是要培养大学生的安全稳定意识、形象意识和大局意识，提升维护安全稳定的能力和本领，培养大学生遵纪守法意识，弘扬见义勇为的精神品质，树立高度的社会责任感和使命感。

第三节　困难帮扶与身心健康教育工作

一　困难帮扶与身心健康教育概述

困难帮扶与身心健康教育是高校课外培养中面临的两项重要工作。我国改革开放三十多年来，经济社会发展取得了巨大的成绩，但是仍然有相当比例的经济困难家庭子女上大学存在困难。家庭经济贫困学生作为特殊的学生群体，得到了国家、政府、社会和高校的高度关注。但是家庭经济困难学生仍然面临着来自生活、学习及家庭等多方的压力，做好家庭经济困难学生的教育管理工作是高校在人才培养中面临的一项重要任务。与此同时，在高校人才培养中面临的另一项重要工作就是大学生的身心健康工作，高校实际工作情况表明，当代大学生身体素质不容乐观，部分大学生的心理素质亟待提升。

实施高校贫困生帮扶是保障贫困生享受教育权利的基本要求，是实现教育公平的根本任务。《国家中长期教育改革和发展规划纲要（2010—2020 年)》指出："教育公平是社会公平的重要基础"，"关键是机会公平，基本要求是保障公民依法享有受教育的权利"，要"努力办好每一所学校，教好每一个学生，不让一个学生因家庭经济困难而失学"。高校应建立多元化的贫困生资助体系，制定切实有效的资助措施，缓解经济困难学生的压力，增加贫困生的幸福感与尊严，使他们自信、自强，真正实现教育公平。①

目前我国高校普遍采用困难帮扶与育人相结合的方式，一般有"奖""贷""助""补""减""缓""免"等。"奖"即奖励，包括国家奖学金、国家励志奖学金、学校奖学金以及社会各界人士设立的奖学金，同时也包括学校对各种成绩优异的学生的多种形式奖励；"贷"是指国家助学贷款，包括生源地助学贷款和校源地贷款助学贷款，生源地贷款是学生在家庭所在地贷款，校源地贷款是学生在所上高校贷款；"助"包括助学金和勤工助学，前者是指国家发放的助学经费，经过评定发放。后者是指学校提供资金和岗位，经济困难学生通过勤工助学参与学校管理而获得相应的物质报酬，在这一过程中，经济困难学生既提升了自身实践能力，又解决了自己的经济难题，保证了学业的顺利完成；"补"是由国家、学校或社会团体设立的专款，给贫困生发放的临时性补贴。它作为一项辅助措施具有一定的特殊性，指经济困难学生在面对一些特殊的、突发性的困难时，通过向学校领取一次性补助的方式解决现有困境；"减"是学校根据情况对部分困难学生减少学费的资助办法；"缓"是学校根据情况对部分有临时困难的学生暂缓交学费，并在规定时间内补交学费的一种办法；"免"是学校根据情况对部分符合条件的学生，实施免交学费的政策。

心理健康教育是高校心理健康教育工作者运用心理学、教育学、社会

---

① 王莉芬、黄建：《美高校助困与育人结合的资助体系构建》，载《教育与教学研究》2012 年第 26 卷第 3 期。

学等相关学科的理论，通过普及心理健康知识、开展心理辅导和心理咨询等方式，引导和帮助大学生优化心理品质，增强心理调适能力和社会适应能力，预防和缓解心理问题，提高心理素质和生活质量的培养活动。[①] 教育部在 2001 年下发的《关于加强普通高等学校大学生心理健康教育工作的意见》中指出："加强大学生心理健康教育工作是新形势下全面贯彻党的教育方针、实施素质教育的重要举措，是促进大学生全面发展的重要途径和手段，是高等学校德育工作的重要组成部分。"

大学生的情感世界十分丰富，有一定的自我调节和自控能力，但仍不成熟、不稳定。常常出现心理矛盾、心理压力大、心理问题多发、自我期望值偏高等问题。在价值判断和选择上存在"关心与冷漠相容、希望与困惑并存、进取与彷徨相伴、认可与失落交错"的心态。[②] 目前中国大学生心理方面存在的问题表现在许多方面，如有的学生虽然在意识上较为独立，在观念上不轻易趋同，但在行为上依赖性强，缺乏独立生存和独立解决问题的能力；有的学生意志较为薄弱，抗挫折能力较差；有的学生个性张扬，缺乏团队意识等。经济问题、学业问题、就业问题、人际问题、恋爱问题以及各种家庭和社会问题等，都会导致大学生的心理问题。大学生心理健康教育工作，是高校日常管理与服务工作在内容、途径、方法等方面的延伸、拓展和补充，也是增强大学生课外培养工作有效性、有针对性的重要举措。高校应高度重视并进一步加强大学生心理健康教育，培养大学生良好的心理品质，引导大学生形成积极向上、科学健康的心理品格。

二　困难帮扶与身心健康教育的任务与目标

1. 建立五位一体的帮扶体系

高校要针对大学生的经济困难、学习困难、心理问题、交往问题和就业困难，建立五位一体的困难帮扶体系。针对经济困难的学生，要根据学生的具体情况，采取不同的帮助措施，综合利用"奖""贷""助""补""减""缓""免"多种手段，确保每一名大学生顺利完成学业；对于学习上有困难的学生要组织师生共同帮助，及时给予表扬和肯定，帮助他们

---

① 史济纯、陈玉民：《大学生心理健康教育存在的问题与对策》，载《教育探索》2011 年第 5 期。

② 高保军：《当前大学生教育管理工作的几点思考》，载《榆林学院学报》2005 年第 2 期。

发现自己身上的优点，找回自信和勇气，同时也指出他们学习方法和学习习惯上的不足之处，给予他们鼓励与信心，促进他们朝着更好的方向发展；对心理上存在一定困难的学生，要多关心、多关注，给他们提供一个尊重、平等、宽松的环境，使其感受到来自老师和同学的关爱，增强对困难和挫折的应变能力，尽快适应大学生活和社会发展需要；针对交往困难的学生，要关注生活细节，加强心理健康疏导，培养他们主动沟通、乐于助人的良好品性和与人为善、宽容豁达的胸襟气度；对于即将毕业而且就业困难的学生，要提供就业信息，帮助分析情况，指导就业选择。

2. 大力开展勤工助学工作

高校要转变困难帮扶工作理念，积极开展勤工助学行动。鼓励和引导学生利用课余时间通过劳动手段获得报酬，锻炼学生的实际动手能力、管理能力和组织协调能力，磨炼意志，增长才干，促进德、智、体、美等全面发展，是高校开展困难帮扶工作中应当大力倡导的措施。让经济困难学生通过劳动获得报酬，是世界各国大学生独立完成学业的重要形式之一。勤工助学是大学生自食其力的主要方式，有利于大学生克服自卑感，培养自尊心和自信心，在融入集体的活动中，实现与他人交往，促进了人际关系的改善和综合能力的提高。勤工助学模式能够克服其他经济资助模式所带来的诸多弊端，促使贫困学生成为和谐校园的建设者，使其在为师生服务的过程中体验助人的快乐与价值感。

3. 充分发挥困难帮扶的育人作用

高校在开展困难帮扶工作中，要将困难帮扶与素质培养紧密结合。大学生困难帮扶工作，既要解决学生的眼前困难，也要着眼于他们的长远发展，在解决当前实际困难过程中，培养大学生应对困难的信心、勇气、决心和能力，培养大学生诚信、感恩和责任意识，积极引导大学生树立正确的价值理念，树立正确的成才观和消费观，养成坚忍不拔的意志，培养高尚的情操，增强社会责任感。如在开展国家助学贷款工作中，要加强诚信教育，培养学生信用意识和责任意识；在国家助学金评审发放中，要让学生实实在在感受到党和国家的关怀，树立回报社会的感恩意识；在勤工助学中，让学生了解劳动的艰辛，体会到父母的不易，帮助其树立正确的劳动观、价值观，增强战胜困难的勇气和担当意识。

4. 积极组织课外身体锻炼活动

身体素质是大学生一切工作的基础。高校高度重视体育工作，积极培养大学生的身体素质，不仅是落实党的教育方针的要求，更是提高当代大学生综合素质的迫切需要。为此高校要认真贯彻落实《关于进一步加强学校体育工作的若干意见》（国办发〔2012〕53 号）等相关文件，在大力推进学校体育改革的同时，积极宣传"每天锻炼一小时，健康工作 50年"的培养理念，要充分利用课外培养平台，广泛开展课外体育锻炼活动，落实"走下网络、走出宿舍、走向操场"的"三走活动"，通过各类体育比赛和早操活动等，促进学生健康成长。

5. 多渠道开展心理健康教育工作

高校除了开展有效的心理健康课程教育以外，要更多地运用课外的心理健康教育活动和咨询干预活动，帮助大学生解决现实具体的心理问题。高校要以学生的实际心理需要为切入点，积极开展课外心理健康教育的宣传活动，充分利用新媒体平台、学术讲座平台、团体咨询、心理健康宣传周、心理健康教育活动月等方式，广泛宣传心理健康知识和心理保健技能，激发大学生学习兴趣，引导大学生敢于和善于寻找心理健康教育教师进行沟通和咨询，通过咨询教师的帮助，解决心理问题。学校要加强对大学生的心理问题分类指导，如对少数新生进行必要"适应性指导"，对部分学生进行考前"焦虑心理"辅导，对毕业生进行"择业就业心理"指导，对某些经济困难的学生进行"自强自立心理"辅导等。针对大学生广泛利用的网络的特点，心理健康教育工作者应灵活运用微信、飞信、QQ、博客、电子邮件、BBS 等方式与大学生进行互动交流，提高咨询和教育的实效性。

6. 发挥心理健康教育的育人作用

学生的心理问题与学生的思想意识、道德品质状况往往是紧密联系在一起的，现代大学生的许多心理问题可以归因于信念的淡化和价值取向的扭曲，要帮助学生提高心理素质，必须帮助他们树立科学的世界观、人生观、价值观。另外，大学生心理健康教育侧重大学生的心理活动的研究和干预，从学生的立场出发，关注学生的内心感受和体验。思想政治教育与心理健康教育的结合，可以修正以往单纯通过灌输说教而忽视通过人的心理活动来解决大学生思想问题的做法，使德育工作更加贴近大学生的生活实际，有助于从大学生的认知、情感、意志、行为的全过程，引导他们保持健康的心理状态，为接受正确的思想教育创造良好的心理条件，使育人手段更具科学性，实现心理健康教育与思想政治教育的同步发展。

　　困难帮扶与身心健康教育工作的总体目标，就是要通过广泛的课外活动，开展经济困难帮扶、学习困难帮扶、心理问题帮扶、交往困难帮扶、就业困难帮扶等，帮助大学生顺利完成学业，不因经济困难而辍学，不因学习困难而掉队，不因身心问题而异常，不因交往困难而自闭，不因服务不到位而影响就业。通过困难帮扶和身心健康教育，培养大学生学习生活的自信心、战胜困难的坚强毅力、勇往直前的勇气、良好的身心素质、诚信感恩的品质和强烈的社会责任感。

第 六 章

大学生核心能力课外培养

大学生综合能力包含丰富的内容，笔者通过广泛调研，提出了合作竞争能力、社会适应能力、语言表达能力、学习思考能力、解决问题能力、道德判断能力、策划实施能力、研究创新能力、领导管理能力和文字写作能力十种核心能力。这些能力都是大学生课外培养的主要目标。根据大学生课外培养活动的类型和功能，可将大学培养这些能力的课外培养活动分为专题教育类、社会参与类，学生组织类和学习研究类活动。

第一节 专题教育类课外培养活动

专题教育类课外培养活动，包括主题教育活动、演讲辩论活动和文化艺术活动等，是具有明确主题、具有明确的素质和能力培养目标的专题活动。

一 主题教育活动

1. 主题教育活动概述

主题教育活动是指在学校辅导员等思想政治教师的引导下，以提高大学生思想道德素质和科学文化素质为目标，以某种主题思想作为核心内容，开展方式和方法灵活多样的课外培养活动。《中共中央 国务院关于进一步加强和改进大学生思想政治教育的意见》中，要求高校"在继承党的思想政治工作优良传统的基础上，积极探索新形势下大学生思想政治教育的新途径、新办法，努力体现时代性，把握规律性，富于创造性，增强实效性"。主题教育作为大学生思想政治教育工作方式的一种，在活动中应自觉以马克思主义理论为指导，以理想信念为核心，以爱国主义教育为重点，以大学生全面发展为目标，以基本道德规范为基础，使学生在组织、开展和参与活动中受到感染与教育。相对于传统"填鸭式""单向性"的教育手段，大学生主题教育活动具有时间灵活性、空间广阔性、主体特定性、目标明确性、形式多样性、方法互动性、主题鲜明性等特点。主题教育活动不拘泥于固定形式，能够打破时间、空间、年级的界限，既可以以每学期固定开展、形成品牌活动的形式存在，也可以根据当前新形势、热门话题、党的政策方针而机动地选择性开展，自始至终都把学生视为教育活动的发动者、参与者，能够寓教于乐，激发学生的主动性、创造性，有效消除学生对传统思想政治教育的抵触感，培养学生的行动能力和实践能力，从而达到润物细无声的育人效果。

主题教育活动是我们党思想政治工作中的传统方式，是被实践证明有效的思想政治教育形式，也是当前高校开展思想政治教育的主要载体之一。形式多样、内容丰富的主题教育活动，将"知"和"行"紧密结合，将教育和自我教育结合，对全方位推进学生思想政治教育，充分发挥高校学生工作资源的潜力，增强思想政治教育的有效性具有重要意义。随着高校教育教学改革的不断发展，大学生思想政治教育改革的不断深化，近年来大学生主题教育活动在高校如火如荼地开展，主要有专题讨论、活动体验、专题报告、专题征文等形式。

2. 主题教育活动的功能

主题教育活动具有多种能力培养功能，其中最重要的一个功能，就是提升大学生的道德判断能力。在大学生主题教育活动中，思想政治教育内容始终是核心、是主线。成功的大学生主题教育活动应把思想政治教育内容与学生现实发展需要相结合，强化对大学生的灵魂塑造和精神指引作用，能够引起大学生强烈而持久的心灵震撼，使学生获得强烈的情感体验，使大学生能够领悟、运用符合特定社会要求的价值体系、社会规范和行为模式，逐步形成个人的价值观念、思维模式和行为准则，将思想政治教育的内容内化为他们内心的信仰和理想信念，内化为他们为人处世和道德判断的正确价值取向。

主题教育的第二个主要功能，就是提升大学生社会适应能力。大学生主题教育活动能够增加学生的阅历、见识、知识，提高学生的认知能力，端正学生的人生态度，提高他们适应社会的能力。在活动内容上，主题教育活动有机融合了社会责任感教育、团结协作教育、文明礼仪教育、创新创业教育、心理健康教育等，能够引导学生客观认识问题、分析问题，正确对待文化与价值观之间的冲突与融合，合理地控制自己的心理状态等，从而全面提高大学生的综合素质。

3. 主题教育活动的组织要求

充分尊重学生需求。大学生主题教育活动要"以人为本，贴近实际、贴近生活、贴近学生"，全方位地引导学生形成良好的思想道德品质、科学文化素质和身心素质，既要关注理想信念教育、道德教育等宏观教育需求，又要重视大学生心理健康教育、学习生活指导、职业规划等学生微观需求，使学生在活动中受益。要充分把握学生身心特点和成长需求，针对不同层次学生的身心特点和思维差异开展教育。比如对不同专业的学生开展不同类型的主题教育活动，活动内容应与专业学习结合、贴近专业要求，在活动中发挥学生的专业特长，同时培养学生的专业自豪感，引导学生努力学习专业知识，树立正确的职业观、就业观。

精心策划活动主题。主题教育活动的主题是灵魂，应当在保留、发扬传统教育题材精华的同时，根据学生的年龄阶段、精神状态、思想发展的脉络，结合学校、家庭、社会生活实际，不断发掘和创新教育题材，使主题教育活动既具历史传承性，又具时代感。一方面，活动主题应当紧密结合党的路线、方针、政策，将党的最新思想创新成果及时传导至学生；另一方面，活动主题应当与社会热点相结合，将社会公平、道德法制、社会民生、国际热点等时事问题作为开展主题教育的不竭素材，向学生传播正确的理念，促进社会的和谐稳定。要积极融合我国源远流长、博大精深的传统文化，加强对大学生的道德和人格塑造，培养当代大学生的爱国主义精神和民族自豪感。

科学规划活动方案。大学生正处于知识和身体慢慢成熟的阶段，个性需求逐渐鲜明，思想活动的独立性、选择性、多变性和差异性日趋明显。主题教育活动应适应大学生的特点，不断探索新途径、研究新方法，增强时代感和实效性，创新模式，营造氛围，把思想教育渗透在生动活泼的活动之中。在活动过程中应注重发挥学生的主体作用和自我教育作用，从学生的心理成长特点出发，构筑利于师生互动和心理体验的环境氛围，充分调动学生积极性和主动性，使学生成为主题教育活动的设计者和参与者。

有效强化活动成果。主题教育活动的组织者应及时搜集来自学生中的信息反馈，把握学生思想情感方面的变化，不断改进组织形式，将教育引向深入，使同学们能认识到主题教育活动的目的，深切感受到活动的价值和意义，认识到自己今后努力的方向，实现从被动接受向主动参与的转变，使主题教育活动真正起到教育作用。

广泛拓展教育途径。主题教育活动应当顺应时代与科技的发展，关注学生的潮流动态，利用一切能够吸引学生目光、引起学生兴趣的途径创办形式丰富多彩的主题教育活动。例如，可以与网络科技相结合，通过建立相关主题 QQ 群、微信群，发起"微话题"等方式来全方位地预告、宣传、开展主题教育活动，既能够吸引学生的关注。又能及时获得学生的反馈，形成良好的互动；可以积极与地方政府协调沟通，争取社会教育的支持和配合，邀请地方党政负责人、老革命、老战士、先进人物为大学生做报告，请当地著名企业家、知名人士与大学生交流人生经验；可以积极到中小学、幼儿园、敬老院、孤儿院、劳教所、戒毒所等单位开展结对帮教活动，与地方企事业单位开展共建活动，拓展大学生主题教育活动的阵地。[①]

二　演讲辩论活动

1. 演讲辩论活动概述

演讲是指在一定的场合下，通过语言表达来传输某种思想，发表自己的看法，达到与听者产生共鸣的活动。演讲有很多类型，常分为即兴演讲、书面演讲、脱稿演讲、提要式演讲以及辩论式演讲等形式。我国传世最早的一部散文集——政治文献汇编《尚书》里面就记载了盘庚"动员民众迁都"的演说，这是中国迄今为止所发现的最早的一篇有文字记载的演说。[②]

辩论是指彼此用一定理由来说明自己对事物或问题的见解，揭露对方的矛盾，以便取得最后的认识或共同的意见的过程。辩论赛是参赛双方针对某一问题进行辩论的竞赛活动，是围绕辩论问题展示知识运用能力、思维反应能力、语言表达能力的综合性竞赛。大学生辩论赛最早源于 20 世

---

① 　陈伟详：《创新大学生主题教育活动的实践与探索》，载《广西大学学报》（哲学社会科学版）2009 年 9 月。

② 　蒋艺：《倡导演讲辩论涵养求真品质》，载《南昌高专学报》2011 年第 26 卷第 1 期。

纪 60 年代的新加坡，1986 年，北京大学组织队伍与香港中文大学的辩论赛，拉开了我国大学生辩论的序幕。1993 年中央电视台与新加坡电视机构首次合作，亚洲大专辩论赛更名为国际大专辩论会，第一届国际大专辩论赛在新加坡成功举办。由此开始，国际大专辩论赛便开始风靡全国，全国范围内各类学校都相继广泛开展了这项活动。

在信息化、网络化社会里，大学生借助新媒体进行交流与沟通逐渐成为常态，面对面的人际交流活动则在逐渐减少，这种情况导致一些大学生闭门造车，在生活和学习中常常处于半失语状态，在与其他人的交流中缺乏语言表现力。要改变这种现象，就必须培养大学生善于、乐于用语言表达的习惯，以及能够准确、清晰、优美的使用语言表达的能力。引导大学生组织、参与演讲和辩论活动，正是提高大学生的沟通、交流能力及社会应对能力的有效手段。演讲和辩论活动不仅可以培养大学生的语言表达与沟通能力，使其言之有理、言之有物、言之有序，能够用语言生动反映事物的本质，揭示事物的规律，表达思想感情，养成良好的社会交往气质，还可以丰富大学生的知识结构，培养社会责任感、使命感，提高大学生的随机应变能力和团队合作精神。

2. 演讲答辩活动的功能

通过追求真知培养大学生学习思考能力。大学生辩论和演讲是一个追求真理，去伪存真的过程，学生要用正确的思想和知识武装自己的头脑，明辨是非。只有平时善于观察、勤于思考、善于学习、思维敏捷的学生，才能以准确无误、条理清晰、有理有据的语言明晰地表达自己的观点。学生需要收集和整理各类资料，诸如哲学观点、法律条文、名人言论、古籍摘要等，拓宽在文学、社会学、政治学、哲学、美学等方面的知识，而进行归类、整理、消化和吸收的过程，是开阔眼界、学习思考、积累知识的过程。同时，辩论赛也是一个知识交流的平台，辩论双方通过语言的交流将自身的知识进行信息传递，帮助参赛学生和观众进行全新的学习。[①] 参与演讲和辩论活动的学生还要具备思想的独立性、逻辑的批判性和思维的求异性，要善于自由联想，触类旁通，举一反三，能够灵活运用双向思维、多向思维、逆向思维的能力，创造性掌握新知识，发现新问题，探索新方法。

---

① 刘一铮：《辩论赛对于大学人才培养的价值及作用》，载《时代教育》2015 年第 5 期。

　　通过交流互动培养大学生合作竞争能力。演讲和辩论是通过人们语言表达和语言交锋实现人际沟通的过程，充分体现了这种合作、竞争精神。在辩论赛中，辩论的双方既是竞争的对手，又是彼此合作的伙伴，他们都必须在一定规则的约束下通过双方的合作与竞争才能顺利完成整场辩论赛。辩论比赛要求团队的队员思想统一，配合默契，步调一致，扬长避短，在与他人合作的基础上展示自己的个性。辩论前，辩手们要一起讨论、商量，一起找资料，分析辩论的细节，紧密配合、团结协作。辩论中，辩手各司其职，临场应变，不甘退让、不屈不挠、积极进取，既是对选手个人素质的考察，更是对整支队伍合作竞争能力的检验。一个优秀的辩论队伍不仅能使辩手的综合素质得到极大的锻炼和提高，而且会增强团队成员的归属感和荣誉感，提升合作竞争能力。

　　通过训练比赛培养大学生语言表达能力。演讲和辩论是语言的艺术，在日常的训练中，演讲者和辩手不仅要练习语言表达技巧，还要锻炼逻辑思维能力和反应能力，在演讲辩论的紧张气氛中，演讲者和辩手要语言锋利、优美，具有现场感、说服力，在尊重对方的基础上有理有据地反驳，运用巧妙的语言艺术来完美地表达和诠释己方观点，以震撼人心的逻辑力量和较强的语言艺术，引起观众思想上的共鸣，最后赢得胜利，这需要大学生不断提升语言驾驭能力和对知识的熟练运用能力。

　　3. 演讲辩论活动的组织要求

　　以立德树人为主线确立演讲辩论主题。立德树人是教育的根本任务。演讲和辩论活动内涵丰富，形式多样，需要始终坚持把立德树人作为工作主线，紧密结合青年学生成长成才规律，贴合时代主题和社会热点，选题必须具有思想性和可辩性，内容应广泛涉及哲学历史、社会经济、文化教育、校园生活等方面，与时俱进地把比赛活动与育人有机结合起来，延伸思政课堂，培育和弘扬社会主义核心观，拓展育人阵地。

　　以系统培训为基础培养学生表达能力。演讲与辩论活动只是展示大学生语言表达能力的平台，大学生要想提高演讲与辩论的能力，专业的演讲与口才培训是必不可少的。高校应针对性地开设演讲训练，让感兴趣、想改变口才现状的学生得以弥补自己的不足。应建立科学的训练体系，包括念读训练、听说指导与训练、朗读朗诵、思维训练、态势语言训练等，让学生不只是模仿，而是掌握好交际与口才的技能，并能在现实生活中得以练习和应用。①

以明辨是非为契机激发学生全面发展。鼓励辩手们采用调研问卷、座谈访谈等多种方式，最大限度地掌握精确数据，在查找资料、阅读相关书目的基础上，多视角关注和思考社会热点、焦点问题，注重生活的感悟和理性的濡染，鼓励学生表达对生活的体会，引导学生以积极的心态发现问题、思考问题，进而解决问题。让他们在亲身经历中懂得做人的道理和学习的方法，锻炼技能，开阔眼界，培养团队精神、竞争意识、协作意识，引导学生独立思考，勇于创新，乐于协作。

三　文化艺术活动

1. 文化艺术活动概述

校园文化艺术活动是体现大学文化和大学精神的载体，是高校人文环境的重要组成部分，是展示大学生综合素质的重要舞台，是大学生接受素质教育，提高综合素质的重要阵地，是校园文化中最活跃、最丰富、最多样化的部分。校园文化艺术活动，形式多样，主题鲜明，特色突出，健康向上，体现时代特征、校园特色和学生特点，展现大学生爱国爱校、乐观开朗、积极向上的精神风貌和高雅健康的审美追求。

文化艺术活动能够弘扬主旋律，讴歌新风尚，激发热爱祖国、热爱集体的真挚情感。它不是枯燥的教育，也不是简单的思想灌输，而是让学生在参与中学习、在学习中成长，并享受增长知识、交友、协作和提升综合素质的快乐。它能够充分发挥不同学生的个性、兴趣、爱好，吸引他们在活动中体现自身价值、培养意志品质，在参与中得到艺术的享受、精神的愉悦和思想的净化。

文化艺术活动以弘扬民族精神为核心，以先进文化为导向，结合社会发展的时代要求，体现思想性与艺术性相统一，遵循"规范化、品牌化、特色化"的原则和为全体学生服务的出发点，让各个层次、最大范围的学生全面参与，发挥广大同学的主观能动性，使他们都能得到施展才华、提高素质、陶冶情操的机会，营造健康和谐的校园文化环境，促进大学生综合素质的全面发展。

① 李亚珍：《浅析提高大学生演讲与口才能力的途径》，载《科学导报》2014 年第 16期。

2. 文化艺术活动的功能

文化艺术对人的道德教化作用是其他教育所不能替代的。校园文艺活动内容贴近学生实际，可以增强学生识别真、善、美的能力，是丰富学生的精神生活，培养高尚的道德品质，提高学生的综合素质，引领大学生思想水平和道德判断能力的重要平台和精神资源。大学生参与主流文化下的文艺活动，能够提升自己审美情趣，学会辨别是非，学会欣赏，学会审美。优秀的校园文化艺术活动，可以通过音乐、舞蹈和美术展览等载体进行德育的渗透和宣传，陶冶、美化人们的心灵，使广大学生自觉抵制不健康、不文明的行为，向往高雅、有品位的文化，促进大学生形成稳定健康的思想意识，正确地评价社会和认识自我。

当代大学生文化知识结构存在失衡现象，缺乏对中国传统文化、历史、世界文化遗产和高雅艺术知识的了解，存在重实用知识、轻人文知识的现象。丰富的校园文化艺术活动，能满足参与者的求知欲。如参与节目创编、新闻报道有利于培养学生的写作能力；欣赏外文歌曲、英语短剧等节目有利于提高学生的外语水平；观看语言类节目有利于提高学生的人文知识等。校园文化艺术活动可以有效地提高大学生的形象思维能力，培养他们的想象力，促进创造思维和逻辑思维的协调发展，形成良好的学习认知能力。

校园文化艺术活动，将有各种兴趣爱好的学生，统一于提高素质、陶冶情操、丰富生活、全面成才的环境之中，使每个学生在自己感兴趣的天地里得到个人能力的充分挖掘和展示。大学生通过组织和参与校园文艺活动，不仅精神生活得到满足和充实，又能提高自己的适应能力、实践能力、业务能力和创新能力，培养自尊、自律、自励、合作等良好心理品质，学会如何处理人际关系、高效率地做事，培养善于交往、适应性强的全面的社会适应能力。

3. 文化艺术活动的组织要求

充分发挥思想引领的导向作用。在兼容并蓄的多元化文化环境中，对校园文化艺术活动的管理不能是放任自流的，应坚持以社会主义核心价值观为主导，做到有创新有活力，传播正能量，把道德规范和大学生行为准则具体化、形象化，把正确价值观融入校园文化艺术活动之中，以潜移默化的方式影响学生，通过观看文艺表演，让学生在内心形成一种真善美的自我陶冶能力。

充分发挥专业教师的指导作用。高水平校园文化艺术活动的开展，需要较强的专业知识和政治素养，专业教师的指导不可或缺。一方面，思想政治指导教师要引导学生组织、策划、弘扬主流文化思想的活动，对活动的指导思想和活动目标进行清晰明确的定位，跟踪活动组织的全过程，并做好深入的活动反馈和总结；另一方面，艺术专业指导教师应积极参与到大学生文化艺术活动的指导中，帮助提高学生文化艺术活动的质量，通过活动提高大学生的文化艺术素养。

充分发挥文化艺术活动的辐射作用。传统的文化艺术活动参与面较窄，除了有特长的学生参加表演和组织外，其他学生参与度较低，使得文化艺术活动的育人"面"受到较大的制约。学校管理部门应积极拓宽文化艺术活动的参与度，对活动的具体内容、形式、方法进行精心设计。活动方案要立足现实，放眼未来，力求创新，具有特色。要考虑活动的参加者能否积极、踊跃并从中受到启迪，活动的形式、内容、实施步骤和活动效果等因素，使得文化艺术活动的组织安排合理，操作性强。在教师的指导下，无论是台前的排练和演出，还是幕后的剧务和协调，都交给学生独立完成，台前的学生可以提升自身的艺术素质，幕后的学生又能锻炼自身的组织协调能力，作为观众的学生可以普及艺术知识，培养和提高艺术品位和鉴赏能力，从而达到全方位锻炼学生能力的目的。

第二节　社会参与类课外培养活动

社会参与类课外培养活动，主要有两大类，一类是社会实践活动，另一类是志愿服务活动。这两类活动都是通过参与社会活动，接触社会、了解社会、认识社会、服务社会，从而实现提高能力、增加才干的目的。

一　社会实践活动

1. 社会实践活动概述

社会实践是大学生按照学校培养目标的要求，有目的、有计划、有组织地参与社会政治、经济和文化活动的一系列教育活动的总称。它是高校学生有目的、有计划地深入现实社会，参与具体的生产劳动和社会生活，培养正确的社会观和人生观的过程，是大学生了解国情、增长才干，培养创新和实践能力的重要途径。

团中央、教育部在《关于进一步加强和改进大学生社会实践的意见》中将社会实践活动定义为以了解社会、服务社会为主要内容，以形式多样的活动为载体，以稳定的实践基地为依托，以建立长效机制为保障，引导大学生走出校门、深入基层、深入群众、深入实际，开展的教学实践、专业实习、军政训练、社会调查、生产劳动、志愿服务、公益活动、科技发明和勤工助学以及"三下乡""四进社区"等活动，比较全面地归纳了社会实践活动的目的、形式、保障以及活动开展的具体内容。

社会实践活动是提高大学生综合素质和能力的重要课堂。通过开展社会实践活动，让学生耳闻目染改革开放以来我国政治、经济、文化、社会的发展和变化，了解社会现状，提高思想水平。通过把书本知识与具体实际相结合，使学生自觉将理论和实际、学校与社会、课内与课外有机地结合起来，既有利于提高他们分析问题、解决问题的能力，更有利于增强学生的就业竞争力。近年来，随着时代的变化，大学生社会实践活动越来越受到社会各界的重视。社会实践活动的内容也从单一性走向多元化和多样性，活动的模式已从集中性、短期性走向社区化和持久化。目前我国高校的社会实践体系包括两大部分，一部分是由高校教学部门主管的教学性社会实践，如军事训练、生产实习、教学实习、毕业实习等；另一部分是由共青团组织及学工部门主管的以"受锻炼、长才干、做贡献"为宗旨的文化科技卫生"三下乡"活动、勤工助学、社会调查活动、自主创业活动等。后者是课外培养活动的范畴，我们主要讨论后一类社会实践活动。

2. 社会实践活动的功能

在体验社会中增强道德判断能力。社会实践活动是提高大学生思想道德素质和道德判断力的重要途径之一，能够帮助大学生了解我国社会主义初级阶段的基本国情、基本矛盾，提高对社会主义的认同感，对大学生道德品质的形成和发展有着巨大的推动作用。大学生通过参加社会实践活动，可以切身感受祖国建设发展的成就和艰辛的发展历程，对基本国情有更深刻的理解，尤其是对我国当前经济社会发展不平衡的现状有更加深刻的认识。通过社会实践活动，可以丰富大学生的道德认知，促进他们对社会道德体系的独立思考和深入理解，从而逐步形成个人正确的道德品质和判断能力，激发他们的爱国热情和学习动力，更好地服务社会，报效祖国。

在开拓探索中增强学习思考能力。社会实践活动对于培养学生的学习思考和创新实践能力十分重要。通过社会实践，大学生能够与不同的人接触，提高观察能力、反应能力和动手能力，强化创新能力。目前的大学生社会实践活动多数是在老师的指导下，由学生独立自主完成的，虽然指导老师在实践过程中会给予学生一定的指导和帮助，但更多的是学生的自我实践，这种实践有利于培养学生的开拓精神和研究精神，培养学生的独立思考的能力和自我学习的能力。学生在独立实践的过程中，将实践经历与所学的专业知识相结合，促进了更加深入的学习和思考。

在团队实践中增强合作竞争能力。目前我国的大学生社会实践活动大多是由社会实践团队集体来完成的，很多实践的成果也是集体智慧的结晶。社会实践活动为大学生培养合作能力和团队精神提供了良好的平台。比如，要完成一篇高质量的调查报告，需要做大量的准备工作，包括前期策划、问卷的准备、发放、回收、统计，调查报告的撰写等，需要大学生分工协作才能最终完成。通过分工，学生们各司其职，提高了工作的效率，同时也提高了大学生的协作意识。社会实践活动融实践性、教育性、团队性、社会性于一体，能够让学生在其中感悟合作的价值、互助的意义，使学生懂得协作是在相互尊重和理解基础上的密切配合与支持。

在实践磨炼中增强社会适应能力。大学生走进企业、工厂、农村、社区进行实践活动，亲自到生产第一线进行调查研究，并进行实际的生产和工作演练，了解生产工作实际，增加了对社会的了解，尤其是社会对人才素质的要求，能够使大学生更加了解自身的优势和存在的不足，有目的、有针对性地进行自我设计，明确未来发展的道路和努力的方向，培养劳动的习惯、节俭的习惯，培养吃苦耐劳、坚忍不拔的品质，培养自信、乐观的性格，缩短就业后的适应期，为将来走向社会做好充分准备。

3. 社会实践活动的组织要求

坚持成长成才基本导向。大学生社会实践活动应明确和突出以实践育人为主线，坚持系统化、整体化和规范化的基本原则，在开展社会调查与考察、勤工俭学、技能培训、科技创新创业、就业实习等课外培养活动中，要始终坚持学用结合、双向受益和灵活多样原则，尝试将组织、管理、运行交给学生自主进行，注重对学生意志品质、道德素养、自我认知、交流协作、认识社会等方面的培养和考察，保证学生的知识、素质与能力的全面协调发展。逐步探索建立面向全体学生、分层次、分内容的社会实践活动模式，在进行社会实践活动设计时应该充分考虑全体学生的共同需求，根据不同层次学生的学习情况设计不同的内容，更加贴近学生的实际需求和接受能力。一年级学生的社会实践活动应主要侧重于以适应大学生活和生产劳动为主的活动，培养学生的吃苦耐劳精神和感恩意识；二年级学生的社会实践活动应主要侧重于社会调查活动以及与专业相关的活动，培养学生的调查分析能力和专业意识；三年级学生的社会实践活动应主要侧重于结合专业所学开展的专项社会服务活动，培养学生理论联系实际的能力和对知识的综合运用能力；毕业班学生的社会实践活动应主要侧重于专业实习和实践，提高社会适应能力，提高就业技能和创业能力。高校应将社会实践与勤工助学有机结合起来，积极引导学生参加各类勤工助学活动，增强学生的劳动意识和劳动技能，提高学生的自立、自强意识，树立劳动光荣的良好风尚。

加强社会实践基地建设。社会实践基地是高校与地方企事业单位、城市社区、乡村共同设立的为大学生社会实践提供服务和支持的平台，是开展社会实践活动的重要载体和依托。社会实践基地化是大学生社会实践由"游离式"向"定点式""分散式"向"集中式"转化的重要途径。《关于进一步加强和改进大学生社会实践的意见》中提出，学校要主动与城市社区、农村乡镇、爱国主义教育基地、企事业单位、部队、社会服务机构等联系，本着合作共建、双向受益的原则，从地方建设发展的实际需求和大学生锻炼成长的需要出发，建立多种形式的社会实践基地，使学生受锻炼，当地见效益。要切实发挥社会实践基地的作用，真正发挥各类实践基地在学生道德素质养成、技能提高、服务社会中的作用。在基地建立过程中加强调研，了解基地实际状况和学校人才培养方面的关系，围绕基地建设长期开展活动。建立社会实践活动基地要考虑到学校的人才规格和类型及所在地区的经济发展状况，要兼顾到人才、社会和经济的综合效益。

健全考核体系和激励机制。学校应统筹安排好活动的内容、形式、经费，明确活动的评价标准，不断与时俱进，不断创新评价体系，将定向与定量的评价方式融入社会实践的考评工作中去。把大学生参加社会实践作为对学生进行考评、评定奖学金、评选先进、确定入党积极分子、推荐研究生和择业就业的依据之一。把团干部、思想政治理论课教师和辅导员参加和指导大学生社会实践的情况，作为职务晋升、工作业绩考评的重要依据，并给予适当的工作补贴。在社会实践评价考核基础上，创建社会实践"品牌"工程，树立社会实践工作中的先进典型，以起到激励争先、示范、引领作用，充分调动广大师生参与社会实践的积极性和主动性。

二　志愿服务活动

1. 志愿服务活动概述

志愿服务是指大学生通过一定的组织形式，以志愿服务精神为支撑，不以营利为目的，以自己的知识、技能、劳力、时间等贡献服务社会，为促进社会的文明进步和自身综合素质的提高而进行的各项社会服务活动。从20世纪50年代大学生社会服务公益劳动的开展，60年代"学雷锋"活动的热潮涌动，70年代依托学雷锋小组、公益劳动、文明校园创建等志愿服务活动的逐步实施，90年代青年志愿者行动的蓬勃发展，到21世纪北京奥运会后志愿服务事业的不断完善，中国青年志愿者行动已经在全社会逐步展开，在此期间，大学生志愿服务作为中国青年志愿服务的主力军，在各种志愿服务领域中都发挥了积极的作用。随着大学生参与志愿服务的深度和广度不断扩展，志愿服务活动已不仅仅是大学生参与社会实践的重要形式，更重要的是它已经成为培育广大青年的公民意识和弘扬良好的社会道德风尚的重要途径。

1994年12月5日，团中央成立了中国青年志愿者协会。今天，大学生志愿者已经成为青年志愿者队伍中最活跃、最积极、最有影响力的一个群体，他们积极发挥着自身作用，奉献着自己的青春和力量，回报社会。我国大学生志愿服务始终在围绕时代背景和社会变革发展的主旋律而不断变化，当今的大学生志愿服务正在向着制度化、专业化、项目化、品牌化的方向发展，目前大学生志愿服务主要有扶贫开发、社区建设、环境保护、大型活动、社会公益事业、西部计划、国际志愿服务等服务内容和方向。

高校是社会主义核心价值观和精神文明的传播者，是现代社会文明的辐射源。大学生不仅是社会主义精神文明的先进代表，更是青年人的榜样和楷模。大学生服务他人，提升自我，在服务过程中所体现的无私奉献、友爱互助、团结进步，都促进着社会主义精神文明的传播，大学生志愿服务已经成为一种精神时尚，"我参与、我奉献、我快乐"生活态度和精神品质正在吸引更多的大学生加入志愿者队伍中。

2. 志愿服务活动的功能

在综合活动中培养大学生解决问题的能力。志愿服务活动具有极强的实践性和可操作性，为培养和锻炼大学生的综合能力提供了广阔的舞台。大学生在从事志愿服务前，需要对自己所要从事服务工作的具体职责有一定了解，需要经过培训，学习与志愿服务相关的知识，丰富其知识储备。在服务的过程中，大学生也会遇到各种各样的问题，在面对问题、分析问题、解决问题的同时，大学生积累了直接经验，提高了思维能力、创新能力、社交能力、发现问题和解决问题的能力，也获取了解决问题的经验、方法和信心。

在奉献帮扶中培养道德判断能力。学生在志愿服务中通过奉献爱心与服务社会的有机结合，使个体的人生价值得到了实现和升华。学生在帮助他人的过程中，能够感悟到志愿服务的意义，进一步弘扬社会正气，积累更多的社会经历和人生体验，增进其承担社会责任的自觉性，养成高尚的行为习惯，培养其对自己、对家庭、对社会勇于承担责任的品质，使大学生在实践活动中获得自我反省、评价、激励和提高，培养大学生正确的道德认识，高尚的道德情感、坚强的道德意志、坚定的道德信念、良好的道德行为习惯。

在社会服务中培养社会适应能力。志愿服务使学生运用所掌握的知识与技能为他人、为社会提供服务，有助于其激发学习动力，促进其提高知识水平和社会实践能力。大学生参与志愿服务组织管理，处理各种复杂问题，能够全面锻炼和提高其组织协调能力、语言表达能力、自我约束能力，接触社会，深入社会，体验生活，加深对社会的认知和了解，丰富自己的社会经验，体会到社会的需求与期望，激发其奋发有为的人生态度，提高适应社会的能力。

在协作共赢中培养团队竞争能力。大学生志愿者为了实现共同的目标和理想汇聚在一起，他们有着共同价值认同。在志愿服务过程中，大学生志愿者走出原有的人际交往圈子，走进新的团体，无私奉献，服从组织安排，彼此间不断地沟通、合作、进步，为了同一个目标大家共同地努力，形成了互相尊重、互相依靠、共同进步、携手奋进的关系，培养了大学生的团队精神和合作意识。

3. 志愿服务活动的组织要求

丰富大学生志愿服务内容。高校应进一步拓展大学生志愿服务的广度和深度，为大学生提供一个与时俱进的奉献爱心、服务社会、展现自我的平台。由于受志愿服务传统观念的影响，大部分志愿者组织和志愿者认为大学生志愿服务的服务对象仅限于残疾人、老人等弱势群体或某些特殊人群，并未将志愿服务扩展到全体社会成员的需求。今后大学生志愿服务的发展方向是向专业服务领域拓展，向国际化合作迈进。如大型保护生态环境的活动、抢险救灾、医疗服务、支教、支农、助学等活动，大学生志愿服务应更多地参与国际性志愿服务，如国际活动、国际会议等服务工作，不断聚集奉献青春、服务社会的正能量。

提升大学生志愿服务能力。大学生志愿服务水平取决于大学生志愿者的理论和实践能力，提高大学生志愿者的服务能力不仅能让大学生更好地参与志愿服务活动，还为完成志愿服务的目标提供了重要保证。高校要充分、发挥自我教育、自我管理、自我服务的功能，通过培训来提高大学生志愿服务活动组织者和参与者的能力水平，提升其将各种资源、力量进行有效整合，灵活运用各种方法的能力，提高其相关服务技能和协同合作的能力，把理论知识运用到实践中，在提高专业能力的同时增强实际操作能力，做到知行合一。

强化大学生志愿服务的意识。目前一部分大学生志愿者服务的主动性差，存在重索取轻奉献的情况，部分大学生过分强调利己性动机，过分重视参与志愿活动给自身带来的好处。有些大学生则是凭着一时激情参与志愿活动，没有很好地理解和重视志愿服务"奉献、友爱、互助和进步"的精神内涵，缺乏为志愿服务事业献身的抱负。高校应加强大学生志愿服务的引领和宣传，提高大学生的精神境界、服务意识和道德修养，不断端正服务动机，让参加志愿服务的同学明确自己的责任和义务，践行志愿服务的宗旨，在奉献中实现提高，在服务他人中得到快乐，在工作中体现主体意识，在感动中懂得责任和担当，理解志愿服务的真谛，使他们以正确的价值观参与志愿服务活动。[①]

完善大学生志愿者管理工作机制。不断完善志愿者的招募、培训、管理、评价、激励机制，是提高大学生志愿者素质和志愿服务水平的重要举措。高校应积极搭建大学生志愿活动的公共服务平台、信息平台、交流平台，做到广泛招募、合理使用，保护好大学生志愿服务的积极性；要建立志愿者登记制度，规范志愿者管理，及时有效地组织志愿者参加服务活

---

① 葛阳阳：《思想政治视域下大学生志愿服务成效及发展路径》，载《思想政治教育研究》2012 年第 6 期。

动；要建立信息反馈制度，及时了解大学生志愿服务情况，关注志愿者的服务时间和真实的服务效果，合理安排服务时间和服务任务，实现志愿者、服务对象和活动项目的有效对接；要设立高校大学生志愿服务方面的专门奖项和奖励基金，给予大学生志愿者精神与物质的奖励，并对先进事迹进行宣传报道，扩大影响力；要积极搭建大学生志愿者相互沟通交流的平台，通过开展形式多样的活动，让大学生在志愿者组织内交流和分享志愿服务的心得体会，激发大学生参与志愿服务的工作热情。

第三节　学生组织类课外培养活动

高校学生组织包括学生中的正式组织和非正式组织，正式组织包括学生党组织、学生团组织、学生会组织、学生班级组织以及有学校相关部门牵头组织成立的其他组织。非正式组织包括学生社团、学生学习小组、学生研究小组、学生志愿者服务组织、学生社会实践小组以及其他由学生发起成立的组织。根据课外培养的涉及面，这里重点讨论党团组织活动和社团活动。

一　党团组织活动

1. 党团组织活动概述

大学生党团组织是组织、动员和管理大学生的重要组织形式，是高校思想政治工作的传统载体，具有贴近青年学生的优势，通过宣传党的政治主张、理想信念和历史使命，吸纳新的成员，组织学生参与政治实践活动，引导优秀青年学生学习党的理论，锻炼政治参与能力，在培养大学生成为社会主义建设者和接班人的过程中发挥了重要作用。

先进性是学生党组织的突出特点。每年都有成千上万的大学生努力提升自己，积极向党组织靠拢，争取加入中国共产党。高校学生党组织建设是高校的党建工作中重要的组成部分，在高校开展学生党组织活动是保证党的事业后继有人和坚持社会主义办学方向的内在需要，是实现高校人才培养目标和各项事业健康发展的根本保证。目前高校多数成立有年级党支部，少数班级成立有班级党支部。

普遍性是学生团组织的突出特点。高校大学生中，绝大多数都是共青团员。高校学生团组织包括学校团委、各院系团委及班级团支部。高校各级团组织在学校党委的领导下，广泛开展学生的思想教育引导、素质深化拓展、校园文化建设、团的组织建设和学生成才服务等工作，一直是高校进行思想政治教育的重要阵地。充分发挥共青团组织的生力军作用是高校党建团建工作的重要渠道。

以高校党团组织活动为依托，继承和发扬党的思想政治工作优良传统，加强大学生思想政治教育，是高校思想政治教育工作的重要组成部分。不仅如此，高校应通过科学有效的党团组织活动，把政治优势和组织优势转化为大学生课外培养的优势，通过各种党团组织活动，培养包括大学生思想政治素质在内的各种素质和能力。

2. 党团组织活动的功能

通过政治实践活动培养大学生领导管理能力和参政议政水平。大学生要成为社会主义的建设者和接班人，必须要成为一个"政治人"。一个"自然人"转变为一个"政治人"的过程，是在学习和参与政治实践的过程中，学习政治知识和政治技能、形成或改变自己的政治思想和政治立场的过程，也是维护并发展一个社会政治文化的过程。高校政治理论课程开设的使学生获得政治的基本知识、获得马克思主义理论、培养学生的政治动机、引领他们学习参与社会政治生活，高校党团组织则主要通过政策宣讲、举办活动、开展教育等形式，培养大学生中先进分子领导管理能力和参政议政水平。比如，通过成立马列主义学习小组、政治理论学习小组、学生党员读书会等形式，讲解、学习、讨论马克思主义理论，丰富大学生的政治知识和政治理论；通过党支部、党小组、团支部、团小组的活动以及"党代会""团代会"等政治实践，对大学生进行政治价值观和政治能力的训练，提高参政议政意识和水平；通过举办"入党积极分子培训班""学生干部培训班""青年马克思主义者培养工程"等平台，对学生进行专门化、系统化和深入化的政治专业训练，帮助他们塑造政治人格，培养政治素质和执政能力。

通过政治教育活动提高大学生的政治思想觉悟。思想政治素质的提高是保持学生党员和团员先进性的基础和前提。通过党团组织活动，可以帮助学生树立科学的世界观、人生观、价值观，帮助大学生树立正确的思想道德观念，引导大学生不断追求更高的目标，确立马克思主义的坚定信念，使更多的大学生向党团组织靠拢，发挥其特殊的育人功能。广泛开展民主评议，通过党团组织进行集体讨论、交流谈心、思想汇报、批评与自我批评等一些群体性的自我教育，大学生在不断学习、比较和认识中克服错误思想，树立正确观念，进行经常性的自我反省、自我改造和自我管理，促使学生党团员主动提高自身思想认识和道德水平，自觉改正错误的思想和行为，促使自己的政治倾向和思想品德向正确的方向转化发展。

3. 党团组织活动的组织要求

发挥基层党团组织作用。党团基层组织是工作和战斗力的基础，开展组织活动应有明确、具体的责任要求和自觉、主动的工作精神。要努力创新学生基层党团组织活动方式，积极构建党团活动的阵地，丰富活动内容，增强凝聚力和战斗力，使其成为党团学习、党团交流、党团提高的主要场所和开展思想政治教育的坚强堡垒。学生基层党组织应负责组织学生党员和积极分子定期进行理论学习，了解党的路线、方针和政策；学生基层团组织应定期为团干部进行培训，宣讲时事政治、党的历史、党的传统、党性修养等知识，加强党员、团员的教育管理。党、团组织应不断扩大工作覆盖面，提高活动的效果，真正让大学生党员、团员在基层组织活动中受到教育，得到锻炼。

加强学生党团组织互动。高校党团组织必须坚持"党建带动团建，团建促进党建"的理念。大学生党团组织活动要在思想建设、组织建设、队伍建设、阵地建设等方面紧密衔接，不断推动"党团共建"，最大限度地发挥党组织的政治核心作用和团组织的先锋模范作用，形成强大的育人合力。团的组织建设应以党的组织建设为依托，科学、合理、灵活地开展各项活动，如成立党团活动小组，开展党员、团员结对子，党员带团员开展理论学习和社会实践等。学生党员在活动组织、学习表现等方面发挥先锋模范作用，组织开展理论学习、民主生活会、个别谈话等丰富多彩的活动来帮助团员提高政治素质和理论修养。学生团员应注重从学生党员身上学习和借鉴，并对学生党员的先进性发挥监督作用。同时，可以在网上成立优秀团员讨论群、党团活动小组群等，充分利用网络这个易于让学生接受的平台加强基层党团组织、党团员的联系，不断拓展党团组织工作的覆盖面。

提升学生党团组织活动质量。要以大学生党团员喜闻乐见的活动形式开展党团组织活动，增强思想引领的吸引力和渗透力。要积极创新思路，引导大学生党团员走出校门、深入基层、深入群众、深入实际开展活动，不断探索党团活动与专业学习、与服务社会、与勤工助学以及择业就业相结合的方法，充分发挥学生党团组织的优势。积极利用网络开展党团组织活动，指导党员、优秀团员参与网络管理，发布党政动态新闻，组织党团知识竞赛、播放优秀党性教育影片、开设时政专题论坛，同时在网站上答疑解惑。在发展党员的程序上充分利用网络传递的及时性、广泛性优势，将入党积极分子的考核与民主评议通过网络平台实施，将党员发展情况和拟发展对象在网络上进行公示，增强发展党员的透明性与实效性。①

二 社团活动

1. 社团活动概述

社团是高校学生基于共同兴趣爱好，按照一定的章程，经过有关部门的批准，以学生自愿方式组成并自主开展活动的业余性学生组织。

社团活动是高校开展大学生课外培养活动的有效载体。素质和能力培养是社团存在和发展的核心，是社团生命力的源泉。社团活动的积极开展，能够培养大学生健康、积极向上的精神风貌，扩大人际交往范围，培养团队协作精神，发挥自我教育、自我管理、自我服务、自我发展的功能，在拓宽大学生视野、完善大学生知识结构、提高大学生人文素质、促进大学生综合素质发展和能力的提高等方面都发挥着重要作用，是高校育人的一个重要渠道。

20世纪80年代至90年代，随着我国改革开放和社会经济文化的发展，大学生社团也蓬勃兴起，社团种类及参与人数逐年增加，社团管理日益成熟。进入21世纪十余年来，我国高校的学生社团的数量、类型呈现出百花齐放、生机勃勃的繁荣景象，在学生教育、管理中发挥着越来越重要的作用，大学生社团的发展进入黄金阶段。目前，我国高校学生社团主要分为理论学习和研究型社团、学术和专业型社团、社会服务型社团、兴趣爱好型社团等。大学生社团具有个体的自愿性、团体的公益性、组织的互利性、目标的一致性等一般社团的共性，同时又具有组织形式的自主性、组织成员的广泛性、组织机构的松散性、活动内容的多样性、活动方式的灵活性等大学生社团独有的特征。

随着高等教育体制改革的不断深入，大学生学习和生活方式不断发生

---

① 赵润彬：《试论如何通过党国组织加强大学生思想政治教育》，载《辽宁行政学院学报》2010年第7期。

变化，学生社团日益成为高校最具影响力和凝聚力的群体，因而也将成为高校实施课外培养的有效途径。

2. 社团活动的功能

能够提高大学生的社会适应能力和解决问题能力。社团活动能够增进大学生对社会的了解和认识，学会和适应用社会规范约束自己的言行举止，适应社会生活中的各种规范及生活方式，提升自身的社会化程度，提高大学生自治自理能力、组织管理能力和社会活动能力，为今后在社会中承担一定角色起到训练作用。在社团活动中，社团内部成员之间是一种平等的关系，学生自愿参加，没有强制性、命令性，组织者与参与者处于同一地位，社团干部及其成员要参与联系场地，解决经费，组织人员，疏通渠道等工作，从活动策划到效果反馈，每个环节必须由学生自己动手，亲自实践，促使学生学会有效地应付变化不定的情况，直面各种阻力与困难，提高学生处理事务的工作能力、交往能力、与他人共事的能力、管理和调解冲突的能力等解决复杂问题的综合能力。

能够提高学习思考能力和研究创新能力。大学生社团是开展各类文化艺术活动、科技学术活动、专业实践活动的良好平台，是成长成才培养的重要组成部分。各类社团活动不但培养学生的兴趣爱好和能力，也能巩固深化学生的专业知识，使大学生强化理论功底，提高专业素养和思维能力，激发学习兴趣，增强学习的积极性和主动性，养成勤于学习、善于学习、乐于学习的好习惯。社团活动具有个性化和民主性的特征，十分有利于培养大学生的创新意识和创新能力，大学生能够充分发挥想象力，按照自己的想法组织活动，提高了实践能力和创新能力。

能够提高道德判断能力和合作竞争能力。学生社团拥有大量的思想活跃分子，经常探讨社会热点问题和人生问题，这非常有助于大学生树立正确的世界观、人生观和价值观，培养大学生的政治敏感性、政治洞察力和道德判断力，引导他们自理自律、乐于助人、奉献社会，全面提高道德修养和道德判断能力；同时，每一个社团成员都有着相似的追求和价值取向，对社团具有认同感、荣誉感和归属感，这对培养大学生的合作精神，提升社团的凝聚力具有重要意义。诸多学生社团在学校里共同发展，面临着人员、资源、活动项目等方面的激烈竞争。社团的生存和发展的现实需求，能够激发社团成员的竞争意识，不断提升竞争能力。

能够提高实施策划能力和组织管理能力。在具体的社团活动过程中，社团成员必须摸索如何协调各个部门之间关系，如何整合众多会员的资源，使社团影响力和覆盖面最大化，如何创造性地举办活动，吸引更多同学、吸收更多新会员，扩大社团在校内外影响力等实际问题，为个人才能的锻炼和施展提供了广阔的平台，有效地提升大学生的实施策划能力和组织管理能力。

3. 社团活动的组织要求

丰富社团活动内涵。高质量的、内涵丰富的社团活动是社团的生命力所在，也是增强社团凝聚力的关键。在社团实践活动中要充分尊重学生的个性，发挥学生的特长，提高学生的主体性、创造性，实现学生发展与学校发展、社会发展和谐统一。在组织策划社团活动中应转变思想，与时俱进，紧跟时代步伐，要符合当代大学生的特点和需求，在社团的运作与发展上做文章，在社团活动的内容、组织形式上不断推陈出新，灵活选择政治性、思想性、知识性、学术性、娱乐性的活动方式，在多样化的活动中融入爱国主义、集体主义、社会主义、职业道德、公民道德等内容，精心谋划，全面筹备，科学组织，不断提高社团活动的层次和质量，增强社团的吸引力和凝聚力，扩大社团的影响力。社团之间应加强交流与合作，充分利用校园广阔舞台和丰富资源，实现优势互补和资源共享。

注重社团文化建设。大学生社团文化是大学文化的重要组成部分，是大学生社团在长期的活动中所创造的精神财富、文化氛围，是社团精神风貌、价值观念、行为准则等方面的综合反映，包括社团形象、社团精神、社团品牌等诸多方面，社团文化是社团的核心竞争力。优秀的社团文化是一种无形的力量，能够展现社团人积极进取的状态，充分发挥社团的潜能，凝聚社团人对社团未来的美好向往。一个社团的文化底蕴越深厚，精神支柱越牢固，个性越鲜明，就越有生命力。社团文化建设要内修精神、外树形象，树立正确的价值观和行为规范，坚持正确的发展方向，积累属于社团的精神文化财富，具备团体意识和共同的价值观，遵循共同的精神内涵，担当共同的责任和使命，促进社团稳定、健康、持续地发展。

强化社团科学管理。应以强化社团的多样性和内容的丰富性为核心，做好长、中、短期发展规划，建立一套完善的高校社团设立制度，明确规定所成立的社团人数、类型、经费、活动内容、活动目标等，建设更加规范、高效、科学的社团日常管理制度。要加强竞争激励机制，定期举行社团评优活动，通过社团自评、互评、典型示范，不断推进社团的发展和社团活动的优化，促进各社团之间良性竞争，激发指导教师和社团成员的工作积极性和热情，充分发挥社团活动在人才培养中的作用。

第四节　学习研究类课外培养活动

大学生学习研究类活动包括各类学科竞赛活动和课外研究活动，如数学建模比赛、英语演讲比赛、机器人大赛、"挑战杯"比赛等，是培养大学生学习、研究、创新能力的重要途径。

一　学科竞赛活动

1. 学科竞赛活动概述

大学生学科竞赛活动是在紧密结合新技术应用或课堂教学的基础上，用以赛代教的形式培养学生综合素质和能力，通过竞赛任务来引导学生发现问题、解决问题，增强学习兴趣及研究的能动性，培养学生的团队合作意识和创新精神的系列化活动。大学生学科竞赛侧重于培养创新意识和创新思维，强调考察参赛大学生实际分析、解决问题的能力，具有趣味性、实践性、探索性和自主性的特点。学生可以根据自己的兴趣，运用所学知识，发挥自身优势，进行学科探索和尝试。开展学科竞赛，能够培养学生科学严谨的态度和勇于探索的精神，是学校课堂教学的重要拓展。目前我国针对大学生举办的全国性竞赛主要有大学生数学建模竞赛、大学生英语竞赛、大学生电子设计竞赛、"挑战杯"大学生课外科技竞赛、"挑战杯"大学生创业计划竞赛、全国大学生机器人大赛、全国大学生物理竞赛、全国大学生力学竞赛以及以赞助商命名的各种知识大赛、设计竞赛、能力大赛等。

2. 学科竞赛活动的功能

在主动学习中培养学习思考能力。学科竞赛活动是对大学生在课堂上学习的理论知识重新组织、梳理，结合实际和实践需求，完成理论知识到实践行为的转变的过程。要求大学生除了需要掌握课堂理论知识以外，还需要自行拓展专业相关的最新研究进展，甚至还需要主动学习和掌握专业以外的知识内容。学生在参加学科竞赛的过程中，对知识内容的潜在要求和完成作品的"使命感"会大大激发大学生主动学习的热情和兴趣。他们必须寻找科学、有效的途径进行创作，查阅资料学习新的知识，掌握解决问题的方法，主动请教老师、学长，进行科学实验，在反复失败和磨合的过程中，找寻成功的途径和方法，提高学习思考能力，增强主动学习意识。

在综合实践中培养研究创新能力。学科竞赛是大学生综合运用基础知识解决实际问题，从而实现理论到实践转化的一个平台，通常都具有一定的应用背景或项目背景，要求作品或成果达到高水平、高质量、高效率、高技术含量的目标，内容广泛，综合性强。竞赛要求学生不断提高自主查阅资料、分析问题、解决问题、综合设计、语言表达等方面的素质，既要有较宽的知识面、扎实的基本功和雄厚的理论基础，也要有较强的综合分析问题能力、综合设计能力和综合调试能力，从而在高度综合的科研实践中全面培养学生独立思考、发掘创新的研究能力。

3. 学科竞赛活动的组织要求

营造大学生学科竞赛活动的良好氛围。学校应充分利用各种传统与新兴媒体，以学生喜闻乐见的形式，全方位展示各种科技竞赛成果，大力表彰获奖团队与优秀学生代表，广泛分享参赛的体会和收获，积极宣传参加学科竞赛活动对大学生自身综合素质和能力的提高所起的重要作用，激发广大同学的创新能力和参赛热情，并最终将学生的参与热情转化为创新研究的持久动力。

建立大学生学科竞赛活动的科学体系。学校应根据大学生能力和素质差异，兼顾"大众创新"和"精英创新"的需要，多层次地设计开展课外学术科技活动。比如，利用"科普宣传""科技展览""学术论坛""学术报告会"等形式，对广大学生普及科技创新理念，为竞赛活动奠定基础；利用各级各类专项研究项目对有一定创新能力的学生进行培养和锻炼；利用大学生科研立项、"挑战杯"大学生课外学术科技作品竞赛和创业计划竞赛等赛事选拔，培养具备较强的综合能力与创造力的学生。同时，学校应鼓励、选拔具有一定科研潜力的学生参与到教师科研课题中，低年级同学协助教师做基础性的研究工作，高年级学生可以直接参与课题研究，在教师指导下完成项目设计、数据处理、结果分析，并最终参加比赛。学校还应积极聘请知名专家、教授和中青年骨干教师为学生的科技创新活动答疑解难，进行科研方法的指导，组织学生科技项目的立项评审和各类学生学术竞赛参赛项目的培育选拔工作，促进学生创新素质的形成和发展。

完善大学生学科竞赛活动的管理机制。学校应通过科学有效的机制激发教师和大学生参加学科竞赛活动的主动性和积极性。根据学校实际，将教师指导学生学科竞赛工作纳入科研和教学工作量核算中，对在指导中取得成绩的教师给予奖励，并在职称评定、评奖评优等方面给予优先考虑；对参加各类学科竞赛获奖者给予物质奖励，学校划拨专项基金，对重点项目进行资助，制定《大学生课外学科竞赛活动管理办法》《课外培养学分认定办法》等制度和规范，根据项目研究成果的水平，对从事学科竞赛活动的学生给予学分，将学科竞赛成绩与奖学金评定挂钩，纳入优秀学生的推荐和评定，激励学生参与学科竞赛的热情。

二 课外科研活动

1. 课外科研活动概述

大学生课外科研活动，是指大学生利用课余时间，在指导教师的指导下，为培养创新精神和科研能力而开展的学术研究、发明制作、科学探索等活动。课外科研活动是实现课内培养与课外培养相结合、理论与实践相结合、教师指导与学生主导相结合的重要环节。大学生在课外科研活动中，能够完善知识结构，激发求知兴趣和学习主动性，学会将所学知识运用到实践之中，提高科研能力、积累科研经验，增强大学生在调查研究、资料收集、发现问题、解决问题、沟通协调、团队协作等方面的能力。大学生课外科研活动是高校培养高素质人才的重要途径，大学生在校期间参与课外科研活动的成绩，越来越受到国内外大学选拔研究生以及用人单位的高度重视。

2. 课外科研活动的功能

在科研实践中培养研究创新能力。在科研过程中，学生要参加课题设计、文献查找、资料收集、实验操作、调查研究、数据处理、结果分析、论文撰写等实践工作。在这一系列过程中，学生自始至终处于独立思考、积极探索的状态，能激发学生对知识的渴求，促使学生更主动地学习，培养进取精神和批判、质疑精神，敢于冲破传统理论的束缚，用严谨创新、求真务实的态度去发现问题、解决问题。科研活动能巩固和强化学生的专业知识，扩展学生的视野，更新固有思维和经验，引导学生转变观念，学会收集、利用资料和信息的方法，懂得如何运用"科研"的头脑去思考问题，有助于培养学生创新思维和创造能力。

在协作研究中培养合作竞争能力。在课外科研活动过程中，师生围绕共同的研究目标展开交流，相互学习。学生在老师的指导下不但可以获得学习方法和综合能力的提高，更能通过教师的言传身教，形成严谨的科学作风和坚韧的科学精神，端正治学和做人的态度；同样，教师也能在与学生的思想交流中碰撞出新的火花。① 协作科研的过程将成为师生之间、学生之间建立和谐互动关系的重要激励因素，引导学生处理好个人与他人、个人与集体、名利与责任、科学与道德等关系，培养集体主义观念和合作竞争能力。

在知识能力转换中培养社会适应能力。大学生通过科研活动这一"纽带"，使知识、能力形成了相互转换、互相促进、相辅相成的关系。一方面，所学的知识可以通过科研活动转化成能力与素质；另一方面，能力与素质通过科研活动促进知识的学习与吸收，加速了大学生自身从单一型向复合型、从封闭型向开放型、从知识积累型向能力创新型的转化，学生可以将所学的理论知识在实践中进行检验和完善，增加理论知识理解的同时全面深入地积累专业实践经验，缩短了学生走上工作岗位后的适应期。

在学术探索中培养写作能力。科学研究需要学生整体地把握并了解自己感兴趣的研究领域中的热点，跟踪最新研究动态，搜集素材，撰写各种形式的科技文章。主要包括各种文件、手稿和出版物等，可分为专著、论文、报告、述评等科研所需的文本资料；各种有关科技工作的公文函件、计划、建议、总结、规程、合同等常用科技应用文；各类科普作品及科技消息、通讯、述评、调查报告等科技新闻稿。科技写作能力要求学生具备综合应用自然科学、人文社会科学的基本知识、基本理论和基本技能。在课外科研活动中可以使学生掌握信息的收集、资料的分析、论文的撰写等科研步骤和方法，掌握科研论文投稿的方法与技巧，养成自觉遵循科研伦理学术规则的习惯，培养运用概念、判断、推理的科学思维方式，能够使用严谨、准确、精练、逻辑性强的学术性语言，系统地表达自己学术思想、观点和主张。

---

① 石长虹：《浅谈大学生课外科研活动在学风建设中的作用》，载《长春教育学院学报》2012 年第 6 期。

3. 课外科研活动的组织要求

注重教师的专业指导。大学生科研活动的展开离不开科学的指导，教师的科研能力直接影响和制约着大学生科研活动的开展和科研水平的提高。教师要根据自己的科研经验指导学生如何选题，如何搜集和利用参考资料，如何树立正确的科学态度，如何运用科学的研究方法，如何申报科研项目等。学校应加强组织优秀的指导教师在研究方法上给予学生科学指导，明确指导教师工作的针对性，让大学生接触新事物，启发其提出新问题、新观点，并重点关注大学生思考问题的独特性、新颖性，鼓励其标新立异。对于学生探索过程中出现的偏差，应当及时帮助分析、引导，激励学生大胆实践、勇于探索、推陈出新。

增强科研活动的普及性和覆盖面。尽管参与课外科研活动的学生人数逐年增加，但是相当一部分学生还处在观望之中，有些是想参与课外科研活动但不清楚具体的内容和政策，有些是对自己能力认识不足缺乏参与的信心。学校应加大对课外科研活动的宣传力度，通过入学教育、课堂教学、班级会议、党团会议、动员大会等各种形式，向广大学生宣传大学生课外科研活动的内容和作用，调动学生参与科研活动的积极性。与此同时，学校还应营造出课外科研活动的良好氛围，树立大学生课外科研的典型，宣传他们的事迹，发挥学生榜样的影响力，让学生正确了解和认识课外科研活动，积极参与其中。

增强大学生课外科研活动的针对性。不同年级的大学生的科研意识与科研水平存在着明显的区别。学校应从大学生的实际出发，有针对性、分层次、有步骤地培养大学生的科研能力。对于大一的新生，要通过组织学生开展专项调查、社会实践、专题征文等活动，重点培养他们的问题意识和探索的兴趣；对于大二和大三的学生，要通过引导申报或者参与科研项目把他们的问题意识发展成为科研意识，探索兴趣发展成为科研兴趣，研究热情发展成为研究能力；对于大四的学生，则应通过完成课程设计、毕业设计等系统性的科学研究，全面锻炼和检验大学生科研综合素质。

完善大学生课外科研活动管理机制。随着国家以及各高校对大学生课外科研活动的重视程度日益增加，大学生课外科研活动的参与人数快速增长，活动的内容形式不断丰富，需要系统化、规范化的机制作为保障。要根据大学生的身心特点、知识结构以及教师的研究经验，进一步明确大学生课外科研活动的目的和发展方向，规范科研活动的立项流程、管理办法、经费投入、奖励机制、成果转化、指导老师遴选等内容，避免活动的形式化和盲目性，切实提高大学生课外科研活动的质量和水平，实现课外培养的培养目标。

第 七 章

大学生课内与课外培养双轨并行

大学生在校期间，既要完成本专业培养方案规定的所有理论课程、实验或实训，以及其他实践环节，还要主动地参与到培养方案规定之外的、由学校主导的课外培养环节中，实现课内与课外培养的有机衔接，获取理论素养和实践能力的同步发展。

第一节　树立课内与课外培养一盘棋思想

大学生课外培养是高等教育的另一教育形式，与课内培养同步进行，共同实现人才培养的目标。但是，课内与课外培养在制度层面上、在培养环节上、在时间占用上有明显的区别。我们要处理好两者的关系，在以学校规定的培养方案基础上，同步实施和正确选择课外培养内容，使课内培养得到进一步的拓展和有效的补充，大学生知识结构得到科学完善，学习效果得到充分提高，实践能力得到强化锻炼。课外培养与课内培养的有效结合，构建高校人才"双轨并行"培养模式，构筑现代大学人才培养的新机制。《河南科技大学大学生课外培养工作指导纲要》中明确指出"课外培养与课内培养是人才培养的两条主要轨道，课内培养是课外培养的前提和基础，课外培养是课内培养的拓展和延伸，两者紧密配合，互相补充，贯穿于大学教育的始终。课内培养工作主要由教学工作系统组织完成，课外培养工作主要由学生工作系统组织完成"。

一　充裕的时间是课外培养的基础

目前，世界上大部分高校都实行了弹性学分制，要求学生在校期间必须修满专业培养方案规定的必修课和选修课最低要求学分数。"学分"是用来计算学生学习成绩的一种单位，对学分所代表的学习量或者需要的学习时间各国都有不同的规定：如美国一些州学分的获得一般按"卡内基单位"计算，每单位代表1学年中至少120小时的课堂教学；加拿大顺利修完最低110学时的课程学习就可以获得1学分，最低55学时获得1/2学分；日本文部省标准规定，1课时或1节课为50分钟，受35课时的教学为1学分。美国卡内基教学促进基金会提出的学分定义得到了广泛认可：一个学分约等于一个学生在课堂或实验室从事1小时学术工作并且连续一个学期的量，它不包括学生与教师或同学进行的课外讨论与交流、准备考试以及从事其他与课程有关但与课程教学无直接联系的学术工作的量。

我国大部分高校规定学生应该修满130—200学分。比如北京大学数学科学学院的数学与应用数学专业、统计学专业、信息与计算科学专业准予毕业的总学分为134学分，其中全校公共必修课32学分、理科平台课程43学分、专业必修课8学分、专业方向选修课33学分、全校通选课12学分、毕业论文6学分。河南科技大学数学与统计学院的数学与应用数学专业、信息与计算科学专业、统计学专业准予毕业的最低学分为185学分，其中通识课程48学分、学科平台课程88学分、专业方向课程18学分、实践教学31学分。

如果每学分按照理论课时16学时简单折算，应该是2080小时到3200小时。而大学四年，每年按照250天的在校时间，每天按照10小时的可利用时间计算，应该有不少于10000小时的可利用时间。也就是说，一个大学生在大学期间完成学校规定的课内培养，最多需要时间为3200小时，另外有超过6800小时的课外培养时间。

随着高校对人才培养成效的反思和教育改革的推进，我国高校大学生的课外培养时间也会逐渐增加，大学生接受课外培养的时间也会越来越多。如果大学生没有自己的学业规划或职业生涯规划，如果学校没有较好地引导学生参加课外培养或者没有设立丰富多彩的课外培养内容，学生将大量时间都投入到网络游戏、打牌娱乐等活动中，将是人才的极大浪费。所以说，从大学生在校期间的时间分配看，课外培养是大学生度过青春岁月的必然需要。

二　提升能力是课外培养的目标

人才发展的全面性与大学教育的多样性密切相关。西方学者高度关注学生发展的整体性哲学：大学的人才培养成果是"相互依赖的，学习是一个整体性的过程，而不是相互分割的。在多种环境中运行的多重力量共同塑造着学生的学习"①。因此，课堂学习获取理论知识，仅仅是大学生活的一部分，大学生还要通过各种场所、各种形式、各种活动等课外培养环节，学习多种多样的知识和技能。哈佛大学前校长德雷克·博克认为，课外培养更能帮助学生在某些重要方面的成长，"要学会团队合作，最好是加入一支运动队、参加学校的话剧表演，甚至参加到社团活动之中，而不是上课、上图书馆学习……要对贫困人群感同身受并形成扶贫信念，最好是参与帮助无家可归者的活动，而不是听有关贫困的课程"②。因此，不能把学生禁锢在教室和课堂里，大学生有许多知识的学习、许多素养和技能的培养，要在教室和课堂之外完成。课外的培养是大学生成长的一条重要轨道。

在大学学习期间，学生都是分专业进行培养的，每个专业的学生都必须掌握多种实践能力，主要包括一般实践能力、专业实践能力和综合实践能力。一般实践能力是指各专业大学生必须掌握的一些适应当前和未来职业活动、生活活动和社会活动的基本实践能力，主要包括独立生活能力、环境适应能力、交往合作能力、语言表达能力、计算机应用能力和外语应用能力等；专业实践能力是指完成某种职业活动所必须具备的实践能力，如工科类专业学生需具备绘图能力、实验能力、设备仪器使用能力、加工操作能力等专业实践能力；综合实践能力是指完成复杂任务和解决新问题所具备的实践能力。这三种类型的实践能力是相互联系、相互促进的，其不同的组合将形成不同结构、不同水平的实践能力。③ 学生的实践能力一般是通过观察—模仿、尝试—错误而自发形成的。由于在课堂（教室）

---

① 朱红、李雪凝：《我国高校学生工作与学生发展的关联性》，载《高等教育研究》2011年第8期。

② 德雷克·博克：《回归大学之道：对美国大学本科教育的反思与展望》，华东师范大学出版社2012年版，第34页。

③ 何万国、漆新贵：《大学生实践能力的形成及其培养机制》，载《高等教育研究》2010年第10期。

教学环境中，受时空等条件的限制，学生实践活动的范围和时间有限，因此，要创设丰富多彩、形式多样、全天候开放的课外培养环境，这对大学生多样化的实践能力训练具有重要的作用。

课内与课外培养相结合，构成了高校人才培养不可分割的"双轨"，教师通过教学系统开展课内培养，增加学生的理论知识，构建学生的知识结构；学工干部通过学生工作系统开展课外培养，使学生获取更多的实践能力，提高学生适应社会需求的各种能力和素质。通过课外培养与课内培养共同作用，构成"双轨并行"的新模式，才能实现全面发展的人才培养目标。

三　课内与课外培养相结合

课内与课外培养在教育目标上是一致的。培养人才是高校三大功能之首，学校对学生负责，将他们培养成有用之才，是义不容辞的，而学生寻求学校全方位的培养，则是为了更好地提升自己。从这个意义上来说，课内与课外培养两者的目标是一致的，这也是课内与课外培养相结合的基础。

课内培养与课外培养虽然是作为一个整体对学生的素质和能力发挥作用的，但两者在学生素质和能力培养过程中的作用和地位并不是平行的关系。课内培养基于其系统性、全面性、集中性、稳定性、深刻性等特点，一般都发挥着主导性作用；而课外培养主要是以实践或活动方式进行的教育，是一种以学生主动参与和体验为特点的教育活动，是一般意义上的课外活动无法比拟的。课内培养和课外培养共同构成学生的培养过程，两者互相促进，相互补充，不可替代。要充分发挥课内培养的优势，帮助大学生打下坚实的理论基础，形成科学思维方式和知识结构，进而充分利用课内培养取得的成果，对学生通过各种各样教育渠道获得的知识进行整合、系统化。

课内与课外培养的结合，形成共性与个性之合力，成为现代教育多元化发展的特点，也是高等教育发展的趋势，是任何单一教育所不能代替的。课内与课外培养的有机结合，有利于建立全方位培养体系，进一步优化培养环境，实现全面提高大学生综合素质和能力的教育目标。

四　共同推动大学生个性化发展

课内与课外培养各自优势显而易见，有时是一致的，有时也是互补的。强调任何一方或忽视任何一方都是不客观的，都不利于大学生成长成才。大学生接受课内培养是一个全面、系统、持久的过程，课内培养主要是针对学生共同点、社会普遍需求的"共性教育"，这种教育的最大特点是"标准化"，即在教学过程中，力求使更多的学生在某一阶段都达到某一标准。而人都具有独特性和个性，人与人的区别不仅表现在外貌上，还表现在心理、素质、能力、性格、好恶等方面，在这种情况下，每个人对自己的要求和所要达到的目标是不一样的，他们的选择自然有所不同。既然课内培养主要是一种"共性教育"，教育服务无法面面俱到，而学生是具有独特性的个体，有自己的取舍和选择。

在这方面，中国矿业大学做了非常有益的探索，被授予"2012—2014 年度江苏省高等学校和谐校园"称号。其中，在大学生课外培养方面，注重以大学生职业生涯设计与辅导为抓手，形成了课内课外培养相结合、面向全体学生、体现全面发展、注重个性培养的大学生日常管理工作格局。这种课内与课外一体化教学模式的构建和实施能够有效地引导学生全面发展，并在一定程度上满足大学生个性发展的需要。通过有选择地开展课外培养项目能够较大程度地发展学生个性，充分发挥整体性与多样性相结合教学法的功能，实现由"以教师为中心"向"以学生为中心"，由"面向大多数"向"力争使每一个学生受益"的转化，有效地激发学生在大学期间的生活和学习热情。课内、课外的一体化的结合，并轨实施，使学生在课堂内激发的学习兴趣能在课外继续得到延伸和发挥，为学生有意识地按个性爱好参加课余活动开辟了新的途径，符合科学发展观的精神和要求。因此，在课内培养以外寻求符合个人喜好、适应发展需求的个性化的教育，是有利于个性的发展和成才的。由于自己对自身是最了解的，个性化教育的选择和学习，与课内培养协调配合，更有利于产生良好的教育效果。

五　合力改进人才培养成效

课内培养过程是系统性的循序渐进，是在量的积累基础上，实现质的飞跃，是以教学为主线进而实现知识水平的提升。课外培养相对课内培养来讲，具有更强的针对性和目的性，一般是为了获得某一项技能或某几项技能而进行有针对性的培养，培养时间具有很大弹性，目的单纯，针对性强。

课内与课外培养虽是两种不同的培养形式，但培养是个连续性的过程，这种连续不仅表现在时间（即纵向）的连续上，而且也表现在空间（即横向）的连续上。按照系统论的观点，任何系统都是一个有机的整体，它不是各个部分的机械组合或简单相加，系统的整体功能是各要素在孤立状态下所没有的性质。如果将课内培养比喻成大学生成长宴席上的一道主食，课外培养则是餐桌上的点心、饮品和各种蔬菜。主食不可少，而点心、饮品和各种蔬菜则丰富营养的必然选择。接受课内培养是大学生最主要、最重要的事情，其间学习并掌握科学文化知识、锻炼思维、培养能力，为将来适应社会、服务社会、贡献社会奠定基础，但毕竟课内培养并非万能，有些服务也是无法提供的，如托福、GRE 等高水平考试的专门辅导，许多素质和能力的培养等。课内培养之外还有很多东西是大学生想获得的，课外培养必须承担这些任务。在成长成才的道路上，每个人的需求是不一样的，各种教育服务的日益丰富和相互协调补充，对满足大学生不同需求、促进其成才具有重要意义。

第二节　建立课内与课外培养协调推进机制

为解决大学生在课内与课外培养过程中的衔接问题，许多学校都进行了实践探索，取得了一定效果。一般来说，建立课内与课外培养协调推进机制，应该从大学生培养的目标体系、平台建设、制度建设、部门协作和学生引导等方面入手，创造课内与课外培养的有机融合，实现大学人才培养效益的最大化。

一　促进课内与课外培养形成合力

课堂教学与课外实践的并轨实施，是高校在大学生素质培养过程中，推进理论教育向实践教育延伸、课堂教学向课外实践拓展、实践教育向理论教育渗透、课外实践向课堂教学推进的有效体现。在实施之初，学校教务系统应该结合学校自身特点，广泛调研，科学规划，从整体上制定大学生实践能力培养标准，制定教学计划思路和编写参考教材的要求，以及修订人才培养计划的原则，将课外培养纳入学生培养方案，从人才培养目标体系上促使课内外培养的合力。

在制定人才培养目标过程中，研究型大学有较为先进的科研理念做支撑，应以培养科研人才为主，着力培养具有创新能力和研究能力的人才；应用型大学是以应用型为办学定位，着力于满足经济社会发展对高层次应用型人才的需要，推进中国高等教育大众化进程，重点培养适应于社会、政治、经济、科学、文化等各方面需求的应用人才。在具体实施过程中，各高校应该认真分析学校自身特点和各个专业的特点，结合社会发展的需要，制定自己具体的人才培养目标体系。比如，北京大学人才培养的总体目标定位是："为国家和民族培养具有国际视野、在各行业起引领作用、具有创新精神和实践能力的高素质人才……"清华大学材料学院的材料科学与工程专业，制定的培养目标就是"培养具有较高综合素质和创新能力的高层次材料科学与工程技术人才。通过本科阶段的教学培养，使学生掌握坚实的自然科学和人文社会科学基础理论，熟练使用外语与计算机，掌握系统的材料科学基础知识，受到较强的工程技术和研究技能训练"。

河南科技大学在制订 2012 级学生培养方案时，进行了课内外培养双轨并行的积极探索。首先是在《河南科技大学本科培养方案管理条例》中，明确要求"创新教育与素质教育 4 个学分"写在各个专业的培养方案中。在《河南科技大学学生课外素质教育学分管理暂行办法（修订）》中，也明确提出"学校将学生课外素质教育的 4 个学分按课程进行管理。"学校成立了学生课外素质教育领导小组，指导和协调全校课外素质教育工作；各学院成立相应的学生课外素质教育和学生课外素质教育学分管理工作小组，组织落实各类学生课外素质教育活动和学生课外素质教育学分管理工作。把课外素质教育按性质分为学科竞赛、科技活动、论文作品、校园文化、社会实践、技能训练和体育活动七类，依据《河南科技大学学生课外素质教育学分认定范围及标准》，认定学生的课外素质教育学分。

作为应用型大学在办学过程中，主要体现其"应用"的价值与特色，更要根据大学所在区域的经济社会和产业结构的特征，立足于服务地方经济和社会发展，明确学校发展方向，确立正确的符合自身办学条件的人才培养目标，实现学校的可持续发展。

　　无论学术型人才或是应用型人才的培养，都离不开相应的专业和社会发展需要；无论培养"创新型""研究型"的人才，或是培养"复合型""应用型"人才，都需要在培养目标上进一步明晰，为下一步学生培养奠定基础，特别是为后期课内培养和课外培养形成合力奠定基础。在这方面，华北电力大学进行了有益的探索。[①] 该校通过对国家电力工业技术特点及人才能力需求的研究，确立了"厚基础、重实践、强能力"的人才培养总目标，提出了"基于目标构建课程体系"的方法并应用于培养方案的修订，即首先确定人才培养总体目标，然后从知识、能力、素质三个维度进一步细化，形成一个完整的专业人才培养目标体系；依据目标体系，设置对应的实现目标的课程和环节，再依据它们各自对目标的贡献大小设置学时，根据其作用分成必修和选修。学校还进一步研究了培养目标落实机制，提出了"培养目标认领"制度，设计了"目标体系实现矩阵"。"培养目标认领"制度将原来各门课程主要围绕自身教学目标，变为围绕学生的成长成才目标，注重教学组织过程的落实。"专业人才培养目标体系"这个总纲促进了各院系、各部门乃至各课程将课内和课外作为一个整体统筹考虑，学生的课内学习和课外创新实践得到了有机的融合。

二　实现课内与课外培养相互衔接

　　大学生培养离不开教室、图书馆（资料室）、实验室、实训中心、实习基地等平台，甚至还有教授们进行研究所使用的研究室（所）。除了课堂理论学习，学生的很多时间都会投入到实践环节中。这就要求学校应该大力建设实践平台，采取开放的姿态，服务学生，为学生课内培养和课外培养的衔接打好基础。

　　华北电力大学在探索中，围绕学生实践和创新能力培养不断加强平台建设，将课内、课外融合成为一个有机的整体：强调要满足三层次实验内容的需要，注重高水平研究平台对本科生开放；非常重视大学生课外实践基地建设，提出每个院系都要建有学生创新实践活动场所，还在工程训练中心建立全校学生共享的有机械设计、机器人、智能控制等大学生创新

---

　　① 王秀梅、杨红霞等：《加强课内外统合，建立大学生实践能力培养体系》，载《中国高等教育》2013 年第 11 期。

园；整合资源建立学校直属的工程训练中心，重点加强了现代设计与制造技术、电力工程、城市配电网等面向工程实际的实践平台与系统建设，并建设成为国家级实验教学示范中心；针对电力生产的特点，学校建设全电力系统仿真实践平台，将现代仿真技术引入实践教学，为学生提供了系统化的、与生产现实相符合的虚拟环境。通过开放各类实践平台，显著提高了学生在大型电力系统中处理复杂工程问题的综合能力，实现了课内培养和课外培养的衔接，也实现了学校培养与社会需要的无缝连接。

河南科技大学在课外培养实践平台建设中，探索出一套行之有效的道路：首先分期建设各个学院有自身特点和灵活机动的创新实践平台，然后根据发展情况集中建设学校的整体的创新平台。比如，在《河南科技大学大学生创新平台建设实施办法》中明确提出：创新实践平台以学院为依托，以学生科技创新活动为载体，以培养学生实践能力、创新能力和创业精神为目标，通过统筹规划，科学管理，实现学生创新资源共享。学校按照整体规划、分步实施的原则，从2014年起，每年建设10个左右的创新实践平台，连续建设3年。教务处代表学校对创新实践平台进行宏观管理，主要负责建设方案的论证、平台运行考核等。学院主要负责创新实践平台建设方案的提出、平台设备的采购计划以及安全运行，创新实践平台负责人主要负责创新实践平台日常运行的协调、运行经费管理、设备维护等。创新实践平台安排专人管理，按照形式多样的原则对全校学生开放，制定弹性的平台开放时间。

三　构建课内与课外培养制度保障

为保障课内与课外培养的并轨实施，高校必须在制度设计时充分研究，为后期实施奠定好基础。制度设计过程中，应该考虑以下几个方面：

一是要认真总结大学生课外培养经验，把大学生课外培养列入培养方案，落实到教学计划中。

二是建立健全大学生课外培养指导教师的选拔、培训和管理制度，加强师资队伍的培训，切实提高指导教师的业务能力和综合素质。

三是设立大学生课外培养的专项经费，将培养经费纳入学校财务预算，做到专款专用。高校要逐步提高培养经费在经费支出中所占比例，积极争取社会力量支持，多渠道增加培育经费投入。

四是完善大学生课外培养的考核评估。从重视程度、组织实施、主要特色、最终效果等方面制定科学有效的考评制度，全过程考评大学生课外培养工作。

五是成立大学生课外培养指导教研室。根据各专业实际，具体负责大学生课外培养的总体设计、实施、考核、总结等工作，促进培育实践能力与专业教学环节的深度融合。

六是拓展实践教学资源。通过创设大学生科技创新品牌项目，规划大学生"实践版图"，创建以素质提升为教学目标的大学生"课外培养服务站"等方式，拓展实践教学资源。

通过建立和实施有效的激励与约束机制，鼓励学生踊跃参与到课外培养的各类环节中。

首先，要制定能够吸引学生参加课外培养的激励机制，比如将课外培养取得的成果换算成必修学分，计入学生培养的总学分中，从而促使学生积极参加相应活动。其次，制定约束机制，限定学生必须参加一定数量的课外培养环节，甚至可以限定结构性的课外培养环节，否则不但不能获取学分，甚至不能够顺利毕业。最后，对参与到课外培养的老师也要给予一定的激励和约束，把指导学生课外培养环节变成教师们的职责与义务，提供适当的报酬或奖励，在教师心目中形成课内培养和课外培养同等重要的思想认识。

河南科技大学在人才培养过程中，不断探索，特别是在课外培养环节中勇于创新，制定了《河南科技大学大学生课外培养工作指导纲要》《河南科技大学学生课外素质教育学分管理暂行办法（修订）》等一系列文件，提出了制定大学生课外培养工作指导纲要的指导思想是："以中国特色社会主义理论体系为指导，进一步明确课外培养工作在人才培养中的意义、地位和作用，进一步明确课外培养工作目标、任务和工作体系，建立和完善'双轨并行'的人才培养机制，全面推进大学生综合素质培养工作。"也进一步明确了"课外培养工作应根据学校人才培养的总体要求，统一规划、统筹安排，由校、院两级共同组织实施。建立和完善符合学校情况的经费投入机制、考核激励机制、队伍建设机制、引导创新机制，不断促进课外培养工作创特色、出成效、上水平"。

四 推动课内与课外培养部门协作

为确保课内与课外双轨并行人才培养模式的有效运行，高校内部必须建立部门之间的协作机制。避免课内教学与课外活动之间的冲突和争论，要同时加大课内培养改革和课外培养改革，既要解决学生课内培养负担过重、教师成了"播放机"、学生成了"刻录器"，以及"教书不育人"等情形，也要解决课外培养目的不明确、规划设计不到位、培养意识不强，以及效果不明显等问题。要"逐步打破现有的文化和制度隔阂，加强高校教学部门和学生工作部门的协调合作，建立全方位、系统的、目标一致的学习生活指导体系，努力为学生的成长发展创造一体化、协调的培养环境"。

建立部门之间的协作机制，应该考虑构建多方资源协调统一的培养共同体。多方资源协调统一是指在构建大学生课外培养共同体过程中，要充分发挥政府、学校、企业和社会等多方资源的作用，将培养大学生实践能力的校园平台延伸到社会平台，进一步丰富大学生课外培养的软硬件资源，形成有利于大学生素质提升的培育环境。其中，政府要发挥主导推动作用，站在社会的高度，有针对性地调动社会上相关部门积极参与，促进学校、企业和社会各方资源的深度整合、发挥集聚效应。

组织、建立和完善与地区区域经济发展和教育现代化发展相适应的课外培养工作体系，形成纵向衔接、横向贯通、务实高效、科学运行的人才培育网络与平台；优化校外培养场所资源建设，最好能够实现校内外培养场所的互联共用，搭建较为广泛的培养活动网络平台；加强督导评估，发挥多部门协作优势，引入第三方评估机构，开展对培养活动的定期督导评估，强化绩效，增强课外培养的针对性和有效性。高校要发挥中枢贯通作用，牢记大学素质培养的主要职责，在政府的领导和大力推进下，根据大学生实践教学的要求，注重学生个性培养，融合政府、企业、社区等多方资源，共建一批类别细分、各具特色、功能多样的大学生课外培养基地，其中包括教学与科研和生产紧密结合、学校与社会和企业密切合作的实践教学基地；高新技术产业开发区、经济开发区、工业园区、大学科技园、产业集聚区等合作共享的大学生就业创业基地；依托现有的爱国主义教育基地、城市社区、工矿企业、社会服务机构等建立的志愿服务基地、学生工作基地、学军基地等，真正将素质培养的课外平台延伸至社会平台。社会各界尤其是企业、事业单位要更加关注、关心大学生实践能力的培育状况，积极参与高校大学生课外培养基地建设。企事业单位既可以通过为大学生提供实习、实践岗位，以储备和锻炼专业人才，又可以和高校积极配合，将企事业单位选拔人才的素质标准融入高校专业培养方案中，增进专业教学与专业实习实践，实现培育大学生实践能力的校企融合。[①]

五　引导课内与课外培养师生合作

师生协同合作能够在课外培养过程中，充分发挥教师的主导作用，调动学生投入学习的主动性和积极性，使课外培养过程完全处于师生之间协同合作、互相促进的状态。这种课外培养方面的协同合作主要包括教师之间、学生之间和师生之间的合作。

教师之间的协同合作是高校根据学校各专业师资力量和学生实际情况而形成的各种学生专属导师组，即思想政治理论课教师、辅导员、班主任担任学生的生涯发展导师，专业课教师担任学生的学业发展导师，企业主管、社区负责人等校外实践基地人员担任学生的实践发展导师。其中，生涯发展导师要注重引导学生学会规划和拓展自我，积极帮助学生正确认识自我、制定科学合理的人生发展规划，找准培育和提高学生实践能力的突破口，满足学生个性发展需要；学业发展导师要正确引导学生自觉地投入专业学习与实践锻炼，奠定好专业基础，养成较为全面的专业素养；实践发展导师要适时地引导学生迅速从专业学习转向专业实践，着力培育和提高专业实践能力。

学生之间的协同合作应该促进不同年级、不同专业的大学生以培养和提高实践能力为发展目标，充分发挥和利用学校搭建的课外培养的各种平台，共同参与到各种实践活动的合作学习、合作探究、合作实践中。通过学生之间的紧密合作，激发大学生锻炼实践能力的主动性和积极性。

师生之间的协同合作，是立足于教师之间协同合作、学生之间协同合作的基础上，有效地促进师生在实践教学过程中相互交流、相互理解、相互探索，从而达到共识、共享、共进，实现教学相长与共同发展。

加强师生合作的同时，还应该注意正确引导学生的对课外培养的理解。因为在学生心目中，往往会存在着两个极端：一是非常重视实践锻炼，偏激地认为理论知识在实践中是无用的，只有实践能力才能获得社会

[①]　胡建军：《积极构建大学生实践能力培育共同体》，载《光明日报》理论版实践篇对策建议专栏，2015 年 3 月 30 日。

的认可；二是非常重视书本上理论学习，认为这是考研、获得奖学金等方面的重要依据，而实践环节等到工作岗位上后再做打算。这就需要对学生加强引导，使其正确认识课内培养和课外培养的关系。

一是要组建由专业导师（或者学业导师）、辅导员、学生组成学习指导小组，深入专业，定期开展大学生学习动态座谈会，了解大学生的学习动态和思想动态。尤其是在课程学习、教学意见及建议、学习想法、学习困惑等方面，要深入了解并做好相关记录，然后分析相应问题，给学生正确引导。例如，要增强某专业的社会适应能力，要告知学生应该学习哪些相关技能；对于屡次通不过大学英语四级考试的学生给予相关建议和帮助；会计专业如何考取会计证书；环境工程专业学生日后欲从事经济管理类工作，他应该拓展哪些知识，积累哪些经验。从而避免学生盲目参加对自己职业发展帮助不大的培训和考证。每次讨论和解答都要做好详细记录，以供后期工作参考借鉴。

二是要指导帮助学生处理好课内与课外培养之间的关系。关心他们的课外培养情况和进展，尤其是学习负担较重或学习困难的同学，防止他们因一面的学习而对另一面学习松懈、敷衍甚至放弃。有些学生因忙于应付四级考试而对专业采取应付态度，也有些同学因为参加课外培养而逃课，这些现象都是对课内与课外培养两者关系处理不当的表现，任由这种态势发展下去，不但危害学校教育的效果，也会导致学生因专业知识、学校课程基础不牢而一无所获，学无所成。

三是组织校内外合作。课内与课外培养的教学任务存在互补，两者可以建立一种查缺补漏、分工合作的方式。在课内培养的基础上，规划出相应的知识扩展、能力训练等其他方面的教学要点，以完善学校教育、促进知识体系的构建以及能力的培养。例如，会计系与会计培养机构合作，在课内培养基础上，根据社会、行业、学生各方面的发展趋势和需求，制定出培养机构的教学任务，包括课程补充、会计实务流程操作、会计电算化软件操作、各类考试相关培养与服务等。合作的最大意义就是责任到人，相互监督，提高教学双方效率，并强化信息交流与沟通，通过双方共同努力，最终促进大学生成才、成好才。

第 八 章

大学生课外培养工作实践

河南科技大学多年来致力于培养高素质创新人才培养模式的探索和实践，提出课内培养与课外培养"双轨并行"的人才培养模式，以形成课外培养工作理念为先导，从教学实际和大学生成长成才的客观需求出发，制定课外培养指导纲要，建立课外培养制度，创新课外培养平台和途径，推动课外培养工作考核实践，扎实推进课外培养工作改革，构建了全面、系统的课外培养体系。在人才培养工作中，以课外培养为主要手段推动学生工作"创特色、出成效、上水平"，努力发挥课外培养工作在提高大学生综合素质、促进大学生德智体美全面发展中独特的、不可替代的作用，并取得了一系列成绩，得到了师生的大力支持和积极配合，赢得了广泛的社会认同。

第一节　课外培养制度建设

课外培养制度，是指导课外培养工作开展，维护课外培养的正常秩序，保证课外培养工作顺利执行的基本规范。为了推进课外培养工作，河南科技大学在深入落实"精细化管理理念"和"以学生为本的理念"过程中，形成了课外培养与课内培养"双轨并行"、课外培养主要通过学生工作系统的广大学工干部培养学生的工作理念。在统一课外培养的思想和目标的基础上，学校制定了《河南科技大学课外培养指导纲要》和一系列基本规章制度，构建了全面的制度建设体系，保证了学校课外培养工作的规范化、制度化和人才培养工作的顺利、有序推进。

一　制定课外培养指导纲要

2014 年，学校制定了《河南科技大学大学生课外培养工作指导纲要》

（以下简称《纲要》），这是指导课外培养工作的纲领性文件。《纲要》是河南科技大学在新的历史发展时期，面对新的时代，提出的创新性、战略性人才培养计划。《纲要》是以中国特色社会主义理论体系为指导，以《关于进一步加强和改进大学生思想政治教育的意见》《国家中长期教育改革和发展规划纲要（2010—2020年）》《教育部关于全面提高高等教育质量的若干意见》《关于加强和改进高等学校校园文化建设的意见》《关于进一步加强和改进大学生社会实践的意见》《关于加强高等学校辅导员、班主任队伍建设的意见》《普通高等学校辅导员建设规定》等文件精神为依据，阐明了课外培养工作在人才培养工作中的重要地位和作用，明确了课外培养的内涵和原则，理顺了课外培养和课内培养的关系，对大学生课外培养工作的目标与要求、体系与内容、渠道与途径，以及队伍建设、工作评价、发展与保障提出了明确的要求，这为学校的课外培养工作提供了主要依据，也为大学生课外培养工作指明了前进方向。

二　建立课外培养相关制度

按照课外培养工作整体部署，为顺利推进大学生课外培养工作，近年来学校制定了课内课外结合类、科技创新类、社会实践类、校园文化类、特色建设类、身心健康类、队伍建设类、考核评价类等制度，促进了课外培养的制度化、规范化建设。

1. 课内课外结合类制度

为顺利推进课外培养工作，实现课内培养与课外培养的有机结合，学校根据人才培养方案的指导思想，制定了《河南科技大学学生课外素质教育学分管理暂行办法（修订）》和《河南科技大学学生课外素质教育学分认定实施工作细则》，营造重视课外素质教育的氛围，规范课外素质教育学分的考核和管理。

根据《河南科技大学学生课外素质教育学分管理暂行办法（修订）》文件精神，学生在校学习期间，除完成人才培养方案规定的课内（指必修课、选修课及实践环节）最低学分外，还必须取得4学分的课外素质学分，方可毕业。学校将课外素质教育的4个学分按课程进行管理，并将课外素质教育按性质分为学科竞赛、科技活动、论文作品、校园文化、社会实践、技能训练和体育活动七类。同时，根据课外素质教育活动的组织形式和实施的具体情况，按照校、院二级管理的原则，学校成立学生课外素质教育领导小组，指导和协调全校课外素质教育工作；各学院成立学生课外素质教育和学生课外素质教育学分管理工作小组，组织落实各类学生课外素质教育活动，并划分了各相关职能部门、学院的工作职责。为做好课外素质学分学生申报、学院审核认定工作，学校制定《河南科技大学学生课外素质教育学分认定工作实施细则》《河南科技大学学生课外素质教育学分认定范围及标准》，规定了课外素质教育学分的认定依据、认定程序、认定时间，提高学分认定工作的科学性和可操作性，进一步规范了课外素质学分认定及管理工作。

2. 科技创新类制度

为培养学生的创新意识，提高学生的实践动手能力、创新能力，鼓励学生积极参加课外科技创新活动，促进学生个性化发展和综合素质提高，学校制定了《河南科技大学大学生研究训练计划（SRTP）实施细则（试行）》《河南科技大学大学生研究训练计划（SRTP）项目奖励办法（试行）》《河南科技大学大学生创新实践平台建设实施办法》。

"大学生研究训练计划"（SRTP）是学校创新体系的重要组成部分，面向全体在读本科生，采取课题立项，以项目基金的方式进行立项资助，每年资助各类创新项目课题150项左右，资助期限一般为一年。主要资助学生课外科研和实践、各种小发明和小创造、参加数学建模竞赛、大学生英语竞赛等学科竞赛的培训费用。

大学生创新实践平台以学院为依托，以学生科技创新活动为载体，以培养学生实践能力、创新能力和创业精神为目标，在学校统筹规划管理下，实现学生创新资源共享。按照《河南科技大学大学生创新实践平台建设实施办法》文件精神，学校将建设30个大学生创新实践平台，每个平台项目建设期不超过三年，建设经费为学校专项建设经费30万元和学院配套建设资金不低于学校建设经费的二分之一共同组成，经费主要用于学生创新活动所需仪器设备的购置。创新平台主要用于学生创新项目的实施、学科竞赛的设计及实施、学生创新成果的转化，以及人才培养模式改革中有助于提高学生创新能力培养的活动，面向全校学生开放，学生使用创新实践平台进行创新活动，可根据研究内容，向创新实践平台提出申请，预约使用。

3. 社会实践类制度

为加强实践育人工作，使大学生在社会实践活动中受教育、长才干、做贡献，增强社会责任感，全面提升综合素质，学校制定了《河南科技大学大学生社会实践管理办法》《河南科技大学大学生暑期社会实践管理办法》《河南科技大学青年志愿者服务工作品牌建设实施方案》，要求学生要积极参与社会调查、生产劳动、志愿服务、公益活动和科技发明等社会实践活动，每一名在校学生在校学习期间至少参加两次（含两次）以上集中社会实践，并撰写有调研报告、实践心得等社会实践成果。同时，鼓励学生根据自己的爱好、特长、选择与自己所学专业关系密切的实践活动形式，以发挥自己的专长和优势，不断提高自己的综合素质。

为进一步规范大学生参与学校民主管理的途径和方式，充分发挥学生组织的"自我教育、自我管理、自我服务"作用，学校主动适应广大学生成长成才的新要求，制定了《关于建立大学生提案制度的实施意见》，构建了大学生提案征集、筛选、论证、反馈的工作格局，形成大学生通过提案制度参与学校民主管理、理性表达合理诉求的长效机制，完善大学生参与学校民主管理的制度。

4. 校园文化类制度

校园文化是大学的精神和灵魂，是学校综合实力和核心竞争力的重要组成部分，是大学个性特征的显著标志，是在广大师生员工中通行的规范准则、行为模式和价值体系。为进一步加强校园文化建设，发挥文化育人作用，学校制定了《中共河南科技大学委员会关于进一步加强校园文化建设的实施意见》《河南科技大学校园文化建设规划》，明确提出校园文化建设的主要任务是传承大学精神、确立制度规范、树立高尚师德、塑造优良学风、培育校园文化品牌、建设优美校园环境，努力建设先进的物质文化、优秀的精神文化、规范的制度文化、优良的行为文化、优美的环境文化，培养塑造大学精神，优化提升育人环境，促进学生全面发展。同时，为积极调动学生社团等学生组织在校园文化中的积极性、主动性和创造性，学校制定了《河南科技大学学生社团管理办法》，引导学生社团开展文化活动，培育优秀社团品牌，充分发挥学生社团的文化功能，大力提升学生自我教育的水平。

5. 特色建设类制度

为深入贯彻落实学生工作精细化管理理念，学校制定了《河南科技大学学生工作精细化管理特色基地建设实施方案》《河南科技大学学生工作精细化管理特色基地建设激励机制》和《关于进一步加强学生工作特色基地建设工作的通知》，规范了特色基地的申报与评审、确定与命名、建设与发展、后期管理，以及经费支持与激励等一系列工作，为精细化管理特色基地建设提供有力的制度保障。学校创新开展学生工作精细化管理特色基地建设，强化学生工作队伍特色意识，增强精细化管理的创新意识，激发特色基地的培育意识，充分发挥特色基地在学生工作中的示范引领主要，不断促进学生工作创特色、出成效、上水平。

6. 身心健康类制度

为贯彻落实《关于进一步加强学校体育工作的若干意见》和《河南省普通高等学校体育工作十项规定》等文件关于广泛开展阳光体育运动、大力推进学校体育改革、促进学生健康成长、落实一年级学生出早操制度的精神，学校制定《河南科技大学学生早操工作实施办法》（以下简称《办法》），明确了教务处、学生处、保卫处、校团委、后勤集团和体育学院的职责，要求各学院具体负责早操的组织实施工作。《办法》规定：考核学生（伤、病、残等学生除外）出操时间为一学年，学生个人早操出勤次数不低于应出勤总次数的85%，早操成绩视为合格，获得1个课外素质学分。

7. 队伍建设类制度

为加强课外培养队伍建设，学校制定了《中共河南科技大学委员会关于加强辅导员建设的实施意见》《河南科技大学兼职辅导员管理办法》《河南科技大学兼职心理咨询教师管理办法（试行）》《河南科技大学学业导师管理暂行办法》等文件，对专（兼）职辅导员、学业导师、心理咨询教师的工作职责、工作任务、工作目标和工作待遇，以及管理与考核做出了明确的规定，强调加强学工干部队伍建设，要以提升学工干部培养能力为导向，以加强学工干部教育、管理、考核、评价工作为抓手，推进辅导员"双重管理""双重身份""双线晋升"的管理要求，着力提升学工干部队伍的道德影响能力、思维学习能力、工作创新能力和组织执行能力，充分发挥学工干部在学生课外培养中的主体作用，为规范开展课外培养工作提供了人才保障。

同时，为进一步增强全员育人意识，将人才培养落实到教育、管理、服务各个环节，学校制定《关于进一步加强"面向学生、服务学生、培养学生"作风建设工作的若干意见》《关于开展校级领导和处级干部联系学生班级工作的实施意见》，大力倡导校级领导、处级干部和广大干部职工深入学生班级，掌握学生实际情况，开展教育指导工作，引导学生学做人、学做事，指导学生的学习与发展，帮助学生解决思想问题和实际问题，为有效提高人才培养质量提供保障。

8. 考核评价类制度

为贯彻落实《河南科技大学大学生课外培养工作指导纲要》，进一步完善学生工作精细化管理措施，深化课外培养实践，加大课外培养力度，全面提升学生工作水平，学校制定《河南科技大学学生工作考核暂行办法》。学生工作考核在学校考核工作组的领导下，以自然年度为周期，紧紧围绕思想政治教育工作、日常管理与行为培养工作、学业指导与学风建设工作、困难帮扶与诚信励志教育工作、实践创新能力培养工作等内容，坚持学生工作与课外培养工作相结合、学生工作考核与行政目标考核相结合、定量考核与定性评估相结合、平时检查与集中考核相结合、学院自评与学校考评相结合、激励先进与督促落后相结合的原则，采取审阅资料、核实记录、情况咨询、考核评议等方式进行考核。考核结果作为衡量学院课外培养工作情况的依据，纳入学院行政目标考核体系，并分别给予相应的奖励。

第二节　课外培养活动创新

按照课外培养工作的总体思路，紧紧围绕思想政治教育、日常行为管理、学风建设工作、服务学生工作和实践创新能力培养等课外培养"五大模块"内容，结合学校实际和学生特点，积极探索学生课外培养工作的新方法、新载体、新措施，积极推动学生课外培养工作。

一　拓展思想政治教育新形式

河南科技大学始终把加强大学生思想政治教育作为课外培养工作的首要任务，按照"强调综合教育，狠抓特色教育，突出重点教育"的工作要求，坚持和推进大学生思想政治教育，通过开展大学生思想状况滚动调查、大学生"思想问题"征集，举办"成长论坛"和"文化大讲堂"，推动大学生开展素质教育书目阅读等一系列行之有效的教育活动，不断提高大学生思想政治教育工作针对性、实效性。

1. 找准思想问题症结，加强针对性思想政治教育

学校每年在全校开展大学生思想状况滚动调查，参加问卷调查的学

生涵盖所有专业和年级的研究生、本科生。通过对调查结果进行数据统计分析，形成学校大学生思想政治状况调查报告，提出当年针对性教育的主题，并将调查结果反馈各学院，指导学院开展针对性思想政治教育。

学校下发《关于在全校大学生中开展"思想问题"征集活动的通知》，在学生中征集关心的、困惑的"思想问题"，组织学工干部对征集的大学生思想问题进行了理论性和应用性研究，形成《关于学校大学生"思想问题"征集情况的报告》，在学生工作研究年会上研讨交流，以专题的形式，通过讲座、主题班会等方式来进行解答；针对学生普遍关心的理论、社会热点问题，组织开展"思想理论问题"系列讲座，给学生答疑解惑。

2. 运用现代信息技术平台，拓展思想政治教育新空间

鼓励辅导员运用微博、微信、飞信、QQ（年级或班级 QQ 群）等现代化手段，建设辅导员网络工作平台，针对学生关注的热点、难点和焦点问题开展释疑解惑、交流沟通，发布工作信息，拓展思想政治教育的新空间。目前学校辅导员在日常工作中运用微信、飞信和 QQ 的最为普遍。学生中有超过 34% 的人，经常通过网络与辅导员交流，部分辅导员在微博、微信或 QQ 空间发布的内容在学生中有很高的点击率。

3. 打造综合素质教育平台，提升学生思想文化修养

为了推进学生综合素质教育，学生工作部制定了《河南科技大学"成长论坛"、"文化大讲堂"教育平台建设实施方案》，按照学校和学院两级协同组织的管理模式，邀请知名校友、知名专家、学者、企业家和各类成功人士，为学生开展成才问题和文化传承方面的讲座。除此之外，学校还利用每周一集体升国旗的时间进行"国旗下的宣誓"。同时，学校向学生推荐素质教育阅读书目，由学生工作部和图书馆邀请相关专家，精心选择、推荐各类经典书目 120 种，印发素质教育书目彩页发放给学生，并通过校报、校园网等途径向学生宣传。每年举办"缤纷校园"征文大赛、"经典照亮人生"朗读大赛、"世界读书日"等品牌赛事，引导学生利用业余时间阅读经典、分享经典，不断提升学生思想文化素养。

4. 加强辅导员队伍建设，提升思想政治教育者工作水平

学校高度重视辅导员队伍建设，着重采取了以下措施：一是加强培训，学校依托国家级和省级高校辅导员培训基地，组织辅导员外出培训，

同时在校内举办辅导员岗前培训、专题培训和全员培训；二是加强辅导员工作的管理和考核，每年通过考核及优秀辅导员评选等措施，推进辅导员队伍建设；三是建立辅导员工作日志制度，要求辅导员将每天深入学生情况，工作中存在的问题、对策以及工作的体会、认识、经验和收获等在工作日志中记载，进一步促进辅导员工作规范化；四是持续在校报开设"辅导员手记"专栏，刊登辅导员在实际工作中的思考、感悟、经验和体会等，加强辅导员之间的工作交流和思想沟通，促进辅导员思考和总结工作经验；五是成立"学生工作研究会"，针对大学生思想政治教育中遇到的突出问题进行深入研究，提高整个学工干部队伍的理论水平和实践能力。

二 创新日常行为管理新模式

河南科技大学不断完善学生日常行为管理的各项制度，客观公正地做好学生综合考评及评先评优工作，进一步做好学生违纪处理和违纪学生跟踪教育，建立健全学生安全稳定目标管理机制，按照"强调有序管理，融入人本管理，注重精细管理"的工作要求，不断创新日常行为管理的新模式。

1. 加强校纪校规宣传教育工作

河南科技大学建立健全学生日常行为管理的各项制度。以一年一度学校学生工作研究会年会为主要平台，研讨、修改学生管理各项制度，将学生在校期间的 40 余项教育管理制度分别编入教育管理篇、奖励处罚篇、助困解惑篇、实践创业篇和安全管理篇 5 个篇章，并汇编成为《河南科技大学学生行为指南》。学校开展一年一度的《大学生行为指南》知识竞赛，组织学生学习规章制度，并以培养学生校规校纪意识。

2. 做好综合测评及评先评优工作

学校制定《河南科技大学学生德智体测评办法》《河南科技大学校级奖学金评定办法》《河南科技大学国家励志奖学金管理暂行办法》《河南科技大学奖助学金评审管理办法》，坚持公开、公平、公正、择优的原则，严格评选程序，坚持评选标准，扎实做好学生的综合测评和学生评优评先工作。

3. 大力开展诚信励志教育活动

创新教育载体，播撒诚实守信，河南科技大学以"诚信校园行"系列活动为主要教育载体，十年来在全校范围内深入开展"诚信校园行"活动，在此基础上，积极组织参加一年一度的河南省高校"诚信校园行"活动，并均荣获学生个人单项奖或优秀组织奖。学校于每年寒暑假组织开展"诚信天使"家庭经济困难的贷款学生家访活动，重点家访家庭经济特别困难学生，收到了良好的教育效果。

4. 做好违纪学生处理和跟踪教育

学校制定了《河南科技大学关于对违纪学生进行跟踪教育的意见》和《河南科技大学关于对违纪学生处分解除或降级的实施细则》，按照坚持教育和处分相结合的原则，严格执行学生违纪处分相关规定，按照"事实清楚，证据确凿，定性准确，处理恰当，程序完备"的方针，把违纪学生处理工作做准、做细。同时，创造性地开展了违纪学生的跟踪教育工作，平均每年超过50人由于表现突出而降低或解除了原处分，使学生在处分中受教育，在教育中不断成长进步。

5. 强化责任做好安全稳定工作

学校构建并有效实施了学生安全稳定工作"排查、教育、防控"的预防机制和"及时发现、及时处理"的快速反应机制，严格落实学生安全稳定目标管理责任制。学校每年组织各级学工干部和学生干部逐级签订学生安全稳定目标责任书，进一步建立安全稳定责任机制，落实安全稳定责任。学校制定了《河南科技大学大型活动安全管理暂行办法》，严格学生大型活动申请审批制度，加强对学生大型集体活动的管理。

三　丰富学风建设工作新内容

学校紧紧围绕"学习风气浓郁，勤奋拼搏进取，成绩全面提升"的学风建设目标，提出了"关注课堂教学，协助考试管理，拓展课外活动，强化成绩运用"学风建设要求，努力加强学风建设的引导、激励和促进工作，开展学业指导和丰富的课外培养活动，不断推动学风建设。

1. 多策并举加强学风宣传教育工作

根据课外培养的实际需要，学生工作系统先后制定了一系列学风建设的规章制度，采取了多种措施推进制度的贯彻执行：一是每年利用入学教育、学风建设月等重要活动期，组织学生开展相关制度的学习和宣传教育；二是加强大学生日常思想教育，如针对一些学生学习目标缺失、专业意识模糊、学习主动性不高、纪律观念淡薄的现象，开展激励教育、专业思想教育、自律意识和责任意识教育等。通过在贯彻规章制度中加强日常教育、在加强日常教育中贯彻规章制度的双向互动措施，有效推进学风建设工作。

2. 关注课堂教学加强考风考纪教育工作

学生工作系统高度关注课堂教学，要求学工干部深入课堂教学第一线，进行巡课、听课和调研，及时与任课老师进行沟通；与此同时，学生工作系统还高度重视协助教学工作系统抓考风考纪建设，特别是在每学期的期中和期末集中考试时，要求广大学工干部加强考风考纪的宣传，严肃查处违纪现象。在严格考风考纪的同时，还特别注重优良考风的正面培养，积极引导学生树立正确的考试观，号召学生诚信考试，拒绝作弊，倡导各学院积极培养"免监考班"和"零作弊班"，从而形成学生工作系统和教学工作系统合力共抓学风建设的工作格局。

3. 强化成绩运用加强引导激励工作

在学生工作中，高度重视学生学习成绩的运用，要求在各种评先评优、奖学金评定、学生干部选拔、学生党员发展、违纪学生跟踪教育等工作中，都必须有明确的成绩要求。目前在学生工作系统开展的各类学生个人和学生集体奖励共有 30 余项，各类学生工作先进单位奖励 10 余项。通过"学习标兵""英语四级考试先进单位""学风建设月优秀组织单位"等评比和"优良学风班""免监考荣誉班级"的申创，有效促进了学生学习和学院学风建设的积极性，加强了对学生学习的引导和激励作用。

4. 加强"学风建设月"品牌建设

持续开展"学风建设月"活动，是学校抓好学风建设的一项重要举措。学校连续 10 年每年 11 月份在全校范围内开展"学风建设月"活动，在学校认真动员、精心组织、周密安排下，各学院结合自身情况制订活动方案，召开全院师生动员大会，安排部署学风建设活动。活动期间，各学院充分调动班委、团支部、学生会、学生社团以及任课教师的积极性，举办科普宣传、科技作品展、书画比赛、学习交流会、宿舍文化节、教学交流会、师生座谈会、主题班会、主题团日、演讲比赛、知识竞赛等形式多样、内容丰富的活动。活动结束后，学院要召开总结表彰大会，学校要进行活动总结，评选"学风建设月"活动优秀组织单位，并进行表彰奖励。由于"学风建设月"氛围浓、活动多、声势大、范围广，宣传和组织力度不断扩大，活动内容和形式不断创新，活动影响力持续提升，已经成为学校推动学风建设的重要抓手和品牌项目。

5. 开展学业指导引领学业发展

为加强学校本科生的学业发展指导工作，学校研究制定了《河南科技大学专业导师管理办法（试行）》，修订了《河南科技大学本科生导师制》，进一步明确了本科生导师、专业导师的工作职责和内容，强化了对学生学业发展的指导工作。同时，学校学业发展指导中心编写制定了《大学生学业发展规划指导手册》和《大学生学业发展规划书》，从 2013级开始，对全校学生的学业发展进行指导，引导学生尽早融入大学生活，科学制定学业规划，谋划未来发展，开启了学生学业发展的新方向。

四 拓宽服务学生工作新渠道

近年来，学校按照"围绕重点服务，突出主题服务，体现个性服务"的服务学生工作要求，逐步建立起了"经济困难、心理问题、学习困难、适应困难、就业困难"五大帮扶体系，同时，在帮扶中加强教育和引导，培养学生"诚实守信，坚毅自信，立志成才"的品质，为学生的成长成才保驾护航。

1. 精心实施经济困难帮扶工作

学校建立健全了"学校学生资助工作领导小组—学生资助管理中心—学院学生资助工作小组"三级管理体系，建立思想统一、认识到位、分工明确、齐抓共管的长效机制，积极开展经济困难帮扶工作。对大多数经济困难学生，学校把国家助学贷款作为主要帮扶途径，解决其学费和住宿费问题，并通过国家助学金解决日常生活困难问题，学校按照"应贷尽贷"的原则提高贷款比例。对于学习特别优秀的困难学生，通过国家奖学金、励志奖学金、学校奖学金、企业奖学金等予以资助；对于那些有临时经济困难的学生，通过减免学费、临时困难补助和勤工俭学等方式解决困难。学校为学生办理了医疗保险，对发生重大疾病的困难学生，启动大病救助机制，从医保门诊费用中予以救助帮扶。

2. 四级联动做好心理问题帮扶工作

依据《关于建立健全大学生心理健康教育四级工作体系的通知》，建立"学校—学院—班级—宿舍"四级联动机制，积极推进大学生心理健康教育。学校心理健康教育中心，开展重点心理咨询工作；学院辅导员，开展一般性的心理咨询工作；班级心理委员和宿舍心理联络员发现和关注苗头性的问题等，四级网络互动，形成完整的帮扶体系。通过宣传普及心理健康知识，对学生心理状况进行全面普查，开展团体辅导和个案咨询，点面结合，多渠道解决学生心里问题。

3. 重点跟踪做好学习困难帮扶工作

学生工作系统高度关注学生的学习，要求学院建立"学习困难学生档案"，制定跟踪措施，采取多种帮扶办法，及时挽救学习困难学生。制定"一日生活制度"，检查督促早晚自习，保证学生的学习时间；开展"学习经验交流会""一帮一"活动，让学习优秀学生带动学习困难学生共同进步；进行"职业生涯规划"讲座，培养学生的专业热情，激发他们的求知欲；建立家庭联系，共同帮助学生。学校实施"导师制"，对特殊学生因材施教，制订个性化的学习计划，并以导师严谨的治学态度和优良的职业道德引导学生明确学习目的，树立成才目标。

4. 个案关爱做好适应困难帮扶工作

学校高度重视新生的适应问题并给予特殊的关怀，重点从四个方面开展新生适应帮扶：一是各学院在新生入校时选派高年级优秀学生与新生结成"1＋1"帮扶对子，帮助新生办理报到手续，介绍学校和学院基本情况、专业特点、校园周边环境、学校办事流程等，让新生尽快熟悉并适应大学生活；二是有针对性地解决学生适应的个案问题，如由于特殊原因不适应某些专业的学习等；三是通过在军训活动中融入团队合作意识、集体主义观念、吃苦耐劳精神的培养，提高新生的适应能力；四是通过开展"破冰训练""新生主题文化节"等活动，增强学生之间的交流和沟通，培养学生主动寻求沟通与合作的能力，提高适应性。

5. 分工协作做好就业困难帮扶工作

学校建立"校院两级齐抓共管，全校上下全员参与"的就业工作格局，要求全校教职员工要人人关注学生就业，人人帮助学生就业，充分发挥各自优势，不断拓展毕业生就业渠道。学校就业职能部门不断加强就业信息网络平台建设，及时为毕业生提供大量的就业信息服务；充分发挥"七省七校就业联盟"的优势，搭建良好的校园就业平台，分时段（春季、冬季）、分科类组织各种类型的毕业生校园招聘会；积极引导毕业生参加诸如"选调生""三支一扶""应征入伍"等各种就业促进项目，促进毕业生多渠道、多层次就业。学校学生管理、就业等职能部门及各学院高度重视就业困难毕业生的帮扶工作，采取"一对一、一帮一"等方式，建立了就业困难毕业生联系、帮扶制度，并对就业困难毕业生实行"四优先"，即优先提供就业指导、优先提供就业信息、优先推荐就业岗位、优先办理就业手续，促进就业困难毕业生顺利就业。

五　打造实践创新工作新品牌

实践创新能力培养是课外培养的重要内容之一。学校高度重视学生实践创新能力培养工作，按照"加强团队建设，推进以点带面，实现多元创新"的工作要求，完善实践创新能力培养的管理和激励机制，重点推进创新团队建设和学科交叉融合，充分发挥科技创新平台、校园文化平台、社会实践平台的作用，打造实践创新工作品牌，不断提升大学生实践创新能力和水平。

1. 健全社会实践体系，志愿服务特色鲜明

学校在社会实践活动开展前针对基层需求做了大量的调研，从基层关注什么、需要什么和我们的学生能够做什么三个方面来规划和设计社会实践活动的内容、形式，更好地落实"按需设项，据项组团，双向受益"原则。在申报的过程中，采取现场答辩会的形式确定学校重点实践团队，并推荐上报河南省社会实践重点团队。

学校立足学生不同时段的学习安排，做到月月有特色志愿服务项目：3月份举办学习雷锋活动；4月份举办牡丹文化节青年志愿者行动；5月份举办"我们是五月的花海"志愿服务；6月份举办"微笑·成长—关爱农民工子女"志愿服务；7月、8月举办暑期集中社会实践；9月份举办"同学你好"迎新志愿服务；10月份举办河洛文化艺术节志愿服务；11月份举办"传承志愿精神，推进学风建设"志愿服务；12月份举办"服务双选会"志愿服务。此外，还有经常性的志愿服务特色项目，如"社区四点半"学校、"阳光天使"义务家教、"大学生科普宣传社区行"等品牌。

2. 以"挑战杯"为龙头，培养创新精神和创新能力

学校高度重视对学生创新精神和创新能力的培养，在教学改革、管理举措、政策导向上，不断增加科技创新元素，大力提倡创新精神，扩大学生科技创新活动的覆盖面和参与面，不断营造不同学科、不同学术群体积极交流、烘托校园创新氛围；开拓和整合校内外资源，加大对学生科技创

新活动支持力度，从政策制定、空间场地、资金设备等各个方面给予扶持，充分利用校院两级科技创新合作平台，为学生开展科技创新实践活动创造有利条件。

学校组织学生参与"国家大学科技园杯"科技竞赛、中国平安励志创业计划竞赛、"诺基亚"青年创新创业大赛、大学生版权征文大赛、数学建模大赛、机械创新设计大赛、建筑设计大赛等各种学科竞赛，均取得了优异成绩，丰富了科技创新活动的形式和内涵。

3. 丰富校园文化内涵，持续开展品牌活动建设

学校在校园文化建设中，实行项目化运作，采用项目评审制，推动校园文化活动和参与广泛、独具特色的优秀社团活动，形成了活动的规模联动效应。新年嘉年华活动成为近年来校园文化建设的精品之作，该活动将舞台演出与游戏展示、篝火狂欢与焰火燃放、年度表彰与新年祈福相结合，活动长达6小时，每年参与活动的学生达2万余人，得到师生的一致好评。

校园文化活动以"追逐文化理想，传承民族精神"为主题，以"提升人文素养，提高综合素质，促进全面发展"为宗旨，注重思想性与艺术性、观赏性和专业性、理论性和实践性的高度统一，在继承传统精品活动的同时，力求形式、内容上的创新，使学生在参与过程中得到了更好的专业能力实践机会，综合素质得到进一步提高。学校每年平均开展科技竞赛类、论坛展览类、文娱文化类、社团活动类活动190余项，已经形成了以大学生科技文化艺术节为主线，以社团文化节、学院特色文化活动、校园大型文艺活动等为补充的整体文化格局，校园文化建设取得显著成效。

4. 强化特色意识，推进课外培养基地化建设

在课外培养工作中，学生工作干部队伍强化特色意识，想特色、创特色、树特色，在课外培养工作的各个方面积累经验，形成了特色。学校精心打造了学生党建工作、学风建设、心理健康教育、学生资助工作、安全稳定保障建设、思想政治工作、社会实践工作、文化艺术工作、科技创新工作、团组织活动、创业教育实践、法制宣传教育、学业发展指导13个课外培养特色基地，以特色基地为主要载体，不断总结和宣传各特色基地的成功做法和经验，充分发挥特色基地在人才培养和学生工作创新中的示范引领作用，从而实现了以特色工作推进和带动课外培养工作的新格局。

第三节　实施课外培养工作成效

　　河南科技大学对课外培养工作，实施统一规划和总体部署，通过创新工作思路、优化工作方法、拓展工作阵地，建立和完善课外培养经费投入机制、考核激励机制、队伍建设机制、引导创新机制，不断促进课外培养工作创特色、出成效、上水平，取得了显著的效果。

一　思想教育活动成效显著

　　学校始终将加强大学生思想政治教育工作作为课外培养工作的重要任务，坚持定期与重点相结合，以重大政策、热点问题和重大节假日为契机，通过主题教育活动、精品报告会、思想问题解答、马克思主义明德班培训、模范事迹宣传等方式来教育引领学生，取得了显著成效。

　　1. 思想教育活动形式多样

　　学校举办"与信仰对话"校园精品报告会，每年举办80余场，参与学生1.4万余人次。持续开展"我的中国梦""我与祖国共奋进""弘扬社会主义核心价值观""三观三热爱"等主题教育活动，每年累计参加学生近3万人次；举办"成长论坛"和"文化大讲堂"讲座，邀请校内外知名专家就某一社会热点问题或就学生感兴趣的话题举行报告会，每年举办100余场次，年均受益学生2万余人。

　　实施"青年马克思主义者培养学院明德班"培训工程。每期"明德班"从各级学生组织中选拔主要学生干部，目前已有415名学员顺利结业。"明德班"学员均为学校、学院的团学工作学生干部，通过他们的身体力行引领和服务于广大学生，成为老师的得力助手和团学工作的骨干力量。

　　2. 思想问题答疑工作独具特色

　　学校每年对在校大学生进行思想状况调查，在学生中征集思想问题，组织学工干部对征集的大学生思想问题进行了研究，在学生工作研究年会上研讨交流，以专题的形式，通过讲座、主题班会等方式来进行解答。在思想问题征集活动中，学校从6000余名学生提交的"思想问题"中，选出11个类别115个带有普遍性的问题，组织广大学工干部集中研究解答。

　　学校结合征集筛选的"思想问题"，由学生工作部组织学有专长的博士和教授，就马克思主义理论、社会发展问题、大学生的理想信念、道德修养、人生观和价值观等一系列共性的问题，面向全校大学生开展"思想理论问题"系列讲座，受益学生过万人。

3. 先进模范事迹不断涌现

近年来，学校接连出现赵兴坤等15名同学智救落水青年，吴四洋抢救落水儿童，王林森抢救落水母子，王海江等合力搭救陌生"驴友"，蔡萌勇救溺水儿童，王亚娟同学主动扶起路边跌倒老人，刘凯同学捐献造血干细胞等先进模范事迹。2012年5月14日，河南科技大学食品与生物工程学院生物工程094班赵兴坤等15名大学生在洛河手拉手勇救落水者的感人事迹迅速传播开来，并在社会各界引起了强烈反响。中央电视台一套《新闻联播》进行了报道，与此同时《中国青年报》《中国教育报》《大河报》《都市快报》《洛阳日报》，河南电视台、河北电视台、江西电视台、上海东方卫视、洛阳电视台、人民网、新华网、腾讯网、新浪网等几十家媒体和网站也进行了报道或转载。学校食品与生物工程学院生物工程094班，成功入选中国年度"十大凡人善举"，获得2012年"感动中原"年度教育人物荣誉称号和教育系统2012年"身边的榜样"荣誉称号，被河南省教育厅单独授予"见义勇为先进班集体"称号。2013年5月，见义勇为模范群体代表赵兴坤同学荣获"2012中国大学生年度人物"入围奖。

二　日常管理活动规范有序

学校在课外培养过程中，不断完善教育管理、奖励处罚、助困解惑、实践创业和安全管理等各项制度，客观公正地做好学生综合考评及评先评优工作，做好校规校纪教育和安全稳定工作，不断规范学生日常行为管理工作，有效发挥了管理育人的作用。

学校认真落实《河南科技大学学生德智体综合测评办法》和相关评先评优文件精神，扎实做好综合测评及评先评优工作。平均每年全校共有150余个班级或团队被评为先进集体，4000余人被评为先进个人，6500余人获得奖学金。通过树立先进典型，公开表彰先进典型，大力宣传典型，激励广大学生奋发向上，锐意进取，对培养学生德智体全面发展具有重要的意义。

学生从入校开始接受全面的校规校纪教育，在新生中开展《大学生行为指南》知识竞赛，强化学生纪律意识、法制意识。学校开展大型消防演练活动，学习安全避险知识，增强学生消防安全意识。全校学生违纪率由 2007 年的 0.43% 降至 2014 年的 0.086%。学校安全稳定、管理工作成效显著，没有发生政治类、刑事治安类和群死群伤等重大事件。

学校统一组织认真开展新生的早操工作，制定出台了《河南科技大学学生早操工作实施办法》，建立早操工作多元活动模式和激励办法，与"走下网络、走出宿舍、走向操场"活动相结合，组织策划了"太极拳""一起跑吧""趣味体育比赛"活动、"运动达人"挑战赛、"喜爱夜跑""健康快走"等特色项目，吸引了全校 2 万余名青年学生参与其中，掀起了大学生课外体育锻炼和练习太极拳的热潮。

三 帮扶解困工作日臻完善

为深入贯彻课外培养工作"以学生为本"的理念，学校开展了"适应困难""经济困难""心理困难""学习困难"和"就业困难"五大主题帮扶和诚信励志教育工作，帮助学生解决困难问题，教育学生立志成才。

"五大帮扶"效果明显。一是建立"多策并举，分类实施"的经济困难帮扶体系，学校连续 7 年在河南省助学贷款工作和资助工作考核中获得优秀成绩；二是建立"四级联动，点面结合"的心理问题帮扶体系，通过四级联动，点面结合，妥善解决学生心理健康面临的困难和问题；三是建立"档案管理，重点跟踪"的学习困难帮扶体系，各学院制定了重点跟踪措施，采取了针对性帮扶办法，学生英语四级一次性通过率、考研率逐年提高；四是建立"个案关爱，群体引导"适应困难帮扶体系，通过以人文关怀为主旨的迎新活动，形式多样的新生入学教育，增强团队合作意识、集体主义观念、吃苦耐劳精神为主要任务的新生军训活动以及丰富多彩的新生主题文化艺术节，培养了学生主动寻求沟通与合作的能力；五是建立"分工协作，合力关注"的就业困难帮扶体系，学校制定了《关于加强就业困难毕业生帮扶工作的暂行办法》，针对就业困难毕业生实行"四优先"，发放求职补贴，本科毕业生就业率始终保持在河南高校前列。

与此同时学校不断加强大学生诚信励志教育。学校连续多年在河南省"诚信校园行"主题活动中均荣获学生单项奖或"优秀组织奖"。学校每年寒暑假组织开展"诚信天使"国家助学贷款学生家访活动，重点家访家庭经济特备困难学生，既宣传资助政策，也传播了诚信的观念。持续开展"情感母校"毕业生还贷信息服务工作，实行毕业生还贷服务首接责任制，为毕业生还贷提供热情周到、方便快捷的信息服务。近年来，学生国家助学贷款提前还贷率均在 80% 以上，本金到期还贷率 97% 以上，彰显了学校诚信教育的显著效果。

四　心理健康教育活动效果突出

学校建立了四级联动工作体系，构建"五位一体"防控体系，加强心理健康教育队伍建设，开辟心理健康教育新阵地，多渠道强化心理健康教育，成效突出，学校被河南省教育厅确定为河南省普通高等学校心理健康教育工作试点单位。

学校整合资源，构建"知识宣传、普查摸排、针对性教育、联合心理会诊、咨询干预"五位一体防控体系。一是加强心理健康知识宣传。学校通过开展大学生心理健康教育宣传周、校园心理作品朗诵比赛、大学生心理漫画大赛、大学生心理剧本创作及歌曲改编大赛等活动，广泛开展宣传教育；二是建立摸排机制，每年对入学新生进行心理健康普查，建立心理档案，制定相应的教育计划和措施，对筛查出的有精神病倾向和心理问题的学生，实施重点关注；三是开展针对性教育，根据不同年级选取不同主题，一年级以角色转换、环境适应为主，二年级以学习、人际交往为主，三年级以恋爱、情感问题为主，四年级以考研、就业为主，进行及时的心理疏导和教育；四是开展联合会诊，每学期对各学院按照五星级标准筛选出的学生，组织心理健康中心专兼职心理教师和部分外聘精神科专家组成专家组，对重点学生个案情况进行联合评估会诊，提出相应的干预意见和建议；五是加强心理咨询与干预，学校创新心理咨询形式，积极改进咨询方式，实行单人咨询与团体辅导相结合、面对面咨询与电话咨询和网上咨询相结合、固定时间接待来访和随时预约相结合，灵活安排咨询服务。平均每年有 700 余名学生得到各学院老师的关注，300 余人在心理健康教育中心得到"一对一"重点咨询。对抑郁症、精神分裂症、有自杀、自残倾向的学生做了大量的访谈和跟踪教育工作，避免恶性事件的发生。

五　学业发展指导活动亮点纷呈

针对新形势下大学生在学习发展上的新需求，结合学校课外培养的实际，学校成立了大学生学业发展指导中心，全面负责学生学业发展工作，采取了一系列措施，取得了明显成效。学校建设有学业发展指导咨询室，已有近百名学生得到了专业指导；建立学业导师队伍，学校为每个本科专业的学生选聘具有良好的思想政治素质、熟悉学科专业发展方向、熟悉人才培养的规律、具有较高学术和育人声望的博士或教授，组建学业导师队伍；指导学生开展学业规划，开展学业指导专题讲座；开展"学霸答疑坊""乐学工作坊"活动，组织学生学霸答疑志愿者，为其他学生提供学习帮扶；举办大学生学业发展规划大赛，宣传了学业规划理念，引领了学生学业发展。

六　科技创新活动成绩斐然

学校以日益完善的大学生"挑战杯"科技竞赛、数学建模竞赛、电子设计竞赛、机械设计竞赛和全国大学生版权征文比赛等科技类竞赛为平台，开展丰富多彩的科技创新活动，取得了优异的成绩。

1. 科技创新竞赛成果丰硕

近年来在全国"挑战杯"大学生课外学术科技作品竞赛中，学校荣获一等奖3项，二等奖5项，三等奖14项，连续四届荣获"全国高校优秀组织奖"。在全国"挑战杯"创业计划竞赛中，学校有2件作品获得铜奖；1项获得移动互联网创业专项赛铜奖。学校在河南省第十二届"挑战杯"中以团体总分第一的成绩荣获竞赛最高荣誉——"挑战杯"。在第二届"国家大学科技园杯"科技创新大赛上，学生的两个创业项目分获企业300万元和50万元的资助。学校在"创青春"河南省大学生创业大赛荣获"优胜杯"，3件作品获特等奖，1支团队获"最佳表现团队"奖，取得了学校近年来在河南省"挑战杯"创业计划竞赛中特等奖作品数量的新突破。

2. 数学建模竞赛成绩突出

学校持续推动数学建模的教育与改革实践、竞赛的组织与管理，经过多年的不懈实践和探索，学校学生在大学生数学建模竞赛取得了优异成绩。在全国竞赛中获得一等奖3项，二等奖15项，6位同学获国家一等奖，24位同学获国家二等奖。在全球最著名的美国大学生数学建模竞赛（MCM/ICM）中，学校参赛团队获得一等奖3项，二等奖（Honorable Mention）5项和三等奖（Successful Participant）12项的佳绩。

3. 方程式赛车获得广泛赞誉

学校作为河南省唯一参赛高校，学生驾驶自己设计制作的"河洛风"赛车，连续五年在"中国大学生方程式汽车大赛"上共夺得绿色环保大奖（最佳静音、最佳油耗综合大奖）、最佳外观设计奖、最佳安全性大奖、"燃油经济性奖"、最佳赛车表现奖、"胜利完赛奖"、年度综合奖、最佳车队新闻宣传奖和最佳车队网站奖等十余项大奖。2014 年，学校被组委会授予"创始院校奖"，赢得了评委会和企业界的广泛赞誉。

4. 学科竞赛屡获佳绩

在"机器人"大赛中，学校代表队在"天翼杯""读者杯""博创杯"全国竞赛中，获得一等奖 4 项、二等奖 2 项、三等奖 3 项；在英语竞赛中，获得全国大学生英语竞赛特等奖 6 项，"外研社"杯全国英语演讲比赛比赛一等奖 2 项、三等奖 1 项，"CCTV"杯全国英语演讲大赛非英语专业本科组二等奖，"21 世纪澳门之星杯"季军；在全国大学生版权征文比赛中，获本科组二等奖 5 项、三等奖 12 项，已连续五届成为河南省高校中唯一获得优秀组织奖的学校。此外，广告艺术、电子设计、节能减排、工程训练、铸造艺术、焊接艺术、临床技能等国家级学科竞赛中，也取得了优异成绩。

七　校园文化建设特色鲜明

学校建立了"校级出精品、院级出特色、社团打基础"的三级校园文化工作体系，坚持"让每个学生拥有自己的舞台"的校园文化活动工作理念，实行项目化运作，推动校园文化活动的规范化管理，打造了"迎送"（迎新生系列活动、送毕业生文化周）、"两节"（科技文化艺术节、社团文化节）、"两月"（志愿服务月、公寓安全文化月）、"两典礼"（五四表彰、新年嘉年华学生工作颁奖典礼），"两竞赛"（挑战杯课外学术科技作品竞赛、创业计划竞赛）等精品活动模式，培育出一批精品项目，取得了显著的成效。

"迎送"活动见温情。在迎新生系列活动中，新生主题文化节特别吸引眼球，涵盖"图说我们的价值观"作品征集、新生微博大赛、"我要上嘉年华"新生优秀文艺作品征集、"走进科大，爱我科大"校园公共开放周、新生主题合唱比赛等系列活动，吸引近万名新生参与其中；在"情系科大、圆梦启航"毕业生主题文化周中，开展了"十年·约定""萍聚·班级""纪念·母校""六月·笑脸""歌舞·青春""光荣·梦想""惜别·祝福""告别·启程""思源·互助"九项活动。学校每年为毕业生提供免费班车近百次，广大教职工自发组织近百辆私家车爱心车队，在休息时间把学生们免费送到车站，大公网、中国日报网等媒体报道了这一充满温情的活动。

"两节两月"精彩不断。在每年的科技文化艺术节中，有涵盖机械设计创新作品展、校园歌手、话剧展演、文学作品、英语演讲、主持人风采等40个以上的活动项目；社团文化节中，100多个社团共同组织，吸引3万余名师生积极参与。在此基础上，学校连续多年获得"河南省大学生科技文化艺术节"优秀组织奖，在九大类赛事中累计获得120余项大奖。志愿服务月以服务牡丹花会为契机，组织青年志愿者走向社会、奉献爱心、宣传科大，每年集中提供志愿服务万余人次以上；宿舍安全文化月贴近学生生活、搭建沟通桥梁、倡导健康习惯、关爱身心安康。

"两典礼"热烈隆重。学校每年举行新年"嘉年华"活动，通过文艺晚会、颁奖典礼、游戏互动等环节，将舞台演出与游戏展示、篝火狂欢与焰火燃放、年度表彰与新年祈福相结合，持续打造学校校园文化品牌；"五四"表彰，授予基层团组织"五四红旗团委""五四红旗团支部""优秀团员"荣誉称号荣誉称号，表彰他们在共青团工作中的突出贡献，发挥典礼在教育学生中的多重作用，树立学生身边先进典型，激励广大学生奋发有为，积极向上的学习生活精神状态。

院级品牌异彩纷呈。各学院在继承传统的基础上，不断开拓创新，各自形成特色品牌活动。比如，机电学院机械创新科技展、材料学院"激扬杯"大学生辩论赛、车辆学院河洛风赛车队、信息工程学院的flash网页设计大赛、电气学院的电路服装展、建筑学院的建筑设计大赛、化工学院环保创意暨废品手工艺大赛、食品与生物工程学院大学生创业中心食品特色展销会、艺术与设计学院民间艺术品、书画、摄影、设计作品展、数学与统计学院数学建模竞赛、人文学院"经典诵读"大赛、法学院话剧展演和话剧大赛、外国语学院英语演讲比赛、管理学院志愿者服务活动和模拟导游大赛、经济学院宿舍装饰评比大赛、医学院医疗服务社会实践活动和手工制作大赛、农学院七彩周末文化广场、林学院交响音乐迎新晚会、体育学院体育节、国际教育学院"风行国际"系列英语活动等，都成了课外培养的有效途径。

学生社团繁荣发展。目前全校共有学生社团 120 个，有高雅文化类、学术科技类、创业实践类、理论研究类、公益服务类、文化娱乐类等，覆盖全校 15000 余名学生。学校在近些年的思想政治教育和校园文化建设中，打造了一大批精品社团。

"爱心桥"青年志愿者服务社，成立于 1992 年。二十余年来，社团从最初的机电系十几名学生发展到今天 20 余个学院的一千余名社员，积极为广大师生排忧解难，被亲切地称为"校园爱心 110"。现在，"爱心桥"主要品牌活动有社区"四点半"工程、阳光天使义务家教、绿色环保行动等，在校内外引起了强烈的反响，其先进事迹先后被《光明日报》《中国教育报》《中国青年报》《洛阳日报》《洛阳晚报》，河南电视台、洛阳电视台、洛阳有线电视台等媒体报道。该社团先后获得"洛阳市十佳青年志愿者服务队""洛阳市优秀志愿者服务集体""河南省教育系统优秀社团"、"全国高校优秀学生社团"荣誉称号。

"忆舍"话剧俱乐部前身是"忆舍"话剧团，成立于 2002 年，自法学院 2002 级学生排演话剧《红楼梦》开始，发展为拥有 600 余名会员的学术文化类社团。该社团按照弘扬传统文化、点亮生命光彩、繁荣校园文化的工作思路，遵循"传承经典，演绎精彩"的宗旨，通过举办话剧大赛、举办精品话剧展演、进行社会公益演出，成为校园文化一道亮丽的风景。话剧团排演的《我的 1919》《雷雨》《茶馆》《四世同堂》《使命》《郭明义》先后被《河南日报》《东方今报》《洛阳日报》，洛阳电视台、宜阳电视台、大公网、洛阳新闻网、中国高校之窗等媒体宣传报道。话剧团代表学校参加《善变的咖啡》获"花样年华"第三届全国大学生短剧大赛优秀创作奖、优秀表演奖；《戈多，不迟到》《一个爹两个娃》荣获"河南省大学生诚信校园行短剧大赛"一等奖。该社团先后荣获河南科技大学"优秀社团""十佳魅力社团""河南省十佳优秀社团"等荣誉称号。

八 社会实践活动丰富多彩

在社会实践活动中，学校根据基层需求，规划设计社会实践活动的内容、形式，更好地落实"按需设项、据项组团、双向受益"原则，组织广大学生结合自己的专业优势和特长，组建团队，整合资源，注重创新，打造特色，培育精品志愿服务项目，取得了显著的成效。

学校以大学生文化科技卫生"三下乡"暑期社会实践、"三支一扶"计划、西部计划为重点，以服务地方经济社会发展、服务青年学生成长成才为主线，开展形式多样的社会实践活动。每年学校通过校级立项、学院立项相结合的办法，开展科技支农、教育帮扶、环保宣传、文化宣传、法律援助、医疗服务、科技创新、政策宣讲等社会实践活动，设立 50 余支校级团队，200 余支学院团队，1 万余名学生参与其中，学校先后荣获全国"大中专学生志愿者暑期社会实践'三下乡'优秀团队"称号和"全国大学生志愿者暑期'三下乡'社会实践活动先进单位"，优秀的团队事迹先后被《中国青年报》《河南日报》《大河报》《东方今报》，河南共青网等媒体报道。

特别是在"圆梦中国"系列活动中，学校"筑梦青春"学生公益社会实践团入选第一届全国大学生微公益大赛百强，荣获"全国大学生微公益大赛"优秀团队奖；"青春法制服务团"在"圆梦中国公益我先行"暑期社会实践专项活动暨第二届全国大学生微公益大赛中荣获"优秀团队奖"；"创新筑梦队"荣获团中央全国大学生暑期"三下乡""天翼智慧城镇调研"专项计划优秀组织奖。

学校每年共提供志愿服务 1 万余人次，累计服务时长 3 万多个小时，先后得到《大河报》《洛阳日报》、洛阳电视台、洛阳法制频道等媒体的采访报道。医学院临床医学专业毕业生董瑞瑞同学作为西部志愿者赴河南省商水县艾滋病村扶贫，被共青团中央授予"2005 年度中国青年志愿服务金奖奖章"；管理学院青年志愿者协会 2010 年被评为河南省首届"民间志愿服务团队之星"；车辆与动力工程学院青年志愿者协会 2011 年被评为河南省第二届优秀志愿服务集体、2012 年被评为河南省第三届优秀志愿服务集体；管理学院、食品与生物工程学院等多个学院先后被授予"洛阳市优秀志愿服务集体""河南科技大学优秀志愿服务集体"等荣誉称号。学校 2012 年荣获"第三十届洛阳市牡丹文化节志愿服务特别贡献奖"。

九 创业教育实践效果明显

学校以创业类社团为依托，搭建"青年创业大讲堂"平台，共建"创业孵化基地"，从模拟创业演练、校园销售见习、校园拍卖会、公益营销培训、创业知识交流会到扶持实体公司，鼓励学生探索不同的创业路径，不断健全就业扶持机制，使得学校创业教育实践效果显著。

学校积极开展了"青年创业大讲堂"，邀请专家和青年创业导师来学校进行政策宣讲、创业教育和创业训练。学校借助与市政府共建"大学生创新创业基地暨信息产业孵化基地"的契机，开展"服务大学生就业创业行动"、推进"大学生就业创业训练计划"。

河南科技大学 KAB 创业俱乐部发起的"城市生存挑战赛"每年吸引300 多名学生参与，在城市中白手起家，一天当中团队共赚取了 3162.8元，此事迹被《大河报》《洛阳晚报》、洛阳电视台、洛阳网等媒体报道。学生何磊领衔的"小米团队"获得"全国大学生创业基金"三等奖，同时获得华图教育提供的 10 万元创业基金。学校被中华全国青年联合会、中国光华科技基金会授予全国青年创业教育年度"先进集体"荣誉称号。学生宿舍公司团队、食用菌创业团队、园艺花卉创业团队、果树盆景创业团队等大学生创业团队，以自己优异的成绩受到了社会的广泛关注。其活动事迹也得到《光明日报》《中国青年报》《中国教育报》《河南日报》《洛阳日报》、新华网、中国教育网及《大学生就业》杂志报道。

河南科技大学课外培养工作的深入实施，促进了学校人才培养质量的提升，造就了身心和谐、全面发展的高素质人才。近年来，学校的先进典型有"中国青少年科技创新奖"获得者赵快乐，"中国青年志愿服务金奖"获得者和"河南省十佳五四青年"董瑞瑞，"河南省十大杰出青年志愿者"获得者杨延辉，"青年人·中国梦"全国社会实践活动"优秀个人"周潭，入选"中国青年志愿者公益圆梦行动"的"梦想之翼"团队负责人何磊，"河南省见义勇为优秀大学生集体"食品生物工程 094 班及赵兴坤等 15 名"见义勇为优秀大学生"等。学校毕业生以基础好、专业宽、能力强和素质高赢得了社会各界普遍赞誉和高度评价，IPIN 网、中国大学网公布了《2015 中国高校毕业生薪酬排行榜》，其中，河南科技大学毕业生 5 年薪酬情况排名位列河南省高校第一名。

第 九 章

大学生课外培养工作实施保障

课外培养工作是高等教育的重要组成部分，是贯彻党的教育方针、全面实施素质教育、促进大学生德智体美全面发展的根本要求，是高等学校人才培养必备的环节和途径，建立强有力的课外培养工作的保障机制，是开展课外培养工作的内在要求，是实现大学生课外培养工作目标的根本保障。其内容包括思想保障、组织保障、队伍保障、激励保障和物质保障等。

第一节　思想与组织保障

一　课外培养工作的思想保障

1. 明确课外培养在人才培养中的重要地位

人才培养是高校最基本的任务，人才培养目标是高校最基本的价值导向。能否培养优秀人才，是判断一所大学好坏的基本标准，也是最高标准，是一所大学开展科学研究、服务社会和引领文化水平高低的前提和基础。学校的一切工作要把培养学生、促进学生全面发展作为根本出发点和归宿。要全面实施素质教育，深化教育领域综合改革，着力提高教育质量，培养学生社会责任感、创新精神、实践能力。[①]

课外培养是贯彻党的教育方针、全面实施素质教育、促进大学生德智体美全面发展的根本要求，是高校人才培养必备的环节和途径。大学生要成为"全面发展的社会主义建设者和接班人"，就必须全面学习，不仅要

---

① 党的十八大报告：《坚定不移沿着中国特色社会主义道路前进为全面建成小康社会而奋斗》，2012 年 11 月 8 日。

向老师学习还要向同学学习；不仅要向课本学习还要向实践学习；不仅要在学校学习还要向社会学习；不仅要在课堂内学习还要在课堂外学习。课堂仅仅是大学生活的一部分，大学生要通过各种场所、各种形式、各种活动，学习多种多样的知识和技能。不能把学生完全禁锢在教室和课堂里，大学生有许多知识的学习、许多素养和技能的培养，要在教室和课堂之外完成。课外的培养是大学生成长的一条重要轨道。因此，我们必须统一思想，提高认识，明确课外培养对促进人才成长的巨大作用，促使课内与课外紧密结合，形成两条轨道相辅相成，只有这样才能实现全面发展的人才培养目标。

2. 牢固树立"以人为本"的人才培养理念

高校教育工作者要深刻理解并牢固树立"以人文本"的人才培养理念，并将这一理念贯穿于大学生培养工作的全过程。目前我国的大学生培养工作普遍存在以课堂、教材和教师为"中心"，忽视学生创造能力的发展和个性的培养、忽视学生认知能力培养的现象。大学生课外培养工作是贯彻"以人为本"的教育理念的重要体现，他要求我们要以学生为出发点和归宿，满足学生的合理需求，突出学生个性发展，发挥学生的主观能动性；要求我们遵循大学生自身发展的客观规律，尊重学生的主体意识、情感世界、个性发展，用真诚之心去凝聚学生；要求我们加强与学生的沟通，采取多种形式帮助学生全面发展和个性化发展；要求我们鼓励、引导学生积极参与课外培养活动，把对学生的管理与学生的成长结合起来，培养健全的人格；要求我们为学生提供周到的服务，努力用服务的意识去实现教育的目的，使课外培养工作更加贴近学生。

3. 努力实现高校学生工作理念的重大转变

高校学生工作的基本职能是教育、管理和服务，但其核心任务是开展课外培养工作。高校广大学生工作者要实现这一重大使命，就必须实现思想观念的重大转变：一是在工作定位上，由原来的学生工作"服务于教学"的观念，转变为学生工作"服务于学生成长成才"；二是在指导思想上，由原来的学生工作以事务管理为主，转变为以教育培养为主。事务管理是媒介，人才培养是目标；三是在工作重心上，由原来的管住学生不出事，转变为促进学生发展。学生安全稳定是最低要求而不是最高标准，人才培养是基本任务也是最高标准；四是在管理工作中，由原来的管理目标在于稳定校园秩序，转变为培养学生遵纪守法的意识。大学首先要培养合格公民，然后是高级人才；五是在服务工作中，由原来的只提供服务项目，转变为在提供服务项目的同时，传播服务的精神和服务理念，通过自己的服务感染和教育学生；六是在学生活动中，由原来的学生活动在于丰富校园文化生活，转变为学生活动是课外培养的载体，在每一项活动中都要体现培养的目的、任务和效果。

4. 建立全员参与相互协作的工作机制

课外培养与课内培养要实现齐头并进。通过整合教育教学资源，实现校内与校外相结合、课内与课外相贯通、教学工作系统与学生工作系统资源共享，充分利用产学研合作平台，开展课外培养工作。为确保课内培养与课外培养"双轨并行"人才培养新模式的有效运行，高校内部必须建立部门之间的协作机制。避免课内教学与课外活动之间的冲突和争论，要同时加大课内培养改革和课外培养改革，既要解决课内培养中存在的问题，也要解决课外培养中存在的问题。建立全方位、系统的、目标一致的学习生活指导体系，努力为学生的成长发展创造一体化、协调的培养环境。课外培养工作涉及全校的各个部门、各类工作人员，实际上是一个多层面、立体化的系统，因此，要全员动员、全员参与，要在大学生课外培养的实际工作中统筹规划，努力提高课外培养工作的合力。

二　课外培养工作的组织保障

1. 完善课外培养工作的领导体制

大学生课外培养工作不是松散的机械的结合，而是一个有机的整体，成立课外培养工作机构，组建课外培养工作队伍，建立起学校、学院、学生三个层次的管理体系，把党、政、工、团、学各自力量有机地凝聚起来，明确各自的职责，发挥各自的优势和长处，同时依靠广大师生员工的共同参与，形成合力，才能充分发挥课外培养工作的整体效能。

大学生课外培养组织管理系统，在校一级应成立课外培养领导小组，由党委书记和校长任组长，由党委一名副书记和副校长任副组长，有关职能部门负责人参加，主要负责制定学校课外培养的长远规划和大政方针，实施课外培养的组织管理，审批关于课外培养组织管理问题的各项规定和管理计划，协调和处理组织管理中的问题；在学校领导小组的领导下，由学生工作部门组织实施，学工、教务、团委等职能部门协作参与，主要负责课外培养组织管理的具体实施计划的制订，指导课外培养工作开展，检查、总结和交流课外培养开展情况等具体工作；在学院一级，应有学院党委副书记和副院长负责学生课外培养组织管理工作，成立学院课外培养工作领导小组，主要负责配合实施学校的课外培养相关政策和规定，以及主持制定本院的课外培养工作规划，领导本院学工办和团委开展工作。各学院设专职或兼职辅导员做好各项工作；大学生是课外培养的主体，学生会和各类学生团体要在指导教师的指导下，搞好自身组织建设，具体实施课外培养工作。

大学生课外培养工作涉及学校教学、科研、管理以及思想政治工作，必须建立适应学生课外培养工作开展的组织体制，理顺学校各主要部门在学生课外培养工作中的关系，明确学校各有关部门在学生课外培养工作中的职责，充分利用全校的力量促进学生课外培养工作顺利开展。在学校推行的各项课外培养工作制度中都要对组织领导、各部门的职责、相关人员的权利和义务有明确的规定，只有这种机制的高效运转，才能保证课外培养工作的持续开展。

2. 要健全课外培养工作的管理制度

课外培养的管理制度是课外培养组织管理工作制度化、科学化、系统化的根本保障，是稳定课外培养秩序，有效进行课外培养组织管理的重要保证。课外培养的管理制度，具有根本性、长期性的作用。这些制度应当包括课外培养相关的管理制度、工作制度、激励制度、评价制度、经费投入制度、场地设施使用制度等。在制定规章制度之前，要进行深入的调查研究，广泛听取教师和学生的意见，使规章制度具有科学性、群众性和可行性。规章制度建立以后，必须认真、严格执行，规章制度要相对稳定，但又要根据客观情况的变化，进行必要的修订，使之更加完善。

3. 合理统筹规划课外培养工作

要促进课外培养工作的深入开展，提高课外培养的实效性，高校必须明确培养目标和要求，充分发挥载体作用，合理统筹规划课外培养工作，结合大学生发展变化的特点和规律，积极探索新形势下大学生课外培养工作的新路子，实现课外培养工作的重大突破。通过大学生课外培养工作体系建设，形成特色突出、体系完整、管理科学、学生主体地位突出的课外培养工作体系，增强课外培养工作的系统性和科学性。努力通过各种课外培养措施，培养大学生的综合素质和能力。依托素质教育平台、科技创新平台、校园文化平台、社会实践平台、网络媒体平台、创业就业服务平台六大平台，统筹规划各类课外培养活动，让学生在丰富多彩的课外培养活动中锻炼自己、完善自己，提高自身的综合素质和能力。

4. 发挥教师的指导作用和学生的主体作用

加强对课外培养工作，需要有高水平的指导队伍。教师和辅导员的学识、经验、态度以及工作能力往往影响着大学生课外培养的实施效果。大学生虽然具有一定的自主管理能力，但需要得到老师和辅导员的指导；课外培养工作应尊重大学生的主体地位，倡导大学生自我导向、自我激励、自我监控，充分发挥大学生的主体性，提高管理效能。[①] 在河南科技大学大学生课外培养工作的典型调查中，53.17%的学生认为在课外培养活动中师生的角色地位应该是"教师监督指导，学生自主安排"。作为指导教师，要尽量做到"指导不领导，献策不决策"，让学生真正做到自己管理自己，自己教育自己，自己服务自己。

第二节　激励与物质保障

一　课外培养工作的激励机制

1. 建立和完善奖励激励机制

奖励激励机制是调动教师、学生、学院参与课外培养工作积极性、主动性和创造性的有效手段。高校应当出台相关政策，完善激励体系，构建针对学生、教师、学院的奖励机制。

首先要建立针对学生的奖励机制。自我实现的需要是大学生的核心需求，学生的奖励机制重点是激发大学生的自我实现需要，持续激发学生自我发展的积极性。对学生的奖励以精神奖励为主，物质奖励为辅。物质奖励主要以参加课外培养活动期间的补贴和成效奖励为主。精神奖励是学生奖励机制的主体，给予获奖学生相应的课外素质学分，免修相应的实践环节、给予获奖学生加分政策，在转专业、评优评先、推免研究生等方面优先权等，以此激发更多的学生参加课外培养活动。

其次要建立针对教师的奖励机制。做好包括指导教师工作环境营造和条件配备，辅导工作量认定和增加补贴等。制定鼓励教师参与课外培养的优惠政策，把教师参加和指导大学生课外培养活动计入工作量，给予

---

① 王希俊：《新时期大学生管理》，中南大学出版社 2001 年版，第 55 页。

相应的报酬和补助，设立优秀指导教师奖，并与教师晋升、评优和评职称等挂钩。建立优秀指导教师奖励机制，保证相对固定的指导教师工作投入。

其三要建立针对学院的奖励机制。对于在课外培养工作中表现突出的学院应予以表彰，把学院在课外培养工作中的成绩作为对学生工作考评的成绩，纳入学院年度工作考核中，按不同的获奖级别给予相应的加分等。

在构建奖励机制的过程中，应实现物质激励和精神激励并举，建立一套物质激励与精神激励相结合的激励模式，实现激励手段的多样化；应建立层次分明的激励体系，既要有宏观层面的激励，又要有微观层面的激励；应注意激励的频次和范围，在日常的激励活动中，不宜频繁激励，奖励手段的运用应把握一定的间隔性。扩展奖励激励范围是一种防止奖励麻痹现象的有效方式，将奖励手段扩展到自主性、责任感、公共意识等层面上来，才能发挥师生的潜能优势。

2. 考核培养绩效强化责任意识

期望激励是激励机制中最值得重视的激励要素之一。[①] 期望激励理论认为奖励要以绩效为前提，不是先有奖励后有绩效，而是必须先完成组织任务才有精神的和物质的奖励。奖励措施是否会令人满意，取决于被激励者认为获得的报偿是否公正，如果认为符合公平原则，当然会感到满意，反之则会感到不满，而满意将导致进一步的努力。期望激励理论告诉我们：对于课外培养工作，不能以为设置了激励目标、采取了激励手段，就一定能获得所需的行动和努力。要形成"激励→努力→绩效→奖励→满足"并回馈努力这样的良性循环，就要从"申报→评估→立项→中期检查→资助配套→评审→评奖以及成果展示、表彰奖励"等，将课外培养工作制度化、规范化。设立专项基金，实施大学生课外培养计划，整合校内外资源，落实课外培养实践基地，强化课外培养实践环节，实施本科生导师制等。大学生课外培养工作具有主体性和互动性，它使教师与学生、学生与学生之间的学习互动成为必要和可能。因此在构建课外培养工作激励机制时，要将课外培养工作及其模式研究作为教师的工作职责，纳入激励机制之中，调动和激发教师参与课外培养工作的积极性。

---

① 陈欣悦：《高校教师的高期望激励对学生学业成功的影响》，载《现代教育科学》2011年第 2 期。

3. 建立和完善科学的评价体系

评价是一种认识与反映的过程，即依据一定的标准，主体对客体进行价值判断，评价有着导向、展示及激励功能。科学合理的激励性评价中师生由被动状态发展为主动状态，这样才能激发师生参与的热情。[①] 就学生而言，应综合考虑其参与课外培养的积极程度、获奖情况等方面构建评价指标体系，而教师方面则应综合考虑教师指导活动、组织学生申报项目等方面进行综合评价。评价体系建立起来后应进一步确定评价机制，即确定由谁来评，如何评的问题。可以设置专门机构和工作人员负责考评工作，对学校开展课外培养进行评价与监督，开展培养观念讨论、修订管理制度、进行质量监控等，明确培养目标和工作思路，对学生的课外培养成果进行终审鉴定。将评价结果与激励措施相结合，不断保持并提高师生参与课外培养工作的积极性。

二　课外培养工作的物质保障

1. 经费投入保障

大学生课外培养工作的经费开支必须纳入大学生培养成本的核算体系。高校要为大学生课外培养工作提供条件，在人力、物力、财力上对大学生课外培养工作予以支持，在每年的年度预算中加大对课外培养工作经费的投入。大学生各项课外培养活动的正常经费，激励奖励和考核评价的必要经费，聘请专家学者开展教育活动的经费，队伍建设的经费等都是课外培养工作应该确保的经费。在课外培养工作的投入问题上，应探索和形成多渠道的共同投入机制。除了学校自身的投入以外，还要依靠社会的力量，建立多元化、多渠道、多形式的经费来源保障体系。国外的很多高校通常从政府、企业、高校自身三个渠道谋取资金，如大学生志愿服务活动中，他们的专项基金往往依靠政府补贴、社会赞助、学校支持、国际基金组织的支持。在美国，对于学生参加的社会服务活动，政府或是采取积极措施推进这些活动，或是拨出专款来支持这样的活动计划。与国外相比，我国很多高校的课外培养经费主要来自学校，而且经费非常有限。从总体上看，不少高校希望在全校范围内开展有声有色的课外活动，但资金的短缺又使课外培养工作的开展受到限制。要改变这种状况，高校要积极与政

---

① 张晶：《激励性评价刍议》，载《大连教育学院学报》2014 年第 9 期。

府、企业沟通，吸引外界关注学生的课外培养，同时引导学生开展有利于社会、企业的课外培养活动，在双赢的基础上才能够真正吸纳到社会资金。

2. 设备设施保障

大学生课外培养工作必须依托一定的场所、设备和设施才能展开。要保证课外培养工作顺利进行，就必须不断改善课外培养工作条件，夯实其物质基础。因此，高校要优化和改善大学生课外培养工作的物质条件，学校要为开展大学生课外培养活动提供必要的场地和设备，不断改善条件、优化手段。高校应加大对各种活动场所、大学生心理咨询的场所、图书馆、实验室、体育场馆和器材等方面的投入力度，为大学生课外培养工作提供有力的活动阵地保障。在场所的使用方面要建立相关制度，提高使用率，简化审批手续，例如对于学术类课外培养活动，要全面开放实验室，为广大学生提供一定的实验条件和实验手段，如必要的仪器工具和材料。高校要善于运用现代化的技术和手段，如网络、多媒体等来开展课外培养工作，提高教育效果。校园环境对大学生成长成才发挥着重要作用，高校必须加强校园基础设施建设和综合治理工作，完善校园文化活动设施，重视校园人文环境和自然环境的协调发展，做到基础设施高质量、文化积淀高品位，为大学生课外培养工作提供良好的校园环境。

第三节　课外培养工作队伍保障

实施课外培养工作的主要力量是学工干部队伍，包括学生工作职能部门、共青团组织的干部和各学院的辅导员，其主体是辅导员队伍。辅导员是高等学校教师队伍的重要组成部分，是高等学校从事德育工作，开展大学生思想政治教育的骨干力量，是大学生健康成长的指导者和引路人。建设一支素质过硬、结构合理、相对稳定的学工干部教师队伍尤其是辅导员队伍，是落实课内与课外"双轨并行"人才培养新模式的重要保证。加强这支队伍建设，要以提升培养能力为导向，转变工作理念、调整工作思路、提高工作水平，着力提升这支队伍道德影响能力、学习思维能力、工作创新能力和组织执行能力。通过加强组织建设、思想建设、能力建设、理论建设，保障队伍稳定、激发队伍活力、提升工作成效、强化研究水平，确保课外培养工作落到实处。

一 辅导员队伍的组织建设

1. 按标准配备和选聘优秀辅导员

课外培养工作是一项艰巨复杂的工作，学生辅导员既要以自己高尚的品质、崇高的敬业精神、良好的素质潜移默化地对学生进行一种心灵教育，也要有广博的知识和丰富的经验，要有对实际问题敏锐的观察力、透彻的分析力，能帮助学生开阔视野，判断是非，厘清思路，振作精神，要能了解学生想什么，想说什么，想做什么，能做什么。正因为如此，高校必须确保辅导员队伍的质量，要严格把好进人入口关，制定选拔辅导员的政治标准和业务标准。按思想政治工作的要求，切实把德才兼备、爱岗敬业、知识渊博、善于研究、甘于奉献的人员选聘到辅导员队伍中来。[①] 不搞特殊照顾、打破"近亲繁殖"。特别应该把具有高学历的优秀毕业生吸引到学生辅导员队伍中来，力求做到文理兼容、优势互补，以改变辅导员队伍的年龄结构、学缘结构和专业结构。

2. 加强教育培训，提高辅导员队伍的整体素质

目前高校绝大多数学生辅导员，没有系统地学习思想政治教育、教育学、心理学等相关理论，缺乏应有的理论基础，同时也缺乏做好课外培养工作经验。因此，加强辅导员队伍的教育和培训是队伍建设的基本任务。对辅导员的培训要着眼于辅导员业务素质的提高、知识的更新和适应课外培养工作的各方面能力的提升，要通过培训使他们成为教育专家、心理辅导专家、活动组织专家等。教育培训形式可采取岗前培训、岗位培训、外出交流与研讨等形式。岗前培训主要针对新到职的学生辅导员使他们初步掌握实施课外培养工作的方法、途径和技巧，懂得如何组织班级活动、主题教育、社会实践，开展谈心谈话，通过岗前培训，使他们具备一定的学生辅导员的基本素质，能够尽快转换角色；岗位培训主要针对在职的学生辅导员，培训内容主要是领导科学、管理学、课题研究等方面的知识，使他们掌握基本的工具和方法，提高管理水平和研究水平，使综合素质得到进一步提高；外出交流与研讨主要是有计划地选派学生辅导员外出参加各种形式的培训班和学术研讨会，并深入其他院校进行参观考察，学习兄弟院校的先进经验、拓宽思路，更新观念、开阔视野，激发进取心理和创新

---

① 王东红：《高校辅导员队伍建设的路径探析》，载《中国成人教育》2013 年第 16 期。

热情。

3. 建立辅导员评估激励综合管理措施

按照"职业化、专业化、专家化"的标准，鼓励辅导员攻读思想政治教育学科或相关学科的博士学位，鼓励辅导员考取心理咨询师资格证，鼓励辅导员与理论课教师合作开展科研和组织教学活动；选派优秀辅导员参加全国、全省高校辅导员骨干培训班；举办辅导员沙龙，推行辅导员工作日志制度；每年举办一届辅导员职业能力大赛，加强辅导员队伍的职业认同。要制定和明确学生辅导员的岗位职责，使学生辅导员明确自己的职责、权利和义务，根据辅导员岗位要求与特点，建立科学化、规范化的考评制度，形成学生、学院、学校三位一体的辅导员评价机制，每年开展一次优秀辅导员评选和表彰活动，在辅导员队伍中形成鼓励先进、鞭策落后、争先创优的工作态势。考核评选的结果要作为今后提职晋级的重要依据。对不胜任工作、工作失职或违纪者应该解聘、转岗或分流。

4. 确保行政职务和技术职称双线晋升

要正确认识学生辅导员的价值，为学生辅导员工作营造一个良好的外部环境，让优秀学生辅导员脱颖而出。在晋升问题上实行双轨制，符合干部条件的，按期考核，享受副科、正科、副处等行政级别；符合职称条件的，优先给予评聘职称；将专职辅导员的岗位津贴纳入学校内部分配体系统一考虑，确保辅导员的实际收入与本校专任教师的收入水平相当或高于同等教师的收入水平。

二　辅导员队伍的思想建设

思想建设是加强辅导员队伍建设的关键，辅导员的思想素质如何，直接决定辅导员队伍的精神面貌，最终影响到大学生的健康成长。

1. 加强思想道德修养

辅导员是大学生成长的指导者和引路人，辅导员的道德行为对学生具有强烈的示范性和表率作用，对学生思想品德的形成有着耳濡目染、潜移默化的作用。要培养学生成为思想道德过硬的合格人才，首先要求辅导员具有较高的思想道德水准。辅导员必须具备良好的师德形象，具有高尚的人格、良好的心理素质、稳定的情绪、积极乐观的人生态度、坚韧不拔的毅力，具有坚定正确的政治方向，具有远大理想，能够把个人利益与国家和民族的未来联系起来。建设具有强烈责任感和使命感的辅导员队伍，是开展课外培养工作的基本保证。

2. 树立先进的工作理念

辅导员要用新的教育思想和理念来武装自己，树立以育人为中心的工作观念，构建课内与课外"双轨并行"的人才培养模式。辅导员要把"定位于人才培养、筹划于人才培养、聚焦于人才培养、成就于人才培养"确定为自己的工作目标，使学生不仅能适应现代社会的需要，而且能适应未来社会的需求；不仅能适应国家建设的需要，而且能适应国际激烈竞争的需要；不仅在共同品质方面得到发展，而且在个性特长方面也得到充分发展。

3. 培养奉献精神和创新意识

辅导员工作繁忙，工作量大，任务艰巨，困难较多。这就需要辅导员培养奉献精神，尽心、尽力、尽责地去工作，做到业务精益求精、思想乐观向上、工作积极主动，努力做好学生课外培养的各项工作。同时，辅导员要具有创新意识，辅导员必须与时俱进，善于把握规律，不断总结经验，力求推陈出新。辅导员队伍建设要求由经验型向专家型、事务型向学习型、封闭型向发展型、单一型向复合型转变，要达到这一目标就必须提升辅导员的研究能力和创新能力，增强工作的前瞻性、有效性和时代性。

三 辅导员队伍的能力建设

辅导员的职业化、专业化、专家化，是提升辅导员能力水平的根本要求。作为课外培养工作的主要组织者和实施者，辅导员应具备以下核心能力：

1. 学习思考能力

辅导员要拥有丰富的知识储备，并且善于灵活运用知识。根据辅导员的工作性质，需要不断学习思想政治教育、教育学、社会学、心理学、哲学、文艺、体育、历史、科技、互联网等多方面的知识。学习思考既是课外培养的切入点，也是引领课外培养不断深入路径。辅导员要成为一个真正的学习思考者，一个追求自我超越、积极行动、经常反思和终身学习的人，掌握科学的学习方法，及时更新自己的知识结构，形成自己的知识专长，努力做一名"学习型"辅导员。[①] 同时，辅导员要改善学习方法，增

---

① 湛风涛：《高校辅导员职业能力建设探析》，载《思想理论教育导刊》2012 年第 12 期。

强学习能力，提高学习效率。既要向书本学习，又要在实践中学习，不断积累知识并逐步完善知识结构。

2. 实际工作能力

把所学知识转化为职业素质和实际工作能力，才具有真正的现实意义，也才能真正体现知识的力量。辅导员要对学生进行思想引导、学习辅导、职业生涯指导、就业指导和心理疏导等，成为学生的思想导师、心理导师、学业导师、生活导师和职业导师，就需要以所学知识为基础，提升组织管理能力、调查分析能力、协调沟通能力、语言表达能力、心理教育能力、职业指导能力、文字写作能力、危机处理能力等。

3. 思维创新能力

思维创新能力是指不断超越自我和现状，取得新突破的能力。包括观念创新、思维创新、方法创新、创新集成等。思想观念与时俱进，善于发现问题，善于提出新思路、新方法、新载体、新制度、新建议，敢于突破，触类旁通，不断创造新经验，开创新局面，这是辅导员工作不断取得突破的精神保证。

4. 领导管理能力

领导管理能力包括把握局势的能力、培养骨干的能力、整合资源的能力、组织协调的能力等。辅导员是大学生的领袖，作为青年领袖必须具有相应的领导管理能力，这是获得学生尊重、信任、支持、爱戴的前提。辅导员要能够有效组织大学生课外培养工作，并领导和管理广大学生干部，并通过他们推进大学生自我教育和自我发展。

四　辅导员队伍的理论建设

加大辅导员队伍的理论建设，对辅导员提出科研要求，倡导辅导员由经验型向研究型转变，提高科研能力和研究水平，是切实提高辅导员理论水平和工作水平、实现向专业化发展的需要。华东师范大学邱伟光教授认为，辅导员应该是大学生"人生发展的导航人、学习成才的引导者、心理健康的辅导者、权益的保护人"，同时也是"教学科研的承担者"。高等教育研究专家杨德广教授倡导高校辅导员要坚持"工作、学习、研究"六字方针，即干什么工作就努力去干好，要干好就必须围绕这一工作而努力学习，对工作、学习的结果进行研究，用研究的成果再指导工作，形成"努力工作→努力学习→努力研究→努力工作"的良性循环，养成科研习惯。课外培养工作有其客观规律,其本身是一门科学。要把握课外培养工作规律,科学理性地开展工作,必须科研领先。辅导员在实际工作中积累了丰富的第一手资料和实践经验,对此进行归纳总结、理论分析,并在此基础上有所理论创新,可以形成扎实的成果,反过来再指导后续的实践,就能大大提高工作的主动性与自觉性,从而能够不断提升工作水平。在开展科研的同时,辅导员的理论水平和专业素养都能由此而得到逐步的提高。

因此,加大理论建设,增强科研能力,注重学科研究,是辅导员向职业化、专业化、专家化发展的必由之路。学校要创设鼓励辅导员开展科研活动的良好氛围和有利条件,搭建辅导员队伍的项目支撑平台、学术交流平台和学习指导平台。[1] 要采取有效措施,合理配置工作力量,为辅导员适当减负,提供宽松环境;要积极开展丰富多彩的教育科研活动,组织辅导员外出学习考察,参加培训和参加学术活动;要制定政策和制度,鼓励和支持辅导员结合工作实际开展学术研究。加强科研立项,强化团队合作,对于实际工作中出现的难点、热点问题,要积极整合学科资源,组织精干人员进行攻关。要将辅导员的教育科研成果与其评职、评优、晋升相结合,以充分调动其从事科研的积极性、主动性和创造性。

---

[1]   柏杨:《高校辅导员队伍发展的现实问题及对策研究》,载《学校党建与思想教育》2012年第2期。

第十章

大学生课外培养工作考评

人才培养是高校最基本的任务，人才培养目标是高校最基本的价值导向。能否培养优秀人才，是判断一所大学好坏的基本标准，也是最高标准，是一所大学开展科学研究、服务社会和引领文化水平高低的前提和基础。大学生课外培养工作作为高校学生工作的核心任务，直接影响到高校培养人才的质量。根据大学生课外培养工作的实际需求，构建科学合理的课外培养工作的考评评价体系，对课外培养工作的成效进行考评评价，是促进课外培养工作水平和质量提升的重要措施，也是促进课外培养工作走向科学化、规范化的重要途径，对高校学生工作机制的创新、目标引导、价值取向和工作激励都发挥着重要作用。

第一节 课外培养工作考评的意义与作用

美国著名的教育评估专家斯塔弗尔比姆（L. D. Stufflebeam）曾经说过，"评价最重要的目的不是证明，而是改进"[1]。课外培养工作是学生培养的重要途径，不断完善对课外培养工作的考评机制，全面了解和掌握课外培养工作的状况和水平，准确把握课外培养工作的规律，加强对课外培养工作的指导，提高对大学生课外培养工作意义和作用的认识，是强化课外培养工作的重要手段。

---

[1] 金娣、王刚：《教育评价与测量》，教育科学出版社 2002 年版，第 2—10 页。

一　课外培养工作考评的意义

1. 增强课外培养工作的针对性和实效性

中国高等教育已经实现了从"精英"教育向"大众化"教育的转变。面对大学生思想心理的新特点、教育工作的新任务，高校学生工作从内容到形式都发生了深刻的变化，这对我们加强和改进新形势下的学生工作提出了新的要求。对课外培养工作的考评是全面检验、鉴定课外培养工作整体情况的基本形式，是学生工作系统的重要组成部分和基本工作环节。通过全面的、综合的、科学的、客观的考评评价，便于对高校各学院大学生课外培养工作的总体状况、所取得的成效，尤其是存在的突出问题和薄弱环节，有一个基本判断和清醒的认识。也能够根据课外培养工作开展的现状和发展趋势，再进一步寻找新的思路、采取新的措施，不断完善课外培养工作的各个环节，促进课外培养工作的科学化和系统化，进一步强化课外培养工作的针对性和实效性。高校既要探索新的时代与社会背景下人才培养的需要，又要遵循当今大学生自身成长成才的规律，实现二者紧密结合和高度统一。通过考评使高校的课外培养工作对大学生有强烈的导向性和互动性，引导大学生的普遍认同和积极参与。同时，通过考评，探索课外培养工作的内在规律，总结课外培养工作的经验，及时在全校加以推广，加强对学院课外培养工作指导，使课外培养工作进一步向科学化、规范化、制度化发展。

2. 增强课外培养工作者的责任感和使命感

目前在高校的实际工作中，课外培养是客观存在的。但是在"以教学为中心"的人才培养观占主导地位的情况下，很多把课外培养看作"是教学的补充""是为教学服务的"等认识，仍然根深蒂固。这就导致许多人无视课外培养的客观存在，其结果是不少干部教师（包括学工系统的干部和教师）认识不到课外培养的价值和意义。其主要原因，就是对高校课外培养工作缺乏有效的考评。建立课外培养工作考评评价体系，开展考评评价工作，使课外培养工作由"看不见、摸不着"变成"看得见、摸得着"，通过对课外培养工作效果的体现和展示，扭转人们对课外培养工作的偏颇认识，赢得社会和教育对象的肯定，获得课外培养工作的外在推动力，同时也使学生工作者有一个客观的自我对照、评价和对自己所从事的工作有一个正确认识，以调动他们的内在驱动力，增强其对课外培养工作的事业心和责任感，并使之转化为工作的积极性、主动性和创造性。通过课外培养工作考评能更好地发挥高校管理部门在学生课外培养中的主体作用，调动各部门做好学生课外教育管理和服务工作的积极性、主动性和创造性，促进学校学生课外培养工作不断创特色、出成效、上水平，通过扎实有效的学生课外培养工作促进学生的全面成长与成才。

二　课外培养工作考评的作用

1. 导向性

对课外培养工作的成效进行全面和科学的考评，是十分必要的。考评体系的出发点和落脚点，主要在于发现问题找出规律，使课外培养工作进一步向着科学化、规范化、制度化方向发展，不断提高大学生课外培养工作水平。因此，考评工作要坚持正确的指导思想，明确考评目的，引导课外培养工作围绕育人目标开展，使课外培养工作真正体现其应有的地位与作用，激发广大学工干部全面地履行其应负的职责，激励形成自身的优良传统与特色，创造出有启发性、推广性的先进经验，引导学生工作干部开展大胆的实践和实验，创造课外培养的新经验。课外培养考评要坚持实事求是、一切从实际出发，不为评估而评估，不搞形式主义，要引导课外培养工作求真务实、注重实效。

2. 规范性

科学合理的考评评价体系能通过指标设计及其权重的分配，对课外培养工作提出明确、具体、统一的要求，增强了课外培养工作的规范性。考评评价体系规定了考评的范围、内容和要求。通过课外培养工作考评评价体系的构建，学工干部能够更加明确自己在大学生课外培养中的角色定位、工作职责和工作要求，并且按照评价考评的要求去做，认真检查工作落实的效果。考评工作也促使学院更加重视课外培养工作机制建设及队伍建设，不断探寻好的工作方法和手段，提升队伍的战斗力，促使学生工作体系的整体优化，真正形成责任明确、职能清晰的课外培养工作的局面。

3. 激励工作成效

考评工作对学生工作者具有重要的激励作用，有助于实现辅导员队伍的科学管理。运用考评的识别功能，在科学客观评价课外培养工作的基础上，对考评表现优秀的学院或个人，通过物质奖励、精神鼓励和政策倾斜等形式进行不同程度的激励，从而激发学生工作者的内在积极性，发挥学生工作者的最大潜能，使学生工作者始终充满活力和生机。激励功能的运用要同时具备奖励和惩罚的内容，要有足够的力度，要让表现优秀的学生工作者得到实惠，做得不好的学生工作者也要有一定的惩罚，这样才能真正达到激励效果。

4. 推进工作创新

要促进课外培养工作上台阶，必须充分发挥学生工作干部的主动性和创造性，全面推进课外培养工作的创新与深化。考评的重要作用之一就是要推进工作创新与深化。一方面大学生课外培养体系的构建还处于起步阶段，课外培养工作的许多问题和规律亟待我们去探索和把握；另一方面，课外培养工作的背景、对象、任务、领域、途径、手段、条件，甚至理念、理论等，都处于不断变化、发展和更新中，因此，对课外培养工作的考评应当体现鼓励工作理念和思路、工作机制和载体、工作方式和手段等方面的探索与创新，做好基础工作，加强重点工作，结合工作实际不断创新和深化，这样才能使大学生课外培养工作与时俱进，保持活力、不断超越。

第二节　课外培养工作考评的原则与程序

课外培养工作考评是以发展性考评为主导，以推动和激励课外培养工作为目的，紧紧围绕课外培养工作基本内容、组织保障、实施成效，以及重要经验成就和工作创新情况而开展的工作。要体现"以考促建、考建结合"的根本目的，体现考评的公正性与客观性，严格的基本原则和规范的运作程序是非常重要的环节。

一　课外培养工作考评的基本原则

1. 科学性与操作性相结合

体系完整、涵盖全面、指标科学是考评的基本要求。在考评内容上，既要有基本内容的考评，也要有加分项和减分考评项，既设定主题内容的考评标准，又鼓励大胆创新；在考评方式上，根据不同问题，既有综合考察也有调查取证，既有自评得分也有督查得分。只有在设计之初就对考评体系的科学性与可操作性多加考虑，才能保证保障考评过程的效率与考评结果的效益。指标体系在能全面地反映大学生课外培养工作成效的同时，应尽可能地简化，使考评项目的个数尽可能少，且具有较高的可操作性。删除区分度不高，对整体目标贡献不大的因子。合并相关性较强，甚至互相包容的因子，把那些重要性、可测性、区分度大的因子选为核心项目，并赋予其较大权重。在开展工作时还应注重考评资料的搜集存档，建立课外培养工作考评信息资料库，积累资料，使课外培养工作在横向和纵向方面都有可比性。

2. 自我评价与组织考评相结合

在课外培养工作考评中，外部考评主要是指学校考评部门对院系学生工作的指导性、检查性、认可性和鉴定性评价，体现出考评的客观性和权威性；而自我评价是指学校学院等单位对自身工作开展的经常性自查、自评，通过学生工作者的自身总结，明确成绩与不足及下一步的工作方向。在对课外培养工作的效果进行考评时，高校必须坚持外部考评与自我考评相结合的原则，尤其是重视发挥自我评价的作用。因为外部考评即使是经常性的，但也是有条件的、有限制的，不可能对一个评价对象全天候、全过程地进行考察和评判。而自我评价则是课外培养工作考评体系中最主要、最经常的考评方式，是一种充分发挥考评对象主观能动性，进行自我认识、自我完善、自我教育、自我提高的过程，在课外培养工作中日益显示出它的优势。

3. 过程性考评与总结性考评相结合

总结性考评是指对考评对象基本活动结束之后最终结果的评价和鉴定，过程性考评是指对课外培养工作全过程各阶段的经常性考评、检测和督导。大学生的课外培养工作是一个动态的过程，考评体系要根据课外培养工作的要求和特点而不断调整、充实、完善。考评的过程、方法、手段也是动态的，随着考评实践的发展而不断发展变化，考评的作用也在课外培养工作的动态实践中逐渐显现出来。因此，要特别注重过程性考评，要把与课外培养工作相关的人和事放在整个动态过程中去考评，在考评对象稳定性的基础上，注重对课外培养工作现状过程的考评和对此现状发展可能性的考评。要加强对课外培养工作的日常督导检查，不断搜集整理课外培养工作过程信息，监测有关数据，考评有关项目和对象，及时发现工作过程中的问题和偏差，客观公正地反映课外培养工作的实际，保障考评真正起到促进课外培养工作发展的目的。

4. 定性考评与定量考评相结合

任何考评都应是定性考评与定量考评的结合，课外培养工作是育人的工作，其中既包括物的因素也包括人的因素，单纯运用某一种考评，都可能导致评估结果的片面性。因此在进行课外培养工作考评中必须坚持定性考评与定量考评相结合的原则。但是，由于课外培养工作主要是育人的工作，工作的效果要体现在学生的内在素质与外在行为的多方面，同时效果也有显性和隐性、短期和长远之分，这就决定了很难用一种单一的标准来衡量，而更多的是在量化的基础上做定性的描述，尽可能让定性指标有量的测定，最终在深入发掘课外培养工作规律的基础上，给出以定性为主的科学评价。

5. 考评诸功能有机结合的原则

要充分发挥课外培养工作考评的作用，在考评过程中，我们既要实事求是地考察分析考评对象的实际，严格考评标准，对考评对象给予公正客观的结论，以发挥外部考评和总结性考评的功能，又要坚持具体分析考评对象的实际情况，在看到考评对象存在的问题、偏差的同时，也要看到其发展、提高以及可开发的潜力，在坚持考评标准的同时，对考评对象进行多方面的引导、鼓励和帮助。只有在考评中不断地进行研究和探索、不断地进行实践和总结，才能使课外培养工作的考评不断成熟，才能使高校学生工作者实施课外培养的能力全面提高。

二 课外培养工作考评的程序

科学严谨的考评工作程序是实施规范化考评前提。大学生课外培养工作考评，应遵循以下基本程序：

1. 岗位分析

根据课外培养工作的目标，对学生工作队伍所处的地位和所担负的责任进行研究分析。由于学院学生工作队伍在学校整个工作格局中起着"承上启下"的关键作用，所以学院学生工作队伍有着较强的主观能动性。同时在一些工作中也面临着"授权有限"、工作成效会受学校大的格局制约的情况。在选择考评指标、设定考评标准时需要实事求是，不应超过学院学生工作队伍的能力范围，以免考评落成"一纸空文"。通过设立考评体系的过程，也是进一步明确学院学生工作队伍的工作内容和权限的过程。

2. 理论验证

为了使最终出炉的考评体系具有合理依据，应对选择的考评指标进行验证：如考察考评体系中的每个指标是否可以被理解、可以进行操作、可以被评估，是否与考评的目标保持一致、与整个考评的体系保持一致；考察实施整个考评体系需要花费的时间、成本与考评效果之间是否平衡；考察各个考评指标间是否存在相互矛盾与冲突之处等。

3. 确定体系

要对拟定的各种考评指标进行审查、比较归类、合并与筛选。首先，根据课外培养工作的内容进行分类。其次，把内涵相同、内容交叉的指标进行合并。整个过程中的关键是要以简单易测的指标来代替复杂却难以操作的指标。最后，在设计原则的指引下，形成课外培养工作考评体系。

4. 修改调整

为了使确定后的考评体系尤其是指标体系部分更加合理，就必须根据情况不断更新和调整。修改和调整有两个阶段的工作不能略过：一是正式出台前通过进一步调查分析，将所确定的指标体系提交领导、专家会议讨论，征求相关主管人员的意见；二是经过一段运行周期后，根据考评过程和结果应用之后所发现的问题，经过认真对照比较和分析，对原有体系进行充实和完善。

第三节　课外培养工作考评的标准

考评的标准反映着人们的价值观念，规定着事物的发展方向和预期的发展结果，指导和支配着活动的过程，对活动起着导向、激励和调节的作用。建立课外培养工作考评的基本标准，就是为了界定课外培养工作的基础、重点和创新点，引导各学院学生工作干部制定科学、规范的考评标准，使其有据可循，改变各自为政、各行其是的状态，督促、推进学院课外培养工作按确定的整体目标开展。建立科学合理的考评标准，需要有全局性的思维、前瞻性的眼界，需要保持对历史现状的尊重，凸显学校课外培养工作的特色，体现先进的课外培养工作理念。

一　促进课外培养可持续发展

目前我国高校学生工作仍存在着封闭式、防御式、保姆式的工作模式和僵化的工作体制，无法很好地适应教育大发展的趋势，大学生课外培养是高校学生工作开创新局面的最重要的手段。评价大学生课外培养工作的效果，就必须对课外培养工作进行不断的改革和创新，促进课外培养工作的可持续发展。

首先要打破传统思想，倡导创新观念。课外培养工作应当跟上改革不断深化的形势，跟上科技革命和网络时代的要求，要破除以往的学生工作存在事务主义、包打天下、怕变求稳的消极观念，必须确立科学的、合理的指导思想，树立全员育人的思想，树立积极促进学生发展的思想；要解放思想，实事求是，敢闯难关，敢冒风险，倡导用开放的观念和务实的心态、服务的观念，对待学生的成长成才；倡导用发展的观念，对待课外培养工作的建设。

其次要创新工作体制，激发创造性。高效率的工作体制能够促进主体的工作热情，从而使主体在工作中不断获得自我满足感和成就感，保持长期的工作积极性、创新性。课外培养工作必须要适应创新人才培养的要求，进行体制创新。一是实现课外培养工作的上层和基层之间的互动，相互激发工作的创造性；二是要提高课外培养工作专业化程度，确立课外培养工作相对独立的发展地位，形成学生主动参与的双向互动式工作模式，通过专业化建设，应对各种挑战，提高工作绩效，为学生的发展成才提供全面的教育服务[1]，加强课外培养工作的科学化和专业化建设。

最后要丰富课外培养工作的内涵。当前高校课外培养工作应当根据青年学生的心理特征和成长规律，逐步从单纯的管理向教育型、服务型转变，不断丰富其内涵。一要丰富其教育的内涵。教育是一个系统工程，不仅要加强学生的专业知识教育，还要着力提高学生的综合素质，培养富有创新精神和实践能力的人才。教育方式要从说教式、灌输式向启发式、引导式、激发创造式的教育转变。二要丰富其服务的内涵。要关注学生的思想动态，满足他们学习、生活的合理需要，提供学习、科研方面的指导，积极开展社会实践，努力为学生成长、成才服务。

二　引领学生全面发展

高等教育的最高理念不是培养技术专家，而是实施素质教育，培养心

---

① 付继发：《论新时期我国高校学生工作专业化建设》，载《内蒙古师范大学学报》（教育科学版）2010 年第 5 期。

灵和谐的人，核心是培养内在的品质。这种内在品质的培养，单靠专业教育显然是很难完成的。爱因斯坦说过："用专业知识教育人是不够的，通过专业知识教育，他可以成为一个有用的工具，但是不可能成为和谐发展的人。"人的全面发展是德智体美各方面协调的全面发展，是个性和潜能得到充分发挥的全面发展，也是人的综合素质、创新精神和实践能力共同进步的全面发展。① 因此，必须建立起以大学生的综合素质培养为根本价值取向的课外培养工作体系。这就要求我们在设计指标体系中必须把握学生的发展规律，了解学生成长的特点，有针对性地量化和细化考评指标。

课外培养工作与素质教育密切相关，课外培养工作的考评体系，必然要反映素质教育的内容，它对素质教育的引导应当突出如下几点：一是要强化素质教育的方向性。帮助青年学生树立正确的世界观、人生观和价值观，培养他们解放思想、实事求是、与时俱进的科学精神，培养他们运用马克思主义的立场、观点、方法分析问题和解决问题的能力。二是要坚持全面发展和个性发展的统一。个性发展是马克思关于人的全面发展的核心内容。素质教育也是一种个性教育，是统一性和个性教育的最佳结合点，在实施共性教育的要求下，共性目标落实到每个学生身上，只能以个性化的素质发展为其现实的可能性。要把传统强制学生发展转变为学生自律性发展，由适应性发展转变为创造性发展，被动性发展转变为主动性发展，显性发展转变为隐性发展等。三是要突出创新能力的培养。培养大学生创新能力，就是要让大学生不墨守成规、思想解放、富有创新精神，敢于提出新问题、新见解、新理论。要培养大学生能够不断从传统思维中跳出来思考问题的思维方式，这是创新的来源。

三　体现高校自身育人特色

由于高校历史、办学层次、学科类别等诸多条件的不同，以及校风、学风、校园文化的差别，决定了每所大学都会具有自己的育人特色。传统和特色是在积淀中形成的，是学校历代师生集体智慧和实践成果的结晶，是学校的无形资产和精神财富。② 大学生课外培养工作水平的高低在很大

---

① 王韬：《高等学校学院绩效评价研究》，湖南大学，硕士学位论文，2007 年。
② 盛婉玉、甄红军：《地方高校人才培养特色的探索与实践》，载《中国大学教学》2009年第 6 期。

程度上反映着大学的整体育人水平。对课外培养工作的考评，应符合学校人才培养的特色。如河南科技大学始终秉承"以人才培养和学术进步为本"的办学理念，深化教育教学改革，着力培养创新型人才。因此，在构建课外培养工作考评体系的过程中，在战略上注重以发展的眼光、战略的思维契合学校的人才培养目标，着眼于学生的未来发展；在具体内容上注重实践创新模块的考评，并赋予其较重的权重；在辅助手段上则从鼓励专业教师指导、组织学生参与创新创业实践、积极整合社会资源支持学生实践和创新等多种方式为创新型的人才培养提供全方位的支持。

四　突出学生的主体作用

一个良好的考评体系应该回归并专注于课外培养工作本身和课外培养工作的对象本身，这就意味着构建课外培养工作评价体系必须突出学生的主体作用。围绕"以学生为本"的理念，重视激发学生的主动性，通过学生自主学习、自我管理和自我教育，实现其主体地位。

科学发展观作为一种全新的发展观，其本质和核心就是"以人为本"，具体到高等教育特别是高校学生课外培养工作层面上，就是要以学生发展为中心，提倡人性化、人格化的教育和管理。以学生为本理念下的课外培养工作本质就是服务学生、发展学生、提升学生。[①] 学生既是受教育者又是自我教育的主体。大学生无论是从心理年龄还是生理年龄及现有的知识水平和能力都已具备了自我教育、自我管理、自我约束的可能。

生本理念下的课外培养工作在内容上要以学生教育、服务和发展为主体，在评价体系的构建过程中，大部分的指标体系应是围绕学生的成长成才而展开。要在尊重学生不同层次、不同类型的需要基础上，把学生的需要与学生主体性发展结合起来，一方面改变那种千人一面的目标模式和整齐划一的工作观念，培养学生具有自尊、自信、自强、自律、自立品质的个性，让大学生通过个别化自主学习，获取知识、提升能力、提高素质，而不是被动地接受教师的知识灌输，从而使他们真正成为学习的主体；另一方面，又要注重充分满足学生主体性发展需要，坚持以学生为主体的思想。通过有效的激励机制，创造相应的环境和条件，实施选择性教育，还权于学生，充分发挥学生个体的主动性和创造性。让学生自主选择，自我

---

① 童静菊：《生本理念下高校学生工作体系研究》，华中科技大学，博士学位论文，2008 年。

负责，自我设计学习、生活和发展目标。

五　发挥教师的指导作用

高校学工队伍是实施大学生课外培养工作的主要力量，他们肩负着落实课外培养工作、全面推进大学生素质教育的重要使命。他们作为课外培养工作的主要组织者、实施者，直接影响着课外培养工作的成效和人才培养质量。课外培养工作队伍的建设目标是以"科学化管理、专业化培养、职业化发展"为模式，建立一支"政治强、业务精、纪律严、作风正"的学工干部队伍，培养一批政治敏锐、信念坚定、理论成熟、业务精湛、工作敬业的高素质学习型学工干部，这是落实课内与课外"双轨并行"培养机制的重要举措。

对课外培养工作进行考评评价，是对学生工作者指导作用发挥情况的全面衡量，这种考评可以促进学工干部的战斗力，提升学工干部的培养能力、道德影响力、思维学习能力、工作创新能力和组织执行能力，促使学生工作队伍的整体优化。因此，课外培养工作考评，要突出对指导教师即广大学工干部的指导作用的考评。

六　彰显校园文化的熏陶作用

校园文化是指高校以大学生特有的思想观念、心理素质、价值取向、思维方式等为核心的，以具有校园特色的人际关系、生活方式、行为方式、文化活动和各类文化设施为表征的精神环境、文化氛围。校园文化是积极、活跃的文化，优良的校园文化对大学生的影响是潜移默化的，也是最深刻和最长远的。

校园文化在课外培养工作中发挥着重要的导向和熏陶作用。在对课外培养工作进行评价时，学院是否有博大的胸怀、追求卓越的志向、精益求精的态度、科学严谨的管理，坚持不懈地推进大学校园文化建设，也是重要的考评标准之一。充满特色的校园文化为大学生成长成才营造优良的环境，使大学生在富有特色和优良的校园文化熏陶中提升素质、健康成长。

河南科技大学在实施课外培养工作时，非常注重校园文化的建设，注重因材施教和个性化培养，以本科创新型人才培养为主线，以"兴趣驱动、自主实践、重在过程"为基本原则，依托校内外大学生创新创业实践教育基地，以教师科研课题、各级创新创业训练计划项目、各类学科竞赛、开放式的综合性设计性实验、社会实践等多样化载体，开展大学生创新创业教育；以科研助理、科技创新团队、创业团队、竞赛攻关团队、各类科研小组、学生社团等多种形式，开展创新创业活动，不仅使河南科技大学校园文化特色突出，成效显著，也推动了课外培养工作的开展。

第四节　课外培养工作考评的指标体系

构建科学的课外培养工作考评指标体系，要以科学发展观为指导，要牢固树立"以学生发展为本，为学生成才服务"的理念，必须要对每个关键指标都做出具体说明，做到内涵明确、外延清晰，科学的评价就成了一项非常具有挑战性的任务。[①] 文字表述应力求简洁、精练，并在实践中不断加以完善，力求实现考评的规范化、程序化、科学化。考评评价的结果作为各学院课外培养工作的年度成绩，同时也作为下一学年制定、研究和推进课外培养工作措施的依据。通过考评评价强化课外培养理念，提高课外培养工作队伍的积极性、主动性和创造性，加大课外培养工作的组织力度，检验"双轨并行"人才培养机制的运行效果。

一　指标体系的构建

大学生课外培养工作考评体系，要具有针对性和实效性，各项指标既要包含课外培养工作的基本内容，能够在整体上反映出课外培养工作的水平；又要便于对其工作状况进行综合测评，肯定成绩，总结经验，找出差距，促进工作。[②]

依据大学生课外培养工作的目标、原则和标准，并结合学校的自身特点，河南科技大学建立了一整套课外培养工作考评体系。该指标体系共设计了 6 个一级指标，27 个二级指标，62 个三级指标，覆盖了学院课外培养工作的方方面面。6 个一级指标主要由思想政治教育工作、日常管理与行为培养工作、学业指导与学风建设工作、困难帮扶与诚信励志教育工作、实践创新能力培养工作和其他奖惩事项组成。分值均为 20 分，每个

[①]　童文胜、周智皎、陈诚：《高校学生工作绩效评价研究——以 HZD 大学学生工作绩效评价体系为例》，载《管理学报》2011 年第 3 期。

[②]　蒋明军：《高校学生工作考核评价指标体系研究》，载《思想理论教育》2006 年第 10 期。

一级指标又设置了2—7个二级指标，以便具体考评（参见表10—1）。

表10—1　　　　河南科技大学课外培养工作考评指标体系

一级指标	二级指标	三级指标
思想政治教育工作	1.1 日常教育工作	日常教育组织情况
		针对性教育情况
		日常教育工作宣传情况
		重大活动参与情况
	1.2 心理健康教育工作	心理健康知识普及情况
		心理健康教育网络建设
	1.3 学生党建工作	入党积极分子培养情况
		党员发展与党支部建设
		学生党员发挥作用情况
	1.4 团组织建设工作	团组织建设与活动情况
		学生组织建设情况
	1.5 组织保障工作	辅导员队伍建设情况
		学院领导重视情况
日常管理与行为培养工作	2.1 学生管理制度宣传与落实工作	制度宣传情况
		制度贯彻落实情况
	2.2 评先推优工作	资料报送情况
		公开、公平、公正情况
	2.3 日常纪律教育管理工作	考勤管理情况
		违纪调查处理情况
		跟踪教育情况
	2.4 安全稳定与突发事件处理工作	安全稳定教育开展情况
		安全稳定措施落实情况
		突发事件处置情况
	2.5 学生档案管理工作	学生档案管理
	2.6 学生宿舍管理工作	宿舍管理措施
		宿舍管理效果
	2.7 早操工作	早操组织情况
		早操效果

续表

一级指标	二级指标	三级指标
学业指导与 学风建设工作	3.1 制度建设工作	制度完善情况
		学习成绩运用情况
	3.2 学业发展指导工作	学业导师工作情况
		学业发展指导开展情况
	3.3 学风建设活动情况	学风建设日常宣传活动
		学风建设月活动
		文化大讲堂和成长论坛组织情况
	3.4 建设效果	考风考纪情况
		大学英语四级通过率
		学生考研率
困难帮扶与 诚信励志教育工作	4.1 适应帮扶工作	新生入学教育情况
		军训组织情况
	4.2 经济帮扶工作	资助管理情况
	4.3 学习帮扶工作	学习困难学生档案建立情况
		学习帮扶开展情况
	4.4 心理帮扶工作	心理档案建立情况
		心理健康辅导及危机干预情况
	4.5 就业帮扶工作	落实就业困难帮扶情况
	4.6 诚信励志教育工作	诚信励志教育开展情况
实践创新 能力培养工作	5.1 社会实践活动	青年志愿服务活动情况
		假期社会实践活动情况
	5.2 课外学术科技活动	日常科研与学术交流开展情况
		校级"挑战杯"竞赛开展情况
		学科竞赛与学术成果情况
	5.3 校园文化活动	文化艺术类活动开展情况
		体育健身类活动开展情况
		知识技能类活动开展情况

续表

一级指标	二级指标	三级指标
其他奖惩事项	6.1 加分事项	特色工作加分
		工作获奖加分
		典型事迹加分
		典型案例加分
	6.2 减分事项	工作投诉减分
		责任事故减分
		违法违规减分

在具体的操作实践中，为了考评的科学性和可操作性，将考评指标体系中的指标分为 A、B、C、D 四类：

A 类是指由学院提供支撑材料，考评工作组查对支撑材料给分的项目；B 类是指学校主管部门根据平时掌握的工作情况或排名情况直接给分的项目；C 类是指特殊情况比照给分的项目；D 类是指需要由考评工作组研究确定给分的项目。

二　考评的组织与实施

课外培养工作的考评是一项严肃又复杂的工作，它涉及多个学生工作部门的协同问题，因此考评的组织和实施，体现着学生工作考评小组的智慧。

河南科技大学课外培养工作的考评，在主管学生工作校领导的指导下，由学生工作部牵头，由学生工作处、教务处、招生就业处、保卫处、校团委、后勤集团等部门组成考评工作组，组织实施。集中考评以自然年度为周期，每年年底至次年年初完成。通过考评，总结一个年度大学生课外培养工作的绩效，并指导学院课外培养工作的进一步开展。

三　考评的方式和途径

课外培养工作考评的方式主要采取各学院自评和由相关职能部门组成的考评小组综合评价两种测评方式，要重点加强对课外培养工作过程的考评和指导。各学院自评，要求对照课外培养工作的考评指标体系，针对 A 类指标提出自评意见，提供简要支撑材料；考评组整理 B 类指标材料，研究 C 类、D 类指标项目和分数，结合各学院提供的 A 类支撑材料，给各学院确定考评成绩；涉及有关获奖项目，同时涵盖不同奖励等次时，按最高级别给分，不重复计算。考评组在实际操作中可采取审阅资料、核实记录、情况咨询、考评评议等方式，根据学生工作评价体系的要求，做出总体的综合性考评意见。

在实际的考评过程中，考评的方式方法是否正确，将直接关系到评价的真实性和客观性。考评的严密性也会给实际操作带来复杂性。而由于时间所限，很难对考评内容的每一项做到全面掌握，更多的是通过查看相关资料的方式进行检查，因此资料准备是否充分便成为学院课外培养工作考评结果好坏的一个重要因素。[①] 在学院自行记载相当比重内容的情况下，考评小组为保证记载内容的真实性和客观性，平时更应主动掌握数据、经常给予检查和督促，才能在真实性的前提下提高考评的操作性。

四　考评结果的应用

在对课外培养工作进行考评后，要将考评结果及时总结、反馈和处理。考评结果主要在以下几个方面进行运用：如作为提出工作改进意见的依据；作为晋升、降职、异动、淘汰的依据；作为学生工作干部职业发展的依据；等等。考评结果的反馈是考评的延伸，是考评体系实施成功与否的关键环节。它不仅为学院以后的课外培养工作指明了方向，而且还可以激发学院工作积极性。

对高校大学生课外培养工作进行考评不是目的，而是一种保障的手段，其真正意义在于提高学生工作者素质、推动课外培养工作的开展。这种方法实施的前提是必须有一个科学而严密的考评体系。考评体系基本覆盖课外培养工作的全部内涵，考评指标提前下发，它不仅是考评的依据，更是课外培养工作开展的一个指挥棒。各学院应在平时的工作中，对照考评体系，巩固优势，发挥长处，弥补不足，边工作边建设，逐渐达到考评体系中的指标要求，考评组要加强平时的工作指导和检查，避免出现考评前突击应付指标体系的做法。同时要特别注意考评指标体系与人才培养目标、实际工作与指标体系、工作结果与工作目标的符合度，通过评价促进

---

① 周子勇：《高校学生工作量化考评体系科学性浅析》，载《思想教育研究》2009 年第 12 期。

建设、评价与建设相结合，较好地体现了考评的原则和目的，以评促建、以评促改、评建结合、重在建设。只有这样才能真正发挥考评的保障作用，促进课外培养工作上台阶、出成效。

第十一章

大学生课外培养工作展望

课外培养作为高等教育的重要组成部分，既是教育思想又是教育理念；既是高校全面实施素质教育的主要内容，又是高素质人才培养的重要途径。实施课外培养，形成"双轨并行"人才培养的格局，是因应经济社会发展对高素质人才的迫切需要，是高校人才培养模式的重要转变，也是大学生自身发展需要的客观诉求。推进课外培养，把握人才培养规律和特点，加强"顶层"设计，整合校内校外资源，建设培养平台载体，发挥课外培养在人才培养大舞台上的功能和作用，是促进学生全面发展的重要措施、主要途径和根本要求。

第一节　双轨并行是人才培养的新格局

高等教育有其自身的内在发展规律，在人才培养模式方面也经历了一个发展过程。社会的急剧发展和变革对高等学校人才培养提出了更高的要求，培养知识结构合理、基础扎实、勇于创新、个性突出、具有国际竞争力的人才成为普遍的共识。为适应社会对人才需求的不断变化，我国高校的教育教学改革不断深化，旨在扩大学生知识面，强调高等教育个性化，以培养学生的实践能力、创新思维和创新能力为重点，造就"有理想、有道德、有文化、有纪律"的德、智、体、美等全方面发展的社会主义事业建设者和接班人[①]，这是贯彻实施素质教育的客观选择，也是推进"双轨并行"人才培养模式变革的必然趋势。

---

① 中华人民共和国教育部：《中共中央国务院关于深化教育改革全面推进素质教育的决定》，中华人民共和国教育部官网。

一　人才培养模式变革的推动

人才培养模式是高等教育领域的基本问题，有人才培养，就有人才培养的模式。20 世纪 90 年代以来，为满足社会、经济、文化、科学等事业对人才的需要，我国高等教育体制和结构开始实施改革，高校扩招拉开了我国高等教育由"精英化"向"大众化"转变的序幕，高等教育发展方针随之转变，人才培养模式的改革与发展逐渐成为中国高等教育的重要议题。这是科学技术的发展和社会变革的加速对高等教育产生的必然影响，深刻地影响着人才需求的多样化和教育格局以及人才培养模式多样化的形成。

1. 从"单一"到"多元化"人才培养模式的发展

人才培养模式是人才培养要实现的目标结构和实现既定目标需要的教育方式、制度和环境，以及在此过程中所体现的教育理念。"它决定着高等学校所培养人才的根本特征，集中体现高等教育的基本思想和教育观念。"[①] 但我国高校、学界及教育行政部门提出并讨论人才培养模式，则是近 20 年的事，直到最近几年才对人才培养模式的理念、内涵等达成了比较一致的认识。在我国高等教育改革的进程中，走过了从探讨"高等工程教育如何进行人才培养模式的改革"[②]，到人才培养方式的确立，也必然经历从单一的人才培养模式到多元化的人才培养模式。

"多元化"人才培养模式主要包括两个层面，"一是创建和维护各类不同的高等院校及其相应多样的人才培养模式；二是在每一类高等院校中，创建和维持各种不同高校自身特色及其相应的多样人才培养模式"。[③]多元化人才培养模式的形成是适应高等教育大众化和高等教育人才培养模式改革的重要举措。在大众化的高等教育人才培养模式中，多元化就是将系统化的人才培养模式中各种要素进行协调发展、合理配置，并进行优化升级和重新组合，从而实现人才培养模式系统的综合增长和集约提高。随

---

①　周远清：《完善体制改革　深化教学改革　强化教育思想改革》，载《中国大学教学》2002 年第 11 期。

②　文育林：《改革人才培养模式，按学科设置专业》，载《高等教育研究》1983 年第 2 期。

③　袁世鹰等：《多样化人才培养模式与个性化人才培养方案研究》，载《中国大学教学》2003 年第 3 期。

着人才需求多样化发展，传统的人才培养模式必然紧跟高等教育多元化发展和教育教学模式的变革步伐，逐步走向"多元化"人才培养模式，在人才培养中体现出多元化的特征。

2. 从"多元化"到"双轨并行"人才培养模式的变革

教育多元化发展的一个重要特征就是人才培养的多元化，这是社会需求的多样化对人才的客观反映。现代社会要求的人才是兼具理论和实践，既具有较高的理论水平，又具备突出的实践能力的高素质人才。高等教育培养模式的改革和发展，必然要使大学生除了进行系统的理论知识学习外，还要进行实践性的锻炼和训练，对学生的综合素质和能力发展提出了更高的要求。面对这种新情况、新挑战，实施课内培养、课外培养相结合的"双轨并行"人才培养模式，把提高知识水平和实践能力放在同等的位置上，形成崭新的人才培养模式，成为深化当前高等教育改革亟待解决的重要课题。

"双轨并行"人才培养模式包含"课内培养模式"和"课外培养模式"。"课内培养模式"主要以传授理论知识为基础，主要构成要素包括课堂教学、教学计划、课程设置、教育主体、教学方法、课程检验的标准和方法等，是一种传统的教育教学手段。"课外培养模式"是相对于"课内培养模式"提出来的，是指除去"课内培养模式"包含的要素之外的全部培养方式和方法的总称。

"双轨并行"人才培养模式通过致力于结合课内、课外两条培养路径，以培养具有创新精神的应用型人才为目标，以尊重培养对象的主体需求和针对培养对象的兴趣、特长为特征，突出选择与之相适应的培养内容和培养体系，发挥综合培养优势，并对其实施评价的一个学生成长成才的培养过程。"双轨并行"人才培养模式体现的是一种对学生多样性的个性化培养，是一个内外协调、共同发展的系统性人才培养工程，是人才培养的新格局，是高等教育改革发展的现实需要。

二　经济社会发展的客观要求

1. 社会多元化发展的需求

美国教育家克拉克·科尔曾经说过，"学院和大学从来不会高居于虚构历史神话的顶层，它们常常屈服于周围环境的某些压力和约束。反过来，它们也总是在一定程度上影响社会的进程"①。这就说明人才培养模式的建立和改变是随着社会的变化和人的发展需求做出的相应改变。教育部在《关于深化教学改革培养适应21世纪需要的高质量人才的意见》中明确指出，"努力实现人才培养模式的多样化是人才培养模式改革的一个重要方面"，要求"高等学校根据国家的教育方针和政策，根据社会的实际需求和自身条件，自主确立人才培养模式"。②

经济社会的飞速发展，科学技术革命层出不穷，随着产业升级和社会需求的多样化，人才培养与需求也趋向多元。社会需要的是具有科技创新能力的创新型人才，需要能把所学知识运用到生产生活中的应用型人才，需要具有实际动手操作能力的实践性人才，需要能够适应高新技术产业发展和产业结构性升级的高素质人才。社会对人才的多样化需求，也就意味着培养适应社会需求、经济发展、产业升级和技术革命的各类人才，不断提升各行业所需人才的整体素质和社会适应能力，必须采取"双轨并行"人才培养模式，整合课堂内外的教育教学资源，实现课内课外相结合，才能培养社会需要的高素质人才，满足社会需求。

2. 国家对复合型人才的需要

在"多样化"人才培养的格局下，以课内和课外"双轨并行"为着力点，培养学生学习和掌握科学文化知识、专业技术知识，形成科学的学习方法，建立合理的知识结构。以理论知识的掌握为基础，通过大学生自身的学习和实践，在生活环境及教育环境的影响下，培养包括思想品德素质、科学文化素质、专业素质、身心健康素质等基本素质，奠定从事职业、适应社会、个人发展的基础。

著名科学家朱光亚指出："当代科学技术的发展、不同学科的相互渗透趋势日益明显，在教育及人才培养中，对复合型人才的需求也不断增长。"③经济全球化时代，只有拥有大量掌握知识和技能的高素质复合型人才，才能在竞争中立于不败之地。复合型人才是指通过一定的教育模式

---

① 曾冬梅、黄国勋：《人才培养模式改革的动因、层次与涵义》，载《高等工程教育研究》2003年第1期。

② 中华人民共和国教育部：《关于深化教学改革培养适应21世纪需要的高质量人才的意见》，中华人民共和国教育部官网。

③ 靖杨萍、亓文涛：《高校本科复合型人才培养模式现状研究》，载《教育教学论坛》2014年第42期。

培养的具有宽厚理论基础和广博的知识面，基本掌握两门或两门以上的学科理论、知识和技能，富有跨学科意识和创新精神的人才。[①] 从复合型人才的内涵不难看出，复合型人才具有以下明显特征：一是知识面广，掌握一般性的专业基础知识和多门类、跨学科的学科知识；二是创新能力和适应能力强，具有创新思维，能够创造性地解决问题；三是具有较强的实践能力，能够适应复杂社会。"双轨并行"人才培养模式，在教育目的上，秉承以学生为本的教学理念，致力于提高学生的综合素质，打破课堂内外的教学壁垒，拓宽学生的知识面，培养学生自主学习、自我管理的能力，引导学生进行实践探索，提高学生的社会实践和适应能力，是高素质复合型人才培养模式的创新发展要求。

3. 大学生全面发展的需要

经济社会发展对人才的规格、层次需求的多样化提出了更多的要求。在传统人才模式的影响下，高等教育的培养模式更趋向于统一化的专业教育，大学生精于专业，强于理论研究，成为某种"专业型人才"，与社会发展的需求契合度不高。在现代教育理念下，高等教育作为高级专门人才的培养机构，是集学术性、职业性、科研性、综合性与专业性、基础性与应用性于一身的人才培养机构。高等教育培养的首要目标是培养"人"，赋予"人"正确的价值观念、人文素养，是具有完整人格的"人"，在此基础上，高等教育的人才培养目标是赋予"人"以更高级的能力，使其能够适应社会的发展，成为全面发展的人，这是高等教育的核心任务，也是大学生自身发展的内在要求。

根据相关研究，大学生综合素质和能力的获得，许多是在课堂之外，通过组织学生社团、参与校园文化、参加社会实践、进行创新创业等形式进行锻炼，全方位培养自己的知识、素质与能力，为自己的职业发展和实现人生价值做准备，这在一定程度上要求高校主动改变单一的学术型人才的培养模式，为大学生的全面发展提供了新的途径和可能。

三　高校改革实践的有益探索

当前高等教育理念与人才培养模式正在发生革命性变化。在高等教育

---

① 耿立艳、段英文、张占福：《高校跨学科复合型人才培养模式综述》，载《北京高等电力专科学校学报》2012 年第 7 期。

教学改革中，注重人才培养与时代变化的全方位适应，注重高等教育与经济社会的深度融合，注重提升高等教育国际化水平，全面提高人才培养质量，紧跟时代步伐，不断深入推进高等教育改革。在课外培养方面，国外高校进行了大量的探索和实践，为我国高校人才培养模式改革提供了有益借鉴和启示。[①] 而我国高校长期以来大都采取"以教学为中心"的人才培养模式，把课外活动看作是丰富大学生业余文化生活的一种形式。这种局面虽然在短时间内还很难被改变，但一些高校一直在努力摆脱"千人一面"的人才培养模式，力图通过人才培养模式的创新来主动适应社会对高素质人才培养的要求，逐步向"双轨并行"人才培养模式过渡。

1. 课内教学模式改革积累了经验

课内教学模式改革体现的是一种个性化培养、特殊化培养，主要表现为建立各种"实验班"，这是高校为了探索多元化人才培养的合理路径作出的一种尝试。高校在招生录取时开办的各具特色的"实验班"，或者是根据学生不同的知识基础和个性特点，实施个性化的人才培养方案，或者是对知识和能力素质突出的学生制订有针对性的培养方案，为其将来能够成为某一领域的优秀人才奠定良好的基础。

北京大学于2001年创立了"元培计划班"，并于2007年设立元培学院。学生进校时只按文、理分类，不分专业，低年级以通识教育为主，在他们对北大的学科状况、专业设置、培养目标有了解后，可以综合考虑自己的兴趣、志向和职业规划等方面，于第二学期末，提出专业选择意向，一般在第三学期末最后确定专业方向。

清华大学"基础科学班"，是在杨振宁教授提议下于1998年开始试办的一个跨系跨学科的教学试验计划。先后开设了"文科实验班""社会学科实验班""化学—生物学基础科学班"等，这些实验班实行在入学之初进行不分专业的通识教育，在第二或者第三学期，根据自己的志趣和学科认识，经过严格的考核，选择自己适合的专业和主修方向。

武汉大学"中法双学士学位班""人文科学试验班""数理经济和数理金融试验班"等，都是对跨学科复合型人才培养模式的有益尝试，实验班专业课程设置，按世界一流大学同类专业课程的要求设置，采用国际

---

① 姚聪莉、任保平：《国外高校创新人才的培养及对中国的启示》，载《中国大学教育》2008年第6期。

上最新版本的权威性原文教材。经过两年的通识教育和基础课培养，在第三学年开学之前，在学生对专业已有一定了解的基础上，根据其兴趣、专长、人生规划和社会需要，分别选择专业专业课学习。学生毕业后可获得经济学学士和理学学士双学位。

类型多样的"实验班"教学模式的出现，为不同的学生制订了不同的培养方案，逐渐成为目前我国高校培养全面复合型人才的普遍形式。"实验班"培养方式主要在于建立学生个人兴趣和学科认识的基础上，学校和学生之间可以进行双向选择，具有明显的针对性，在课内教学模式方面为人才培养积累了一定的经验。

2. 专业交叉和学科融合创造了条件

高校目前已经开始进行"按照学科大类招生并且分大类进行培养"的试点改革，主要表现在：低年级以通识教育为主，高年级以面向学科门类、学科大类和学科专业的专业教育为主。

南京大学坚持"四个融通"人才培养思路，即贯彻"学科建设与本科教育融通，通识教育与个性化培养融通，拓宽基础与强化实践融通，学会学习与学会做人融通"，构建了"拓宽口径、鼓励交叉、多次选择、逐步到位"的人才培养模式。要求前期构筑宽厚基础，新生入学，要求所有学生不分专业打通公共基础课，为学生提供自主选择专业、课程模块及发展路径的机会，第二学年下学期至第三学年分流进入专业基础课，鼓励学科交叉，鼓励学生跨专业或跨院系修课。

湖南大学突出"基础扎实、创新能力强、综合素质高"的人才培养特色，按照"加强基础与实践、参照国际一流、强调教学过程、强化实践与创新、明确培养目标、设计好导师课程"思路，构建"通识、学门、学类、专业"四级核心课程体系框架，强化"核心课程"理念，全面推行"大班授课，小班指导"教学模式，注重多学科交叉融合，重构实践体系。学生前三年或前两年半不分专业，按大类统一培养，夯实基础，之后设置柔性专业或专业方向对学生进行分流培养。

"注重专业交叉和综合培养"的培养方式强调学生的通识教育，注重学科的交叉融合，强化学生实践能力、创新能力与创业就业能力培养，有意识地将调整课内教学模式与丰富以"注重学生综合素质和能力培养"为目的的课外培养内容结合起来，为课内、课外培养的融合创造了条件。

3. 课外培养体系的探索奠定了基础

课外培养是高校学生巩固基础知识、增强创新意识、锻炼实践创新能力的重要手段，是增强大学生创新意识和实践能力的有效途径。建立和完善学生的课外培养体系，是我国高校近年来探索人才培养模式基本途径之一。

重庆邮电大学于 2007 年实施 AB 学分制，A 是指学分课堂教学和专业教育课程完成所获得的学分，B 是以"多方位参与、重过程体验、促学生个性发展"为特点，重点培养学生了解社会、热爱和帮助他人、心灵健康，培养课外科技创新、素质拓展、技能提升和就业竞争等社会能力。学生在校期间除完成规定的 A 学分外，还要获得一定的 B 学分方能毕业，以 B 学分形式对课外教育课程的设置与实施进行系统化、规范化管理。逐步形成了特色鲜明的课外教育体系，为我国高校推进课外培养体系的建立提供实践经验。

沈阳航空航天大学自 1997 年实施课外培养计划，制定《沈阳航空航天大学本科课外培养计划（修订）》，出台课外培养的具体实施方案，课外培养计划的学分分布在社会素养、创新能力、文化素养、身体素质四个方面，要求学生共计取得 10 个学分方可毕业。课外学分的考核与管理纳入到本科人才培养计划中，建立完善的课外培养制度，制定规范的学分认定评价体系，建立课外学分认定小组，并指定专人负责对课外学分认定及入档，将课外培养计划落实情况纳入教学质量监控体系，进一步规范了课外培养计划的实施。

这些有益的探索，有的集中在课内教学模式的改革，有的致力于专业交叉和融合培养，有的探索课外培养学分制，但无一例外都充分认识到课内教育的不足，以发展的眼光把握人才培养的规律和特点，在课内、课外结合的高素质复合型人才培养模式上做出调整，客观上为"双轨并行"人才培养模式的形成奠定了坚实的基础。"双轨并行"人才培养模式遵循高等教育的规律与特点，顺应时代发展和高等教育改革要求，将大学生课外培养同课内教育相融合，是一种教育理念和教育体制的一次创新，是培养全面发展的高素质人才的重要途径，形成了人才培养的新格局。

第二节　课外培养是培养人才的大舞台

课外培养是全面推进素质教育，培养高素质复合型人才的主要途径，为大学生素质培养和能力的锻炼提供了全新的舞台，发挥着越来越重要的作用。可以说，课外培养空间广阔，课外培养大有可为。因此，高校要遵循高等教育规律，及时更新观念，把握高等教育和人才培养的特点，做好"顶层"设计，切实推进课外培养体系建设，推进课外培养工作创新发展，不断挖掘课外培养潜能，突出课外培养在人才培养中的地位，全面发挥课外培养在人才培养中的重要作用。

一　课外培养空间广阔

大学之内，课堂之外，是高校人才培养的重要领域，有巨大的培养空间和培养潜力。课外培养贯穿于大学教育过程的始终，覆盖了全部教育对象，突出学生素质的全面发展，为大学生的成长成才提供了广阔的舞台。

1. 课外培养贯穿于大学教育全过程

课外培养是一个系统工程，涉及学校人才培养理念、人才培养模式、人才培养机制等各个方面，体现在教学管理、学生管理、师资队伍建设等各个环节。实施课外培养需要全员参与，即每一位教师、每一位管理者都必须参与到学生的素质能力培养工作中来，必须与学校的教学工作、学生工作、科研工作结合起来，把课外培养理念体现在各种形式的课外活动中，融入促进大学生健康成长的全过程。主要表现在三个方面：

一是时间上，课外培养具有按照学年、学期的形式组织实施课堂教学不可比拟的优势，既可以利用在校期间的课余时间组织实施，也可以利用节假日组织实施，时间上灵活自由，时间跨度大，可以比较完整地利用学生从大一到大四整个大学教育期间除课堂教学之外的所有时间，这为开展充分的课外培养提供了客观条件。

二是组织形式上，课外培养拥有按班级、分专业的教学模式不具备的有利条件，既可以是学生个体的自主活动，也可以根据活动内容、活动方式、活动目的的不同进行团队活动、群体性活动，甚至可以组织开展突破校区地域限制的活动，组织形式非常灵活。

三是培养途径上，课外培养工作渠道多、途径广，涵盖了课外主题思想教育活动、平台教育活动、日常管理活动、帮扶解困活动、心理健康教育活动、学业发展指导活动、科技创新活动、校园文化活动、社会实践活动、志愿服务活动等方面，体现在强化大学生的思想素质、创新思维和实践能力的整个过程，为大学生成长成才提供更加广阔的渠道和平台。

2. 课外培养覆盖了全部大学教育对象

大学教育的对象是大学生，是专门培养大学生的活动。课外培养作为人才培养的"双轨"之一，坚持人才培养总体要求与学科专业特色相结合、综合培养与个性发展相结合、整体培养与分阶段实施相结合的原则，突出课内培养与课外培养的紧密结合，注重课外培养对课内培养的教育延伸，根据学生个体差异性进行"因材施教"，全面覆盖所有大学教育对象。

一是对不同年级、不同年龄的大学生进行"因材施教"。不同年级、不同年龄的学生由于知识水平、智力发展的不同，每个教育对象对教育的需求是不一样的。并且高校由于实行弹性学制和学分制，使得学生年龄差距扩大，教育对象的个体需求更加多样。而课外培养与课内培养相比，更加尊重学生主体地位，更加注重人的身心发展规律，在教育目的和任务的贯彻、教育过程的组织、教育内容的安排、教育方法手段的选择、教育组织形式的规划、教育环境的建设等方面，都努力使教育影响同教育对象的身心发展特点相适应，更能满足学生的各种需要，这也是课外培养的总体要求。

二是对不同学科、不同专业的大学生进行"因材施教"。一般而言，不同学科、不同专业的学生对学科、专业的认知是不同的，教育培养的目的、方式也不尽相同。通常来讲，现代大学都强调通识教育，对理工科的学生要加强人文社科教育，对文科学生要加强自然科学教育，更加突出培养科学精神与人文素养兼具的高素质人才，突出学生理论知识与实践能力共同提高的综合培养。很显然，课内培养很难达到这样的培养目的，这为课外培养提供了更加广阔的舞台。

三是对不同培养层次的大学生进行"因材施教"。现代大学教育体系日臻完善，已经建立了完整的专科、本科、硕士、博士等人才培养层次。不同培养层次由于教育背景的不同，对教育的需求是不一样的。不同层次之间还存在表现优劣、成绩好坏等个体差异，使得课内培养往往"众口难调"。虽然我们强调课外培养主要是针对大学本科学生，但客观上课外培养模式具有载体多样，内容丰富，形式新颖，富有特色，能满足不同教育对象需要的优势，在不同培养层次的学生"因材施教"方面，课外培养也是大有可为的。

3. 课外培养突出了学生全面发展

人的全面发展是大学教育的终极追求。课外培养就是要构建"以课外活动为基础、以能力培养为主线、以促进大学生全面发展为目标"的教育体系，从全面素质教育的角度出发，开阔工作视野，探索有效载体，不断丰富各类课外主题思想教育活动、平台教育活动、日常管理活动、帮扶解困活动、心理健康教育活动、学业发展指导活动、科技创新活动、校园文化活动、社会实践活动、志愿服务活动等活动内容，为学生知识能力的提升和素质的拓展提供更加广阔的空间。

正如心理学家维果茨基"最近发展区"理论所指出的那样，教育不仅是适应教育对象的现有状态，而且要对教育对象有巨大的发展与促进作用。因此，课外培养就是要以学生全面发展为导向，积极主动适应经济社会的发展和人才培养模式的改革，尊重学生的主体地位，强调开发人的潜能，不断规范教育培养内容，丰富教育培养资源，拓展学生视野，增强课外培养的规范性和可持续性，不断提高学生的整体素质和综合能力，为大学生健康成长成才提供更加广阔的平台。

二　促进课外培养工作创新发展

1. 以生为本，做好课外培养顶层设计

以人为本教育理念的核心是人，它强调"将人置于组织中最重要资源的地位，成为组织的核心资源和竞争力源泉"。课外培养要求"以人为本"，就是要坚持"以生为本"的理念，始终把学生放在教育的核心位置，以学生的需要出发，一切为了学生，并以此为最高追求，做好顶层设计，推进人才培养模式的创新。这既是开展课外培养的前提和基础，也是促使课外培养取得实效的关键。

以生为本，就要以学生发展为着眼点，遵循人才成长的规律，研究人才成长的条件，改善教育条件与教育环境。在教育过程中，高校要深入研究人才成长的过程，根据各阶段的主要任务，采用科学的教育培养方法，使人才培养有科学的依据。以生为本，就要真正追寻学生的兴趣、特长，充分肯定学生的主体地位，尊重学生的权利和合理诉求，建设共同参与、平等交流、双向互动的课外培养平台载体，营造和谐融洽的氛围，激发学生的自觉性和主体意识，充分实现学生的个性发展和自我价值。必须坚持贴近学生、贴近生活、贴近实际的"三贴近"原则，认真了解学生的具体情况，关心学生的实际困难，明确学生的个体差异，考虑学生实际需要，探索适合当代大学生的教育方式，采取针对性措施解决实际问题。必须坚持分层次教育原则，根据学生的不同特点来划分教育层次，根据学生的差异化因材施教，从而不断提高课外培养活动的有效性和针对性。

以生为本，就要正确处理好课内培养与课外培养的关系、学生自觉与教师主导的关系。课内与课外是两条轨道，在人才培养中都担负着重要的作用，要统筹协调、紧密配合，实现教学系统和学生工作系统的完美对接，避免课内、课外"两张皮"。面对学生多样性、差异性和个性化日益明显的特征，要较好地发挥大学生的主观能动性，满足他们对自我认同的需求，同时在学生面对思想的迷茫与无助、情感的困惑与无奈、经济的拮据与无助，以及一些突发难题的应对时，教师要及时伸出援助之手，帮助学生解决主要问题，实现大学生的自我教育、自我管理、自我服务。

不同层次、不同类型的高校，人才培养的目标和规格是不一样的。要制订科学可行的人才培养方案，包括课内教育配套的课程、教材、教学方法、评价体系等，也包括课外培养目标、内容、渠道、方式等，使之成为一个和谐统一的整体，而不是这些要素的简单组合。要站在时代发展和与社会同步的高度进行顶层设计，应用先进的技术手段和方法，创造出生动活泼的内容和形式，把握大学生的关注重点和难点，努力探索行之有效的课外培养载体和教育平台，实现高校与社会之间的良性互动，找准人才培养模式改革的重点、难点，确立自身优势和特色，占领教育培养的制高点，引领学生成长成才。

2. 整合资源，推进课外培养基地化建设

高校是典型的资源依赖型组织，资源不足对于高校人才培养模式的创新是一个极大的限制。在资源缺口不能迅速解决的情况下，整合与优化资源是一条理想的路径。人才培养模式的创新，需要积极整合优化教育教学资源，推动跨院系、跨层次的资源共享。要打破门户之别，由学校统筹安排，营造共享文化，加强共享管理，改进共享技术，解决共享过程中可能存在的利益之争。要优化校内、校外资源相衔接的机制，借鉴以麻省理工学院为主牵头而成立的开放教育资源联盟模式，充分利用网络技术的优势，加强合作，共享教育资源。

积极探索课外培养基地化建设模式，充分利用校内教育管理特色基地、产学研合作平台、教育教学基地、实习实训基地、社会实践基地等平台，依托现有基地的地域优势、行业优势、学科优势，充分发挥产学研结合、校企合作、校地合作等合作模式在人才培养中的作用，不断提高学生综合素质和创新能力。要强化基地特色，按照"加强基础、重视应用、开拓思维、提高素质"的指导思想，准确定位功能，建立以能力培养为主线，分段式、多模块、相互衔接的培养模式，建立合理的沟通协调机制、资源共享机制和管理考核机制，大力推进课外培养基地化建设和管理，把课外培养基地建成既是学生素质培育中心、教师教学科研的基地，也是一个向社会有序开放、能创造良好社会效益的基地，突出基地在人才培养中的作用。

3. 培育品牌，打造课外培养活动精品化模式

品牌具有显著的符号标记，体现为一种创造力、竞争力，作为一种先进管理手段被各种社会组织广泛应用。在课外培养中，高校必须树立品牌意识，实施品牌化战略，精心培育活动品牌，选择主题明确、特色鲜明、立意深远的课外培养活动，打造一批有特色、有内涵、有较大社会影响力的课外培养品牌活动。积极提升品牌内涵，将课外培养品牌打造成既是课外培养的主要阵地，又是课外培养优秀成果的展示平台，不断发挥课外培养育人功能，进一步调动师生参与课外培养的积极性，使课外培养品牌吸引力更大、影响力更强，不断提升课外培养的质量。

加强品牌活动的创建与管理，实行课外培养品牌项目化管理，促使大学生课外培养工作由"活动主导"向"项目主导"转变。高校要按照项目化管理的要求，建立项目申报、评审制度，科学选择有价值、有潜力的课外培养项目，给予必要的资金和技术支持。要做好项目的组织实施工作，建立健全项目管理和激励机制，加强引导，激发活力，推动变革，要变自上而下组织活动为自下而上申报活动项目争取支持、变单纯注重后期奖励为注重前期资助与后期奖励相结合、变结果控制为过程管理，更加注重精细管理。要不断完善课外培养项目化管理的运行机制，统筹协调、分工合作，形成工作合力，促进课外培养科学化、规范化、制度化建设，不断提高大学生课外培养工作的成效。

4. 创新载体，推动课外培养新媒体建设

新媒体是基于互联网和数字技术发展而形成的新的媒体形态，被形象地称为"第五媒体"。课外培养要创新形式，拓展载体，必须借助新媒体手段，发挥其在教育培养学生中的重要作用。一是完善校园新媒体建设。高校要主动融入新媒体建设，明确新媒体平台建设主要责任部门，制定新媒体传播管理制度，规范新媒体信息审核、发布工作流程，确保信息更新的及时性、舆情引导的正确性。二是推动跨学院的新媒体联合。充分利用新媒体传播快速和无地域限制的特征，结合课外培养工作特点，在校内开展跨学院新媒体联合活动，合力打造具有特色的校园活动项目，既能体现学院特色，又能实现学院间优势互补，最大限度地发挥新媒体在大学生课外培养工作中的作用。三是要打造学生学习和交流的综合性课外培养网络平台。如开辟视频专区，定期进行课外培养优秀成果视频和宣传片展示；定期邀请校内外知名专家学者和优秀学工干部，与学生进行线上互动，答疑解惑；开发校园网络手机客户端，学生能够随时登录平台，查看和发布课外培养活动的动态；设立互动专区，鼓励学生用文字、图片、影音等形式来记录和分享自己在课外培养中的心得和体会，发表自己的看法和感悟，充分体现课外培养工作精神。

三　全面发挥课外培养作用

1. 打造思想政治教育的新平台

我国经济社会发展正处在急剧转型时期，历史与现实，传统与现代，本土文化与西方文明多重因素交织在一起，带来了前所未有的文明冲突和文化碰撞，思想教育环境日趋复杂。大学生在缺少足够社会经历的情况下，自身的判断能力不足，意志较为薄弱，这就可能带来政治信仰不坚定、理想信念模糊、价值取向迷茫等问题，紧靠传统的课内思想政治教育已经不能满足要求，必须打造思想政治教育的新平台。

大学生课外思想政治教育是通过有计划、有针对性的日常教育和管理活动，帮助学生树立正确的世界观、人生观、价值观的教育活动，是课外培养的主要内容。课外培养体系的建立充分发掘了课外思想政治教育资源，利用学生的课外时间开展多样化的思想教育活动，满足学生追求自由、个性的心理需求，开展灵活多样的课外培养活动，在潜移默化中教育学生。例如，可以结合重大历史事件和节庆活动对大学生进行思想政治教育，围绕国庆节、建党节、建军节等重大节日活动，利用升国旗仪式、演讲比赛、主题党团日活动、征文比赛等活动对大学生进行爱国主义教育；利用新媒体平台进行思想道德先进模范事迹宣传、开展丰富多彩的校园文化教育活动等。课外培养对学生的思想观念、思维方式、精神状态、心理素质、行为方式和价值取向产生良好影响，进而引导学生形成正确的世界观、人生观和价值观。因此课外思想教育是对大学生进行思想政治教育的一个新平台。

2. 提高人文素养的新途径

人文素养能够启迪人的智慧、开发人的潜能、调动人的精神、激扬人的意志、规范人的行为、维护人的健康、控制社会稳定、协调人际关系等，在一个人的成长中起着非常重要的作用。开展课外培养，利用课外培养资源，拓展知识视野，是提升大学生文化素养的重要途径。[①] 利用大学生成长论坛、文化大讲堂等学术交流平台，邀请具有较高文化和学术造诣的专家学者定期为学生做报告，为大学生提供高层次的文化知识和精神盛宴，使大学生受到文化的熏陶；利用传统节庆日，举办主题鲜明、立意清晰的主题教育活动，对大学生进行传统文化教育，使大学生了解中华民族的优秀传统文化；开展大学生"科技文化艺术节"和"艺术设计展"等活动，利用丰富多彩、积极向上的学术、科技、体育、艺术和娱乐活动，把德育与智育、体育、美育有机结合起来，不断提升大学生的文化审美和艺术素养，寓教育于文化活动之中。因而大学生人文素养的提高不能仅仅固化在课堂之内、书本之上，还要体现在课外培养和素质拓展的新途径上。

3. 发展科技创新能力的新舞台

大学生课外培养体系中的科技创新活动，为促进大学生实践与创新能力的培养提供了广阔的空间，已经成为培养大学生创新能力的重要舞台。课外培养要依托科技创新竞赛活动或学生创新能力训练计划，激发大学生探索未知领域的兴趣，提升他们的科技创新能力，推进课外科技创新能力培养活动的开展。在课外创新能力培养中应该引入竞争机制，以择优递补的形式营造竞争的学习氛围，通过组建科研小组、社团活动等形式使学生

---

① 王雪燕、张绍旭：《理工科大学生人文素养的提高》，载《人力资源管理》2010 年第 2 期。

在团队合作中彼此完善、共同进步。课外科技创新教育培养活动的开展，为大学生施展自己的才华、培养创新精神和创新能力提供了崭新的舞台。

4. 锻炼实践能力的新空间

美国著名心理学家斯腾伯格在著作《成功智力》中提出："实践智力是一种将理论转化为实践，将抽象思维转化为实际成果的能力。"① 加强对大学生实践能力的培养是实现人才培养目标的需要，是培养创新型人才的主要途径，也是锻炼大学生实际操作能力的重要平台。大学生活中相对宽松的学习环境给学生的实践能力的锻炼提供了很多机会，开展技能竞赛、科普达人知识问答等活动，检验大学生理论知识的学习，锻炼大学生的动手能力和知识运用能力；利用演讲比赛、大学生辩论赛等活动，可以充分培养学生的语言表达能力；以文艺晚会、文化艺术节等重大节庆类活动为契机，让学生参与并组织编排演出一批高水平展演节目，可以培养学生的组织能力，提升广大学生的艺术素养和参演学生的艺术表演水平。开展课外实践能力教育培养，要合理组织开发大学生课外实践环节，以寒暑假集中开展的社会实践为重点，以日常校园社团活动为补充，通过灵活多样的实践活动加强大学生与社会的联系，促进大学生了解社会、了解国情、增长才干、锻炼毅力、培养品格，成为提高大学生实践能力全面、可持续发展的重要途径。

5. 发展职业能力的新保障

目前大学毕业生的综合素质和就业能力与用人单位的实际需要之间存在着一定的差距，大学毕业生的职业能力显得不足。对大学生进行职业能力发展和职业生涯规划指导，必然成为课外培养的重要环节。发展大学生职业能力，要抓好各个环节的教育，引导大学生明确目标，合理地规划自己的学习和职业目标，找到适合自己职业定位。利用职业论坛、撰写职业规划书、模拟就业等课外培养活动使大学生提前感受职业生涯，锻炼学生的职业能力，为大学生更好地就业提供有力的保障。

6. 培养社会适应能力的新契机

《中共中央　国务院关于深化教育改革全面推进素质教育的决定》（1999 年）指出："针对新形势下青少年成长的特点，加强学生的心理健

① ［美］罗伯特·斯腾伯格著：《成功智力》，吴国宏、钱文译，华东师范大学出版社 1999 年版，第 195 页。

康教育，培养学生坚韧不拔的意志、艰苦奋斗的精神，增强青少年适应社会生活的能力。"① 培养良好的社会适应能力是进行课外培养的一项重要内容。

社会适应性可以分为两个大的方面：一是个体的行为适应性，包括生活适应、学习适应、生理适应、职业适应。二是社会行为适应，包括社会环境适应、人际环境适应、应激环境适应。大学期间是学生获取知识和锻炼能力的重要时期，在此期间，掌握科学文化知识、获取专业技能、提高个人修养和自身素质、形成正确的价值观、规划自己的发展方向，都是培养大学生适应社会的重要途径。如：新生军训，培养大学生艰苦奋斗、吃苦耐劳的精神，养成遵章守纪、令行禁止的作风；入学教育让大学生更快更好地适应大学生活，是促进大学生适应学习、适应社会的主要途径；专业教育，让大学生了解本专业的学习重点和发展前景，为找准职业定位和就业岗位打下基础；心理健康教育，关注大学生的心理健康，解决心理困惑，提高大学生心理适应能力；社团活动，有利于锻炼大学生的组织和自我管理的能力；社会实践活动，缩短了校园与社会的距离，有利于提高大学生的语言表达能力、调查研究能力、心理承受能力、人际交往能力、组织管理能力和应变创新能力等实际工作能力。因而，课外培养体系具有培养大学生社会适应能力上的天然优势，是提高大学生社会适应能力的新契机。

---

① 中华人民共和国教育部：《中共中央国务院关于深化教育改革全面推进素质教育的决定》，中华人民共和国教育部官网。

后　记

本书是河南省高等学校教学改革省级重点研究项目（2014SJGLX029）、河南科技大学重大教育教学改革建设项目（2014ZD—003）"大学生课外培养工作体系建设应用研究"的重要成果之一，也是近年来河南科技大学学生工作部和学生工作处，组织和引领学生工作系统的干部教师，积极倡导和推动大学生课外培养工作，并将课外培养作为高校学生工作的核心任务，提出课内与课外"双轨并行"的人才培养模式，并加以研究和探索的重要成果之一。在倡导和推行大学生课外培养工作的过程中，得到了广大学工干部的积极响应，全校学工干部积极参与，进行深入的研究、探索和实践，尽管很多人并没有参与本书的写作，但是他们的探索和实践为本书提供了极其宝贵的素材，在此一并表示诚挚的感谢。同时还要特别感谢河南科技大学的校领导对倡导和推进大学生课外培养工作的高度认可和大力支持，感谢教务处、学生工作部、学生工作处、招生就业处、校团委等部门的协作与配合。

在本书的写作中，杨国欣教授作为教改项目的主持人、课内课外"双轨并行"培养模式的提出者、倡导者、推动者，拟定了写作提纲，多次召开撰写小组会议，研究和统一写作思路，撰写了第三章，并对其他各章的撰写提出了指导和修改意见；王智同志撰写了第四章、第五章和第六章；吴晓昊同志撰写了第一章和第二章；王凤科同志撰写了第七章；王钰同志撰写了第八章和第十一章；张晓洁同志撰写了第九章；罗晴同志撰写了第十章。

由于时间仓促，作者水平有限，书中不当之处难以避免，敬请各位读者和研究人员批评指正。希望通过今后的探索和实践，将大学课外培养工作的研究进一步引向深入，希望有更多的大学生能在课内课外"双轨并行"的培养模式中，健康成长，全面发展。